U0067889

台灣時中學社社長徐憶中先生題詞

台灣養靜太極拳協會理事長傅崑鶴先生題詞

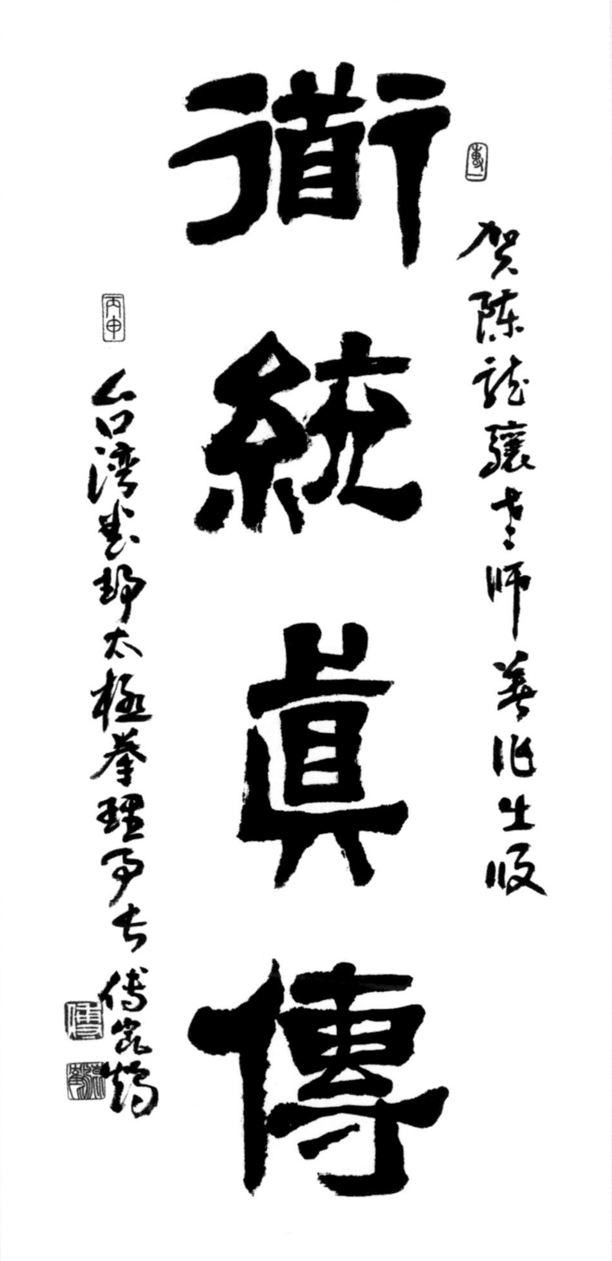

1964 年，贈給徒弟陳龍驤的照片。

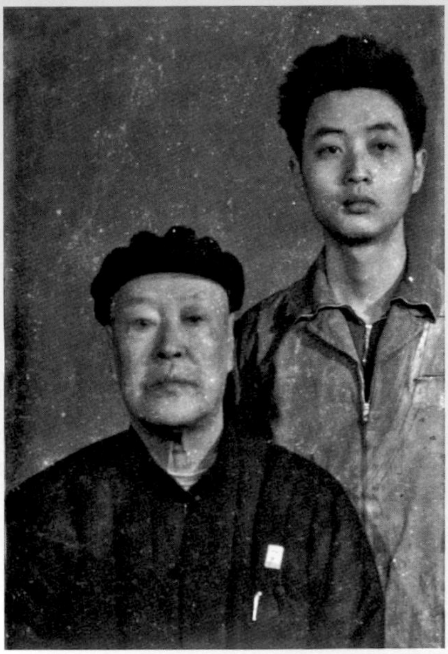

1974 年李，雅軒先生與其高徒陳龍驤先生合影。

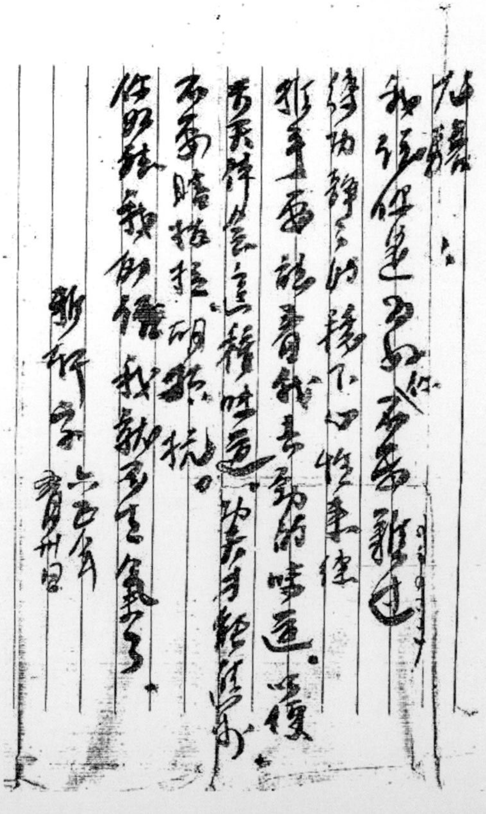

李雅軒先生親筆信

拜師禮帖

謹具拜師禮帖人。弟子陳龍驤，現年八歲，猥以齠齔之年、童稚無知，聞父教，身體乃事業之根本，欲強健其身，宜學習太極拳，此拳舒展柔和，機神含蓄不露，有收有發，進退自如，虛實莫測，練時沉穩緩慢，用則靈快異常，習之既久，不特可以防身健體祛病延年，而且使人心領神會，增長智慧敏感，貫通事物變化之理，但精於此術者寥若晨星，當今之世唯李公雅軒繼承楊氏太極拳之衣缽真傳，技藝超群絕俗，德望高深宏遠。吾父敬之愛之久矣，嘗謂我曰，李公現正寄居成都，有如函關紫氣再見於西蜀，難逢之機緣，幸勿交臂失之，是以秉承父命特拜李公雅軒老夫子為師，敬乞不棄愚陋賜予收錄，俾弟子得登龍門，敬謹奉侍夫子，一心一意刻苦學習太極拳，時雨之化，培育之德，終身不敢有忘，他日稍有進益，當報吾師成全之恩於萬一也。竊恐宮牆外望不得其門而入，茲將弟子之祖宗名諱開列於後備供查考，以見誠懇之心。敬祈吾師亮察，至為感激。

謹呈

李公雅軒老師　座前

計開祖宗名諱於左

祖父陳心齋　父親陳季武

受業弟子陳龍驤　鞠躬謹啟

1957 年 2 月

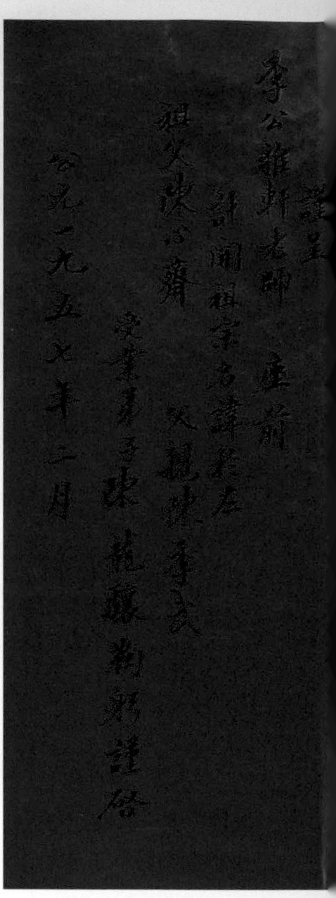
謹呈
李公雅軒老師　座前
計開祖宗名諱於左
祖父陳心齋　父親陳季武
受業弟子陳龍驤鞠躬謹啟
公元一九五七年二月

陳龍驤大師拜師禮帖

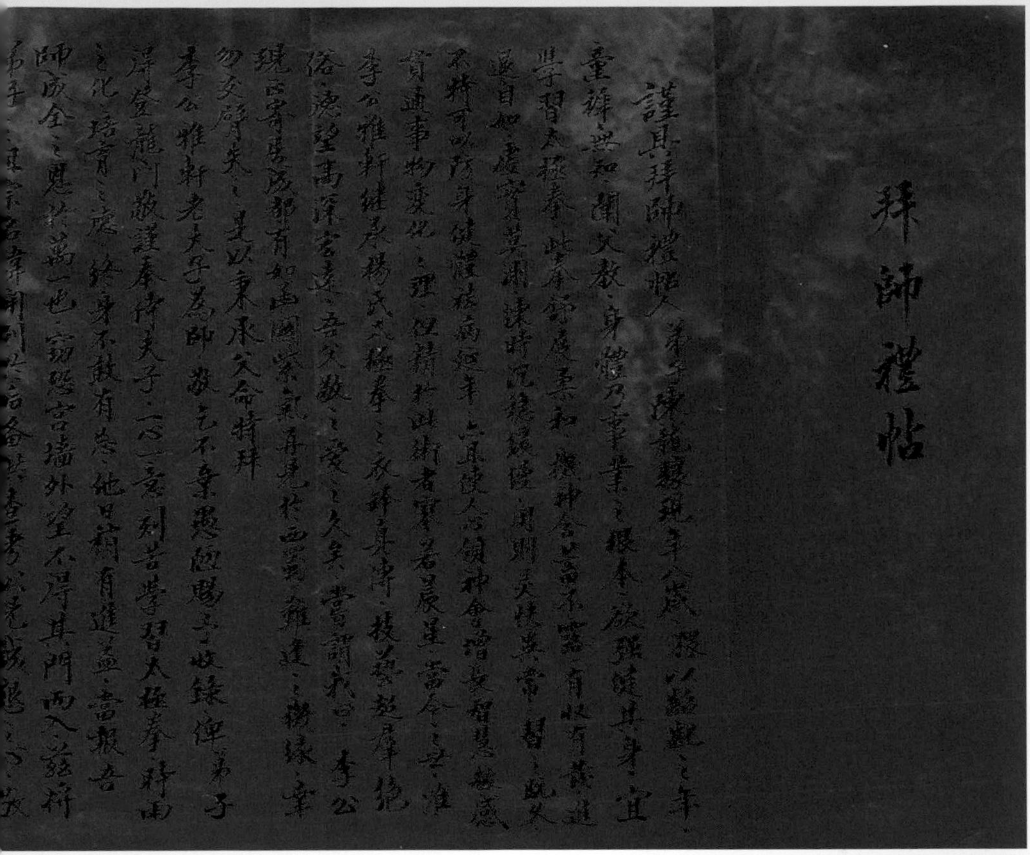

拜師禮帖

謹具拜師禮帖人 弟子陳龍驤現年八歲 擬以[illegible]之年
童稚無知 聞父教 身體乃事業之根本 欲強健其身宜
學習太極拳 此拳舒展柔和 撥神含蓄不露 有攻有[illegible]
運自如 虛實莫測 [illegible]
不特可以防身健體 袪病延年 亦且使人心領神會 增長智慧 [illegible]
貫通事物變化之理 但精於此術者 寥若晨星 當今之世 惟
李公雅軒 繼承楊氏太極拳之衣鉢 身懷技藝 超群絕
俗 德望高深 寄遠 吾父敬之愛之久矣 嘗謂我曰 李公
現正寄居成都 有如函關紫氣 再現於西蜀 難逢之機緣 幸
勿交臂失之 是以秉承父命 特拜
李公雅軒老夫子為師 敬乞不棄愚頑 賜予收錄 俾弟子
得登龍門 敬謹奉侍夫子 一心一意刻苦學習太極拳 特函
之化 培育之德 終身不敢有忘 他日稍有進益 當報吾
師成全之恩於萬一也 竊恐宮牆外望 不得其門而入 茲拼
弟子[illegible]

陳龍驤與父母合影

陳龍驤老師書法

陳龍驤老師榮獲中華最受歡迎太極人物

TAI JI
太極
最受欢迎中华太极优秀人物
陈龙骧先生，传承中华文明、弘扬太极文化，在“我最喜爱的中华优秀太极人物网络评选活动”中当选为“最受欢迎中华太极优秀人物”。
世界太极拳网
《中华武术》杂志
《武当》杂志
《武魂》杂志

陳龍驤先生，傳承中華文明、弘揚太極文化，在「我最喜愛的中華優秀太極人物網路評選活動」中當選為「最受歡迎中華太極優秀人物」。

陳龍驤、李敏弟大師夫婦及其女兒、衣缽傳人陳驪珠老師一家，與臺灣金大鼎出版社曾文龍社長（中）合影。

纪念強軒先师诞辰一百二十周年
飲水思源
师恩永誌
甲午年六月 陳龍驤

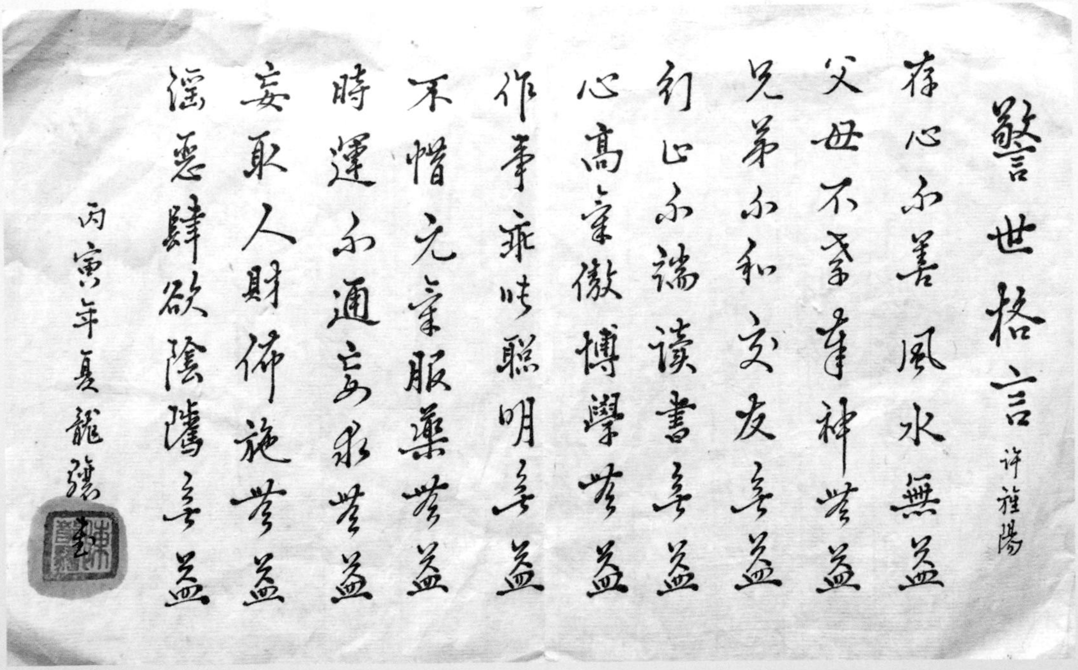

存心不善風水無益
父母不孝奉神無益
兄弟不和交友無益
行止不端讀書無益
心高氣傲博學無益
作事乖張聰明無益
不惜元氣服藥無益
時運不通妄求無益
妄取人財佈施無益
淫惡肆欲陰騭無益
丙寅年夏 龍驤

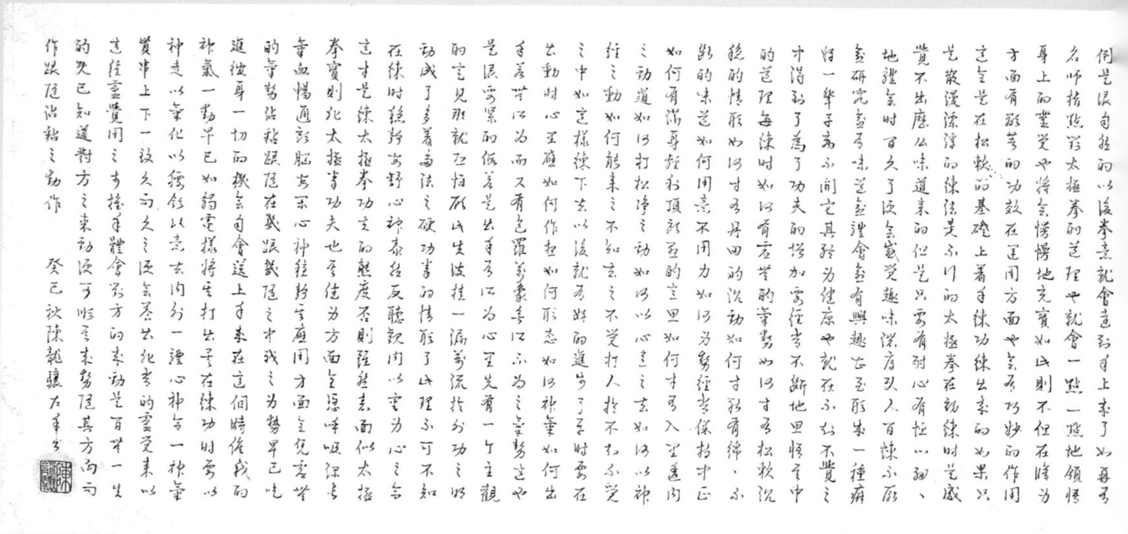

陳龍驤大師左手書寫的小楷作品《李雅軒先生太極拳精論》

2013 年，陳龍驤大師潑墨揮毫，為《功夫傳奇》紀錄片題字。

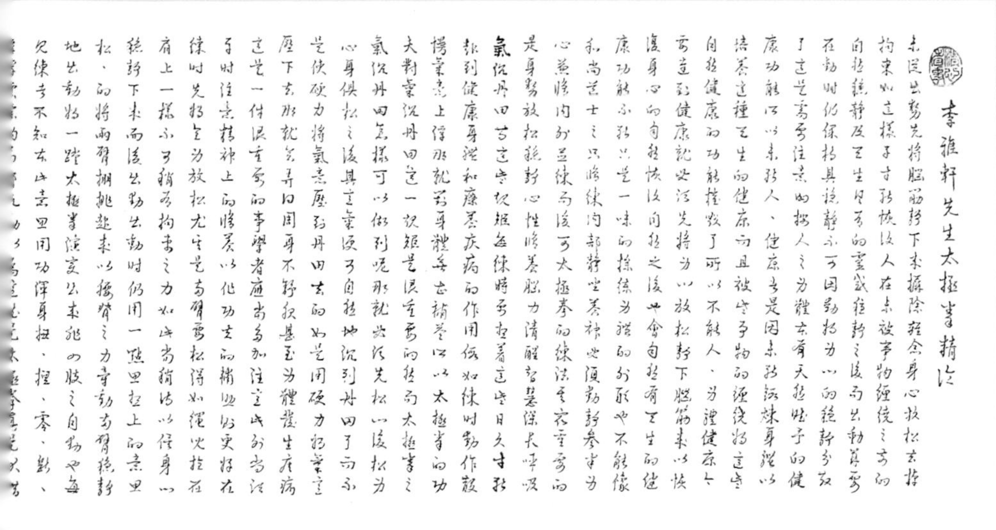

2016 年春節，陳龍驤大師（右）與「中國十大武術名教授」習云太先生在一起。

2007 年，杭州，陳龍驤、李敏弟老師與亞洲聯合會主席徐才先生（中）合影。

陳龍驤大師年輕時練功的珍貴鏡頭

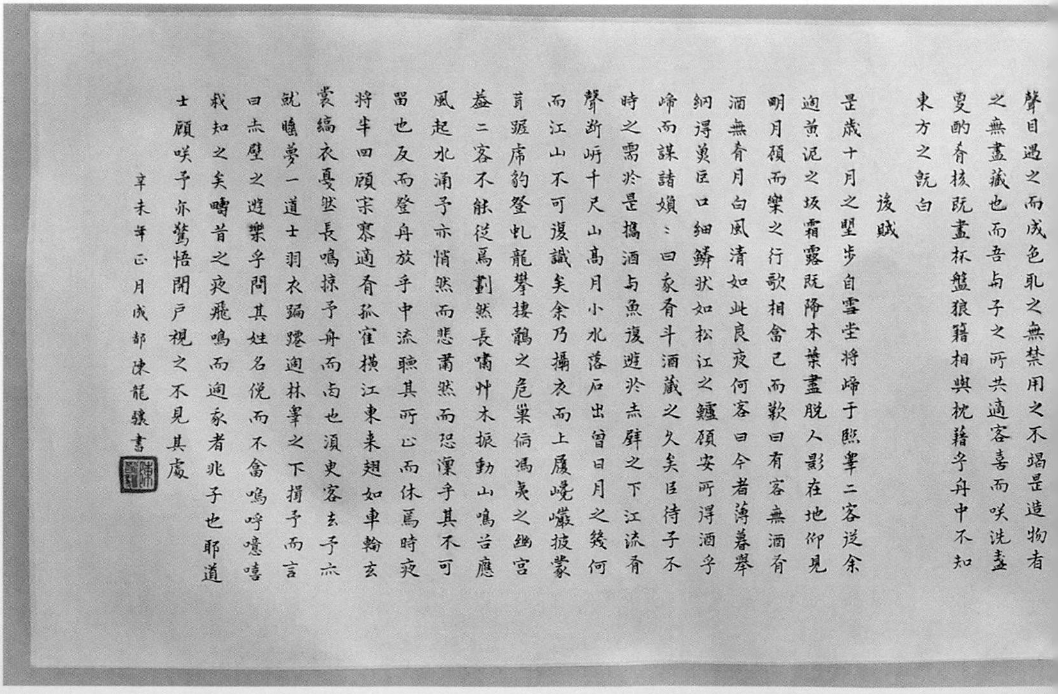
聲目遇之而成色取之無禁用之不竭是造物者
之無盡藏也而吾與子之所共適客喜而笑洗盞
更酌肴核既盡杯盤狼籍相與枕藉乎舟中不知
東方之既白

後賦

是歲十月之望步自雪堂將歸于臨皋二客從余
過黃泥之坂霜露既降木葉盡脫人影在地仰見
明月顧而樂之行歌相答已而歎曰有客無酒有
酒無肴月白風清如此良夜何客曰今者薄暮舉
網得魚巨口細鱗狀如松江之鱸顧安所得酒乎
歸而謀諸婦婦曰我有斗酒藏之久矣以待子不
時之需於是攜酒與魚復遊於赤壁之下江流有
聲斷岸千尺山高月小水落石出曾日月之幾何
而江山不可復識矣余乃攝衣而上履巉巖披蒙
茸踞虎豹登虬龍攀棲鶻之危巢俯馮夷之幽宮
蓋二客不能從焉劃然長嘯草木振動山鳴谷應
風起水涌予亦悄然而悲肅然而恐凜乎其不可
留也反而登舟放乎中流聽其所止而休焉時夜
將半四顧寂寥適有孤鶴橫江東來翅如車輪玄
裳縞衣戛然長鳴掠予舟而西也須臾客去予亦
就睡夢一道士羽衣蹁躚過臨皋之下揖予而言
曰赤壁之遊樂乎問其姓名俛而不答嗚呼噫嘻
我知之矣疇昔之夜飛鳴而過我者非子也耶道
士顧笑予亦驚悟開戶視之不見其處

辛未年正月成都陳龍驤書

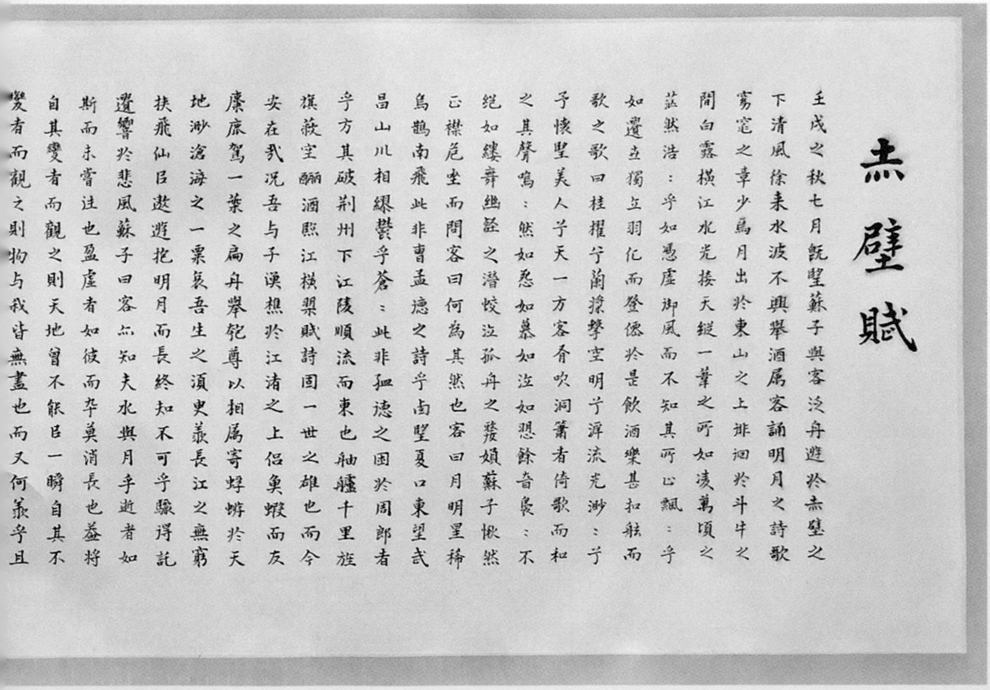
赤壁賦

壬戌之秋七月既望蘇子與客泛舟遊於赤壁之下清風徐來水波不興舉酒屬客誦明月之詩歌窈窕之章少焉月出於東山之上排徊於斗牛之間白露横江水光接天縱一葦之所如淩萬頃之茫然浩浩乎如憑虛御風而不知其所止飄飄乎如遺世獨立羽化而登僊於是飲酒樂甚扣舷而歌之歌曰桂櫂兮蘭槳擊空明兮泝流光渺渺兮予懷望美人兮天一方客有吹洞簫者倚歌而和之其聲嗚嗚然如怨如慕如泣如訴餘音嫋嫋不絕如縷舞幽壑之潛蛟泣孤舟之嫠婦蘇子愀然正襟危坐而問客曰何為其然也客曰月明星稀烏鵲南飛此非曹孟德之詩乎西望夏口東望武昌山川相繆鬱乎蒼蒼此非孟德之困於周郎者乎方其破荊州下江陵順流而東也舳艫千里旌旗蔽空釃酒臨江横槊賦詩固一世之雄也而今安在哉況吾與子漁樵於江渚之上侶魚蝦而友麋鹿駕一葉之扁舟舉匏尊以相屬寄蜉蝣於天地渺滄海之一粟哀吾生之須臾羨長江之無窮挾飛仙以遨遊抱明月而長終知不可乎驟得託遺響於悲風蘇子曰客亦知夫水與月乎逝者如斯而未嘗往也盈虛者如彼而卒莫消長也蓋將自其變者而觀之則天地曾不能以一瞬自其不變者而觀之則物與我皆無盡也而又何羨乎且

陳龍驤大師 1991 年右手書寫的小楷作品《赤壁賦》

陳龍驤大師 30 多歲時練功的珍貴鏡頭

2016 年春節，陳龍驤大師在
青城后山。（下左）

陳龍驤大師及其女兒衣缽傳人
陳驪珠老師演練大捋推手。（下右）

陳龍驤、李敏弟夫婦 31 歲時對練的珍貴鏡頭

陳龍驤大師和夫人李敏弟大師 40 多歲時表演大捋對練。

陳龍驤大師和夫人李敏弟大師 50 多歲時合影。

1986 年，陳龍驤老師在首屆全國傳統武術觀摩交流大會上技驚四座，獲「雄獅獎」。（右上）

1985 年，陳龍驤老師和夫人李敏弟老師參加四川省傳統武術挖掘整理工作。（左上）

1996 年，陳龍驤老師留影。（左下）

1988 年，陳龍驤老師出席全國太極拳名家研討表演會。

2016 年 4 月 10 日，陳龍驤大師（前排右）、其衣缽傳人陳驪珠老師（後立者）和台灣時中學社社長徐憶中大師（前排左），在三亞南山「首居世界太極文化節」中親切合影。

2007 年 1 月，香港首居太極拳邀請賽期間，陳龍驤老師主持太極名家工作坊。

1992 年，陳龍驤（左二）和夫人李敏弟（左一）與台灣鄭曼青宗師的弟子羅邦楨（右三）、鞠鴻賓（右二）及夫人（右一）。

2005 年，香港傳統楊氏太極拳國際邀請賽，左起：李敏弟、余功保、吳彬、陳龍驤等。

2016年1月，陳龍驤大師（左四）與其女兒，衣缽傳人陳驪珠老師（左五）率本門弟子亮相第二屆國際中國功夫拳術功法論壇。

陳龍驤大師（前排右四）在論壇上發言。

作者（前排右四）與香港武術聯合會主席霍震寰（前排左六）、原國家體委副主任徐才（前排左五）及各流派太極拳名家合影。

健康管理 11

陳龍驤太極拳悟真

陳龍驤　著

目錄

二 太極拳境

三 推手菁要

四 太極拳論談

五 李雅軒楊氏太極拳精粹

李雅軒太極拳衣缽傳人
——陳龍驤

陳龍驤老師，男，1948 年生，現年六十七歲，當代著名武術大家、太極大師、國家非物質文化遺產李雅軒太極拳傳承人。四川省成都市人，係我國太極拳一代宗師李雅軒先生的衣缽傳人和女婿，中國武術八段，國家武術一級裁判，新加坡李雅軒太極拳學院名譽院長，中國一航武協副主席，四川省武術協會委員，四川省武術協會李雅軒太極拳研究會會長，成都市武術協會副主席，成都李雅軒太極拳武術館館長，當代楊氏太極拳代表人物，李雅軒太極拳當代掌門人。

2015 年 9 月在世界太極拳網、《中華武術》雜誌、《武當》雜誌、《武魂》雜誌聯合主辦的面向全球的網路評選活動中，以總分第一的佳績，高票當選「最受歡迎的中華太極人物」。

陳龍驤先生八歲即拜師學武，是李雅軒先生最年輕的弟子之一。因其品行端正，淳樸篤厚，李雅軒先生對他格外垂愛，用心尤多；多年後又將傾注著自己畢生心血的大量極其珍貴的拳學資料和心得體會全部交付於他和夫人——李雅軒先生的女兒李敏弟。他跟隨先師刻苦修煉，二十年間不離左右，完整、全面、深刻地繼承了李雅軒太極拳學，達到了很高的功夫境界，在眾多的弟子當中脫穎而出，被公認為李雅軒先生的接班人。

他的拳架極具乃師的風範，成為學習李雅軒太極拳的楷模。多年來，陳龍驤老師廣泛參與競技和交流，向世人展示了李雅軒太極拳高深的功夫境界，在更大範圍內樹立了李雅軒太極拳的崇高形象和地位。

陳龍驤老師勤於筆耕，從 1980 年代至今，由他主筆、夫人李敏弟老師協助，花費大量心血，將李雅軒先生留下的數百幅拳照、數十萬字的手稿（隨筆、書信、遺著等等）精心整理出來，出版各類李雅軒太極拳專著數十種，首次完成了李雅軒太極拳學的全面紀錄和整理工作；同時，陳龍驤老師還撰寫了大量文章，發表於各類武術刊物，廣泛宣傳介紹李雅軒宗師和李雅軒太極拳，對李雅軒太極拳的理論又有新的挖掘和延伸。在繼承、傳播和弘揚李雅軒太極拳學的事業中，陳龍驤老師承前啟後、繼往開來，作出了歷史性的重大貢獻。多次參加國際和國內太極拳名家研討會，多次應邀赴國外講學；其技藝精湛、武德高尚，門徒眾多，遍及海內外；在國內外武術界具有很高的影響力和知名度。

其事蹟收入《中國武術名人辭典》、《中國民間武術家辭典》、《世界名人錄》等。2010 年被中央電視臺聘為 WMA 武林大會專家評委。

藝無止境
——自序

太極拳道博大精深，哲理深邃，盡其畢生精力研究亦難窮其底蘊。余八歲起即跟隨先師雅軒公習太極拳藝，今已過耳順之年，五十多個春秋勤習不輟，愈練則愈感不足，愈練則愈感妙趣無窮，深不可測。即如一個「鬆」字，就夠你體悟一輩子，十年前講一個「鬆」，十年後還是講這個「鬆」，而體悟的程度如同登山，山腳之風景不如登臨半山之美，半山之美又弗如山頂遠甚。從「鬆」中體悟虛無的氣勢，神明的感應，到太極拳莫測的虛實變化，才真正體悟到先師在他的筆記中寫到「我今年八十多歲了，尚感覺以前的東西還不算好」洵非虛語也，可見學海無涯，藝無止境。

於今也退休數年，在練拳之餘，每有所感，每有所悟，則隨興記之，近日翻閱，再加之以前所記，裝訂已成一冊，雖文思零亂，不成系統，但都是我多年習練太極拳之心得。倘此書能為習練者在太極拳的修煉和認識上有所裨益，則幸甚矣，是為序。

陳龍驤

2012 年 7 月 30 日午後六時

注：本書最早擬於 2012 年出版，本自序即為當時所寫。當時因感覺有些心得體會尚未總結出來，故暫緩付梓。近三年多

來，我又陸續回顧、思考，增寫了一些篇目，既有以往的經歷、體會，也有我最近的一些心得感悟，使本書的內容更加充實。三年多以後的感想、體會更多，有感而發，也自然就有了現在的第二篇序言（見後頁）。此說明。

向廣大太極拳同仁說幾句肺腑之言

——陳龍驤

我八歲起即跟隨先師雅軒公習太極拳藝，現已屆古稀之年。近六十載寒暑勤習不輟，其間甘苦難於言說，得失亦冷暖自知，愈練愈感太極拳道博大精深，深不可測，窮畢生精力研求，亦難究其底蘊。

學太極如登山，一步有一步的體會，一段有一段的感悟，一層有一層的風光。我青春年少時期，學的只是表面的技法，那時還自認為了不起。而隨著時間的推移、年齡的增長，隨時回想老師在世之日行拳的神態、所講的拳理，才一步一步地逐漸明白，至三十五歲開始才方有開悟，逐漸體會到太極拳的內蘊和精髓；漸至中年、老年，感悟亦日豐，進境亦日深。回首來時路，我不禁喟然歎曰：學太極，當終生相守，一念精進，方有望成就。

數十年來，先師雅軒公的教誨始終伴隨、指導著我練拳、教拳，是我在修習道路上的指針，進境階梯上的資糧。先師的教導、隨筆、精論，化繁為簡，直截了當，去太極神秘，露拳道真容，讓我深切認識到——大道至簡，真傳不玄。先師追隨楊澄甫太老師多年，深得楊家太極拳真傳，深悟太極拳道精髓。他秉承楊太老師的教導，深研太極拳經典理論，結合自己多年的體會，提出了太極拳練法的精要是「大鬆大軟」的主張，並一再強調「練功夫一切皆從拳上找，鬆軟是太極拳的寶貝，要經常想楊老師當先打拳、推手的樣子，功夫才能進步……」等等，先師的話通俗、直白、精到，一語道破天機。「大鬆大軟」的練法不是先師的創造，而是他遵循楊澄甫對他的一貫教導、言傳身教的領悟，也就是楊澄甫在世時對他耳提面命時的一貫主張。先師在他的精論中多次提到：1.要經常想楊老師在世時兩臂是如何沉甸甸、重砣砣的樣子，是如何似繩兒吊著一樣的鬆軟；2.其推手是如何的兩手輕輕往我身上一放，我便感覺沒有一點辦法，動也不行，不動也不行，用大力不行，用小力也不行；3.楊老師發勁時，其五官方面神態是非常的莊嚴、非常的憤怒，別人如何學不來，其原因何在要想想。楊老師的發勁，打去鬆沉軟彈，有透力，有將人胸骨打垮打塌之可能，透內之力驚心動魄，有令人萬分恐慌之感，楊老師之拳的奧妙就在此。

先師指出：我練功的方向是找虛無的氣勢、神明的感應、莫測的變化。這是先師對祖師的教誨和親身踐行的精闢總結。

時下有一些太極拳人士，對先師的「大鬆大軟」的理論有疑義，認為大鬆大軟的「軟」是懈，應該是柔，其實他們是沒有真正瞭解先師的真意。在太極拳老論中就有「極柔軟然後極堅剛」的話。試問：如果不軟何來柔？就如和麵，如果不先多用一點水，不把麵完全浸透，何能把麵揉好的道理是一樣的。針對這種大鬆大軟，先師又說了：「每練功時，要先以心意作想，使身勢、關節全部放鬆，並且要鬆得很鬆，要將身勢鬆得如軟若無骨一樣，然而它不是死趴趴的軟，而是以神氣將身勢鼓蕩起來。在太極拳的功夫方面，只是有些軟活柔動還是不夠的，需要在這些軟活柔動中做到均勻，有沉著的心勁和雄偉的氣勢才夠味」。以上這些情況是要在練拳日子久了，功夫有了基礎之後，再經老師詳細地口傳面授，說些比喻，做些示範，形容其氣勢，慢慢地悟才會有的，而不是一言兩語可以了事的，也非筆墨所能描繪。先師在祖師真傳和經典理論的基礎上，以他的智慧之眼和無私之心，為世人概括、揭示出了太極拳練法的真諦。先師智者仁心，傳拳道真義，惠澤人群，實乃功德無量，令我輩後人景仰之至也。

先師的拳架中正開張，支撐八面，動作中規中矩，簡單直捷，正氣凜然，不怒而威，充分體現了其師傳拳時的神態、內涵的精髓。竊以為先師的人格氣質，充分體現了中國傳統儒釋道文化正大莊嚴的精神氣象，與太極拳的精神意境天然契合。先師的身材高大魁梧、體格端正，身架動作規矩自然、協調美觀，其行拳走架、舉手投足之間，非常充分地體現了傳統楊氏太極拳雍容大度、氣勢恢宏的大家風範——天降大任於斯人，先師熔鑄錘煉的李雅軒太極拳架，是太極拳要領與先師人格氣質的完美融合。可以說，在當今眾多楊氏太極拳流派的拳架形態當中，李雅軒太極拳充分地體現了楊氏太極拳「中正」、「虛無」、「舒展」、「大氣」、「自然」、「簡捷」的要旨，李雅軒先生所演示的太極拳、械、推手、散手等技藝，再現了其師楊澄甫當年的行拳風格和神韻，徹底地繼承了楊氏太極拳的精神，是真正的、地道的傳統楊氏太極拳的正脈承傳。

我在此呼籲，在當今太極拳運動如火如荼的大好形勢面前，廣大太極同仁靜下心來，認真思考幾個問題：為什麼太極拳被稱為文化拳、哲學拳、智慧拳？為什麼太極拳被譽為是傳統文化的載體？在瀟灑漂亮的太極拳外形之下，太極拳的實質是什麼？太極拳真正的傳統內核是什麼？太極拳真正的拳味是什麼？練太極拳最終要練的是什麼？我們從太極拳裡究竟想要得到什麼？我想說的是：答案就在真正的傳統太極拳裡面。讓我們沉下心來，關注傳統太極拳，學習修煉研究傳統太極拳，從傳統太極拳當中去尋找傳統文化的真味道，去體會傳統文化的無窮魅力吧！

我不會上網，在媒體上很少發言，今借此序文，向廣大太極同仁聊述己意。言出肺腑，願廣大太極同仁詳察之。

我太極人生數十年，也多有感悟和心得。近年於練拳、教拳、交流、研討中，或有感而發，或應事而作，零零散散，漸至盈匣，翻檢流覽，自感文辭淺陋，辭不達意之處頗多，然平易樸拙，然皆出於本心，或親身證得，不敢巧飾，不敢妄語，以大白話說簡單事，希望不會背離先師言教之風，也能夠契合傳統文化的精神，如能於廣大太極同仁有所裨益，則幸甚矣。

本書承臺灣時中學社徐憶中師兄題詞，桃園養靜太極拳協會理事長傅崑鶴先生和臺灣金大鼎文化出版公司曾文龍先生作序，在此謹表謝誠。

是為序。

陳龍驤

2015 年 11 月 3 日於成都

我與中國國術之淵源
——祝賀《陳龍驤太極拳隨筆》新書出版

本人從小愛好武術，那時讀小學、初中，寒暑假因家貧，都要到建築工地打工，看到有些工人在打國術，舞拳弄刀，感覺甚為威風與羨慕，有位工人還常打白鶴拳給我看，那姿態非常神氣如鶴，令我對中國武術心生嚮往。當時臺灣轟動流行的臺語電視劇「西螺七崁」，以及國語連續劇「長白山上」，都屬武俠劇，對這些英雄俠士的拳術功夫，甚為仰慕，可惜都不得其門而入，沒有機會學習。因為考入臺北市立成功高中，首次接觸了國術社團，但因準備大學聯考，每天以課業為重，僅為初步識其堂奧。

1971 年，我考入了國立政治大學地政系就讀，大一新生報到時，看到許多學生社團正在招攬新人，發現有「國術社」社團時，立刻很振奮的加入了我仰慕已久的國術天地。那時指導老師姜長根教練，出身少林北派長拳，教我們打少林拳，每次上課都要蹲馬步、站樁、拉筋，很是辛苦，但很適合年輕氣盛、血氣方剛的青年。至今猶記得姜老師表演八卦單刀虎虎生威的雄姿，其速度之快，只見朵朵刀花，真是雄壯威武極了！後來姜老師也教我們楊式太極 108 式，這是我第一次接觸太極拳，感受其柔能克剛的優雅，可惜我因學業與生活打工繁忙，平常並沒有常常練習，但內心充滿仰慕與感恩此因緣。

1991 年，因為好友住商不動產總部吳耀焜董事長在臺北市仁愛國小學習太極拳，因他推薦，我也很高興地於每個周日上午一起加入學習，得能進入大名鼎鼎「五絕老人」鄭曼青宗師在臺灣創辦的時中學社殿堂。在徐憶中社長的主持下，每周日上午若有空都去參加學習，內心充滿法喜，可惜平常工作繁忙，平日練習有限。

後來因為太極高手傅崑鶴老師的推薦，本人所主持的金大鼎出版社竟然出版了遠在四川成都的李雅軒大師的遺著《太極拳一代宗師．李雅軒修煉心法》，而李雅軒大師正是鄭曼青大師的師兄，我曾在時中學社讀過李雅軒大師的一些太極拳論解，對李大師甚為仰慕與尊敬。而該書主編陳龍驤老師正是李雅軒前輩的傳人與女婿，這些出版的淵源真是奇妙與令人歡喜啊！

2010 年 11 月 5 日至 7 日，時中學社社長徐憶中老師組織籌辦的「第八屆楊氏太極拳第五代傳人名家國際太極拳論壇暨鄭曼青宗師 110 周年誕辰紀念」的活動，在臺北士林劍潭活動中心舉行，邀請了許多海外太極拳高手到台灣，也邀請了四川成都陳龍驤大師，因此盛會，本人得能第一次見到陳龍驤老師與其千金陳驪珠小姐，並且欣賞了他們表演的丰采，這也是很特殊的淵源，真是太極人生何處不相逢啊！

之後，本出版社陸續出版了另兩本李雅軒前輩的著作——《楊氏太極刀槍劍修煉心法》、《李雅軒珍貴遺著．太極拳學論》，而現在出版的，則是陳龍驤老師習拳、教拳，且於海內外戮力推展「李雅軒太極拳」數十年來之珍貴心得紀錄之《陳龍驤太極拳隨筆》，本人在此特別對陳大師表示恭喜與祝賀之意，並在此第一次交代本人與中國國術之認識與淵源，太極拳柔能克剛，以天下之至柔，馳騁天下之至堅，是中國最有智慧的拳術，而且是極好的養生之道。中國文化幾千年的智慧，也完全體現在太極拳的拳術與養身健身，這真是海峽兩岸同胞與世界各地華人的驕傲啊！

金大鼎文化出版社　社長
中華綜合發展研究院不動產研究中心　主任　曾文龍

2016 年 2 月 14 日・臺北
地址：臺北市大安區忠孝東路 4 段 60 號 10 樓
電話：02-2721-9527 網址：www.bigsun.tw

璞玉謹琢叩師恩
德惠予眾明世人

訪楊氏太極拳第五代傳人代表李雅軒太極拳當代掌門人「三好先生」——陳龍驤

當下是太極拳運動盛行的時代，也是國家大力推進和扶持民間傳統文化專案發展的時期。據調查瞭解，楊氏太極拳是太極拳五大派系中在世界上傳播最廣、練習人數最多的拳法之一，深受群眾喜愛與推崇。2014 年時值一代太極宗師李雅軒先生一百二十周年誕辰，為此我有幸採訪到了李雅軒太極拳的當代掌門人，楊氏太極拳第五代著名傳人代表陳龍驤大師。（陳龍驤，男，漢族，六十七歲，四川成都人，太極拳一代宗師李雅軒先生的嫡傳弟子和女婿，中國武術八段，國家武術一級裁判，太極拳大師，我國當代楊氏太極拳代表人物之一，李雅軒太極拳當代掌門人。承其師衣缽之傳，並發揚李雅軒太極拳的文化及技藝，近四十年來受其教授的海內外學員及弟子數以萬計。多年來在《武林》、《武魂》、《精武》、《中華武術》；臺灣《太極拳》、新加坡《武壇》、香港《功夫》、美國《太極週刊》等發表大量文章，多次被國內外有關報刊雜誌報導。與夫人李敏弟（李雅軒之女）在海內外出版的夫妻合著有《楊氏太極拳法精解》、《李雅軒楊氏太極拳詮真》、《楊氏太極劍法精解》、《楊氏太極刀法詮真》、《楊氏太極槍法精解》、《李雅軒太極推手詮真》、《三才・武當對劍》等著作行於世。多次應邀出席國內外、世界級、國際級太極拳賽事和名家研討會（嘉賓），並擔任仲裁及相關評委工作。其事蹟收錄入《中國武術名人辭典》、《世界名人錄》、《中國太極辭典》。曾任中國國際太極拳年會副秘書長及拳師、名師資格評定委員會委員、新加坡李雅軒太極拳學院名譽院長、四川省武術協會委員、成都市武術協會副主席、四川省武協李雅軒太極拳研究會會長、成都李雅軒太極拳武術館館長、《中華武術大全》、《中華太極拳人物誌》編委。）

陳龍驤先生出生於書香門第，其祖父陳心齋為清末孝廉方正，是清末首批留日學習教育的官員，在日本加入孫中山先生創立的同盟會，為同盟會老人。民國初年大力推廣教育，是川蜀地區首個女子洋學堂的提倡者和創辦者。其父陳季武，字孝文，國民黨時期任四川省政府建設廳專員。家風淳澤寬厚、家教甚嚴。陳龍驤先生自幼受家庭文化薰陶，愛好文學，詩詞功底深厚，寫得一手好書法。陳龍驤大師的書法剛逸、秀美且左右開弓，在太極界堪稱一絕！因人品貴重、學問高深、拳藝精湛被譽為「三好先生」！（人品好！書法好！武藝好！）訪談期間我有幸欣賞到了他的書法作品，其中先生的左手書法「李雅軒先生太極拳精論」和「嵇康養生論」為蠅頭小楷，筆法之秀美是當今武術大家中罕見的。陳龍驤大師說，書法與拳藝更多的是仰仗於他父親孝文先生的教導。因祖父與家父深知太極道義，明太極拳法的貴重之處，尤其在人性、品格上的塑造！

龍驤大師自幼體質薄弱，李老先師入川後，與陳父相識，互為敬重，李老重陳父學問、品格，陳父尊李老功夫為人，李雅軒宗師是楊澄甫先生的衣缽傳人，國民黨時期任黃埔軍校高級教官，是衛立煌等人的老師，後二人結為莫逆之交，經李老首肯，陳龍驤八歲則行拜師禮磕頭進入師門，因品行端正、心地淳厚，且天資聰慧，得到李老的特別喜愛，授以衣缽之傳。當年的拜師帖是陳父孝文先生代筆，文間書法用筆之優美、用詞之精妙、文筆之流暢，實屬拜門帖中罕見精品，我有幸拜讀，用心感受當年師友師徒之間的恬然情誼與師道尊嚴！

陳龍驤大師隨雅軒公學藝，刻苦勤競，由於家教甚嚴，能夠很好的奉道且視師如父，學藝受道二十餘年間從未曾離師左右，與其夫人李敏弟（李雅軒宗師的女兒）同得李師衣缽之傳。楊門絕技太極大槍、對槍、太極雙鈎、雙劍、太極武當對劍、三才對劍等以為失傳了的絕學，均在雅軒門類保存完整，陳龍驤、李敏弟夫婦全面繼承，並在其後的國際名家研討及香港太極名家論壇名家匯演等重要活動中展示絕學風采，技驚四座。其女兒陳驪珠五歲隨父母習武，盡得家傳，與其父在 2007 年香港霍震寰先生邀請的國際太極名家工作坊、名家展演，及 2010 年在臺灣舉行的第八屆楊氏太極拳第五代名家論壇暨鄭曼青大師一百一十歲誕辰紀念會上演練的太極武當對劍，被大會譽為矯若驚鴻、婉若游龍！並被大會主席徐憶中等及眾多拳友挽留做李雅軒太極拳、劍、刀及推手的連續展演，效果轟動。

太極兵刃中屬大槍最難學成。陳龍驤大師與夫人回憶起當年隨雅軒公習槍的情景。當年學習條件是很艱苦的，師父教導有三個條件：第一，師父要有心情、有時間；其二，師父要願意教；其三，學生要有學的條件。這裡的條件不是指經濟條件，而是徒弟身上所具備的天資；要有學習的基礎和學習的能力，以及要具備師父覺得有教的必要，值得教！人品、對師父的敬愛、對拳藝喜愛與刻苦程度都是必不可少的條件。當今社會忤逆師門的事情時有發生，有些學生只重拳藝，或者說更關心自己能從師父這裡得到多少，愛拳多過敬師，所以說很多師父傳人甚少，不願多傳也很正常，更別說是絕技了。大槍推手等技藝的研習需要多年的功力積累與悟性，當年學槍很是不易。在陳父的懇請下，李師答應傳槍，當時陳龍驤先生已隨師近十年，每次傳槍幾乎都在絕早無人之時，當時練槍是在李師的家院，但見鄰壁有燈光亮起，李師就會退避，可見對拳藝的珍惜與敬重。當下能完整、全面、深刻的繼承太極拳藝的當屬陳龍驤、李敏弟夫婦，且達到了很高的功夫境界。作為李雅軒先生的接班人，他的拳架極具乃師的風範，成為學習李雅軒太極拳的楷模。

雅軒宗師辭世後三十餘年間，陳龍驤先生苦修、苦研太極技藝，並將其發揚光大。1986 年，陳龍驤先生在全國傳統武術觀摩大會上獲得雄獅獎，使幽閉於川內幾十年的李雅軒太極拳重新展露真容。在中央電視臺武林大會大型節目中，陳龍驤老師作為特邀嘉賓評委，評說及教授太極散手技法，在國際級世界級大賽及太極名家論壇中擔任名家評審及主講嘉賓。三十多年來，陳龍驤先生和夫人李敏弟女士作為李雅軒流派的代表，頻頻出現在國內外太極拳重大活動中，他們的太極功夫和底蘊也被越來越多的有識之士所瞭解、所欽佩，追隨者日眾。行家認為，陳龍驤先生的太極功夫底蘊深厚，是當今「楊式太極拳第五代傳人中的佼佼者」。

能得恩師衣缽相授是此生福澤，也是師父對傳承弟子的信任與認可！既得福澤，必以己之力惠及民生，這就是陳龍驤大師與其夫人這幾十年中不斷努力的動力與目標！他們不慕名利，不事張揚，潛心修煉，不斷提升功夫境界；同時，他們繼承先師的遺志，以「弘揚太極，造福人類」為己任，長期堅持義務授拳，培養了大批太極拳人才，播譽海外，讓無數的愛好者從中受益，以實際行動踐行著傳承文化的使命！李雅軒太極拳在世界國術錦標賽及各個重大賽事中單獨立項的同時，陳龍驤先生與其夫人李敏弟女兒陳驪珠，一起還在為李雅軒太極拳的進一步蓬勃發展及健康產業的惠及民生而繼續努力！

2014 年 10 月 27 日

刊載於全球功夫網

一

李雅軒太極拳悟解

李雅軒楊氏太極拳十六要點之我悟

李雅軒先師自 1938 年入川傳拳以來，將太極拳的要領歸納為十六點，現根據我多年隨師習拳的體會，將十六點要領逐一詮釋。

掌握和領會太極拳練習要領，是練好太極拳，提高太極拳技能的關鍵。太極拳的練法要領，其基本規則可概括為十六點：

一、立身中正

練習太極拳首先要講究立身中正。所謂中正，就是要使身軀不可前傾後仰，要保持尾閭和脊椎成一直線，始終處於中正狀態。拳經上所謂「尾閭中正」，尾閭中正能穩定下盤重心，重心如不穩，運用中則易被人借力失勢。要做到立身中正，在內則必須精神內固，神不外馳，穩靜心性；在外則必須頂頭拔背，鬆腰塌胯，如此則自然能保持立身中正的姿態。

二、安舒鬆靜

太極拳是練神、練意、練虛靈的拳。練拳時，始終保持精神安然舒適，體態輕鬆自然，鬆要鬆得徹底，要鬆透，鬆得毫無拘滯之力，鬆得百無所有。從預備式開始到整套拳的終了，在全部演練的過程中，思想上都要屏除雜念，靜如止水，精神集中，專心致一，澄心靜慮。所謂「一靜無有不靜」，靜可以保持其大腦神經的清醒靈敏，培養人的智慧聰明。拳經中所謂「一羽不能加，蠅蟲不能落，人不知我，我獨知人」的神明高深境界，正是在穩靜安舒的練拳中悟出而得到的靈敏感應。

練太極拳還要求練時全身放鬆，但要鬆而不懈，並須貫以神氣率領。放鬆要先鬆心，後鬆身，從頭頸脊背、肩、腰、胯、膝、手、肘、腕、腳，各部關節都須完全鬆開、鬆透，毫無拘滯之力，要大鬆大軟。拳經所謂「一鬆百鬆，柔若百折若無骨」，百骸舒泰，氣血暢通，神清骨爽，久之則內勁增長，最後將能生出極柔軟化為極堅剛的鬆沉柔彈之內力，達到太極拳技能的上乘境界。

三、虛靈頂勁

練太極拳要求虛靈頂勁，神貫於頂。所謂虛靈頂勁，即是頭容正直，頭頂的百會穴要向上輕輕頂起，好像一根繩索將頭頂提懸似的，又好像頭上頂起一碗水，不使它灑下來，此全是神意領著，下顎微收，頸部放鬆，舌舔上顎，時時保持靈醒輕妙的感覺，有頭頂青天，足踏黃泉的氣概。但此全是意，不可用力向上頂勁，用力向上頂勁必然拘滯僵硬，失去靈感。練拳時，只要時時保持虛靈頂勁的感覺，自然精神能提得起，氣血自然流通。

四、氣沉丹田

練太極拳強調虛靈頂勁，氣沉丹田。丹田在臍下三寸處，練拳時，用意識引導呼吸，將氣用意沉下丹田。練習太極拳功夫有素的人，多是採用腹式呼吸。初學者切不可著意追求氣沉丹田的效果，決不能故意去憋氣，以鼓盪腹部，須知氣沉丹田是練太極拳全身鬆開後的自然結果，只要全身鬆開，安舒鬆靜，先鬆其心，後鬆其身，心身俱鬆，氣則自然下沉注入丹田，學者切記之。

五、鬆肩垂肘

鬆肩垂肘又叫沉肩墜肘。鬆肩者，肩部放鬆，向下沉塌，又叫塌肩。兩肩忌聳起，聳起則意氣上浮，妨礙內氣的運行和氣血的流暢。垂肘者，即是肘部有鬆墜下沉之意，故練太極拳時，兩臂決不可挺直，臂部微屈，保持弧形，肘部鬆墜，感覺兩臂有一種內在的沉勁，綿軟沉重。這種沉勁外柔內剛，如棉裹鐵，練好之後，入裡透內，威力無窮。

六、含胸拔背

練太極拳強調要含胸拔背。所謂含胸者，即是胸部向內涵虛，舒鬆自然，使氣能沉於丹田。胸部不可外挺，外挺則氣易阻滯，妨礙呼吸的暢通；但又不可故意內縮，故意內縮易成駝背，駝背則胸腔縮小，使橫膈肌不能下降，妨礙呼吸和血液回流心臟，影響拳勢動作和健康。含胸在太極拳技擊中亦很重要，常運用於防守中，是含化對方來手之不可缺少的身法。

拔背者，即是背部舒展，並向上拔伸，常須頂頭方能拔背。拳經云「尾閭中正神貫項，滿身輕利頂頭懸」。頂頭懸則背自拔，拳勢則氣魄雄壯，且拔背能使氣貼背而斂入骨，推手技擊中，則能力由脊發，發人至遠。

七、內外相合

練習太極拳要求上下相隨，內外相合。所謂內者，行氣用意。所謂外者，姿勢動作的虛實變化。二者形神一體，不可分離，每一個動作姿勢，都須與內在的神意緊密配合。意欲收則動作屈蓄，意欲放則動作伸展，並再配以呼吸的鼓盪，使動作隨著呼吸的鼓盪以開合，使呼吸順著動作的開合而吐納，如此則內外合一，內勁日生。

八、上下相隨

練太極拳時，每一個動作都要求做到上下相隨，協調完整。拳經所謂「一動無有不動，一靜無有不靜」，每一個動作都要以腰為軸，率動全身，決不可局部自動，或先手動，後腳動。運動時須根於腳，發於腿，主宰於腰而行於手指，由足而腿而腰，總須完整一氣，腰脊領動，手足隨動，眼神隨之，上下連貫，渾然一體。

九、用意不用力

練太極拳時，要輕鬆自然，用意不用力，以養虛靈之氣勢，神明之感應。因此，以意行拳，注重意識在太極拳中至為重要。每一個動作的運行，都須貫以意識的指導。拳經所謂「意氣君來骨肉臣」，即是以意為主，不尚拙力。練太極拳全身鬆開、鬆透、大鬆大軟，毫不用力，四肢百骸柔若無骨，節節貫串，以意率領，意之所至，氣即至焉，力由意生，出勁自然，不求拙勁，日久方能生出真正內勁，極柔極剛，無堅不摧。

十、邁步如貓行

太極拳的步法，輕靈，穩健。要求提步鬆沉，落步平穩。要像貓行虎步一樣，輕起輕落，不出聲響。因此，步法的鍛鍊非常重要。如一腳提起向前邁步時，要先以腿胯放鬆，腳跟輕輕觸地，然後踏實，鬆腰塌胯，重心逐漸前移，邁出之腿，後腿鬆軟，後腳慢慢提起向前輕輕邁出，所謂如臨深淵，如履薄冰，上身保持中正，不可忽高忽低，使有大的起伏。如此練步日久，自會增長腿步鬆彈之勁，使其邁步有如貓行之輕靈穩健。

十一、運勁如抽絲

練太極拳很講究拳味。因此，整套太極拳演練起來要沉厚莊重，動作要求沉著而不僵滯，輕靈而不飄浮，運動起來有如抽絲那樣細緻，那樣平穩、均勻。要做到這一點，非全身放鬆，兩臂沉墜，以意領動，細細體察不可。運勁如抽絲一樣細膩，邁步又如貓行一樣輕靈，如此則自然拳味淳厚，韻味無窮。

十二、相連不斷

太極拳整套動作，演練起來連綿不斷，如行雲流水，抽絲掛線，如長江大河，滔滔不絕。以心行氣，以氣運身，勁斷意不斷，意斷神可接，往復須有折疊，進退須有轉換，周而復始，相連不斷，自然氣血周流，內氣充盈。

十三、呼吸任自然

練太極拳要求呼吸深長、細勻，純任自然，不必去故意以呼吸配合動作。雅軒先師曾說：「太極拳呼吸之道，主要是氣沉丹田，鼓盪丹田內息，以與連綿不斷之動作相應。因內息之鼓盪不停，亦自能抽動外面呼吸之氣往來不輟，且深長細勻，如膠似漆。但我們並不去注意它，須讓它自然出入，出則勢開而放，入則勢合而收，且身勢開放收合到極點，或轉換時，更往往與呼吸首尾相應。詳言之，如身勢由合而開，氣即隨之由吸轉呼，當開到極點時，則為一呼之尾，亦可能為一吸之首；當身勢由開而合時，氣即隨之由呼轉吸，當合到極點時，則為一吸之尾，亦可能為一呼之首。但有些姿勢，亦可能有開反氣息吸入，合反氣息呼出，又還有一開之中，可能不止一呼，須加一吸（即一開勢呼起吸止），或須再加一呼（即一開勢之中，兩頭呼中間吸）。一合之中，可能不止一吸，須加一呼，或須再加一吸。總而言之，動作不斷，呼吸亦不斷，動與息應，息與動連，如是而已。若必因某一動作配合吸，某一動作配合呼，則必機械呆板，恐非太極拳行氣之道也。」又說：「我不主張配合呼吸，而是主張自然呼吸，練拳自然了，呼吸會去配合上，切記配合上了，一定會很自然。若專在配合上注意，反而配合不好，且往往練出病來。太極拳是氣功，不錯，但講的是順氣、養氣、自然之氣，不是講的努氣、憋氣、滯氣、不自然之氣。如一碗水，潑在地上，它自然地會往低處流去，不要有主張的想水要往哪裡流。太極拳是氣功，更是自然之功，如有主張地叫水往哪裡流，那就成了大不自然了……。」議論非常精闢，太極拳這種與動作自然配合的呼吸方法，是非常合乎生理要求的，這種自然呼吸而達到的氣沉丹田的效果，能使太極拳的動作更加輕靈沉穩，鬆柔自然。

十四、心性沉著

練太極拳時，不僅要體鬆心靜，呼吸自然，更須心性沉著，不可心浮氣躁。面部要掛拳意，要有莊嚴端肅的氣概，穩穩靜靜，沉沉著著地將一套太極拳形容出來。練後感覺神清氣爽，滿口津液，舒適泰然。假如雜念叢生，心意煩亂，則不能練出穩靜的功夫來。

十五、舉動輕靈

練太極拳時，要求用意不用力，神貫於頂，氣沉丹田，上有虛靈之氣勢，中有抽絲之運動，下有貓行之平穩，中正不倚，鬆柔圓活，自然舉動輕靈，虛實分明。

十六、運行和緩

太極拳以靜制動，雖動猶靜，以練神、練意、練虛靈為主旨，故整套太極拳共計一百一十五式，須在穩靜安舒，輕柔和緩中徐徐而行，速度以慢為好，慢到呼吸深長，氣沉丹田。練時速度均勻，不快不慢，一手一勢，仔細推求，務求正確。

學者本著以上要領默識揣摩，細心領悟，再加之真正太極拳老師言傳身教，庶可得其太極拳真諦。

李雅軒先師傳授的太極步法

我年輕的時候常隨先師表演太極推手、大捋及抹角行步、散手以及武當太極對劍、三才對劍。當時我二十多歲，由於也算刻苦，身手還算矯健，步伐也還輕快。先師當時已是七十多歲，但對起劍來，推起手來，仍然身手矯健異常，有神威不可逼視之感。尤其腳下之輕靈，可謂龍行虎步，衣袂飄飄，翩若驚鴻，腳下快而無聲。而我等雖勉強跟隨，兩腿雖也快速跟進，但不免觸地咚咚作響，處處受制，與先師之步法輕妙絕倫，完全是兩回事。

先師傳拳時除強調大鬆大軟外，首重腳下太極步法的練習。一般人練太極拳也講邁步如貓行，但由於傳授者腰胯以下未真正徹底鬆開，行步時未頂起頭來，塌下胯去，所以走起步來，邁不出大步，而且腳跟後滑，並美其名曰「弓步時，後腳跟可以向後調整」，為他的這種出步找藉口，真是差之毫釐，謬之千里！全不知太極拳之步其根在腳，腳跟一動，勁力全消的道理。如若勉強跨大步，勢必貓腰撅屁股，出腳沉重如秤砣觸地，咚然有聲。故練出之拳架，姿勢不優美，更說不上雄偉之氣勢。先師所傳之拳架，要求步幅寬大而邁步又輕靈沉穩，確需下一番苦功夫。

慢步練法

先師所傳太極步法練習有兩種，一種為慢步練法，要求邁步時要有虛無之氣勢，要頂起頭，拔起背。他說：「太極拳步法之情形，如出右腳時，必先收全身之重量徐徐移於左腳，然後徐徐提起右腳。在提右腳時，如腳腿從水裡泥裡抽出來的情形。右腳這樣子提起來，而後虛虛落地，慢慢踏實，其落地踏實用勁的情形，如將腳腿徐徐插在地下去；提左腳的情況與提右腳時的情況同。按照這樣子的練法，日子久了，腳步才來得柔彈而穩固有力，身體才能經得起衝撞，不至被人推出或打倒。在身勢與步法動作的形式上，是要有龍行虎步，身形相配的神氣。這就是說，身心內外要全部完整，全身力通氣通。否則，就不是練太極拳的意思了。」

這是第一種慢步練習的要領。

快步練習

第二種練法為行步快步練習，這是在第一種練法有基礎後的必不可少的練習法。兩腿要異常輕靈，要如像繩兒吊著一樣的鬆沉，落步輕，發步快，所謂步隨身換，忽隱忽現，進退神速，靈妙異常。太極行步運動起來，可謂來去如穿梭，忽隱忽現，矯若游龍。腳下只見步伐移動，而來去無聲。這種步法練好以後，運用於推手散手，可謂拳來不知，腳去不曉，打人於不知不覺之中，將發揮很大的威力。

先師散手時，多以手揮琵琶為開手勢，右腿微屈，左腳尖虛虛點地，伺敵之動，相機而動，虛虛實實，變化多端。他曾與牟祖綬打散手，以右手虛晃其面，伊以手來接，先師忽以太極快步法左腳向左橫跨兩步，以披身右踢腳之腿法擊中對方左脅，而力透右脅，疼痛多日始癒。

先師在世時說：「步法腿法在太極拳中至關重要。」並說：「現在很多太極拳師不重視練腿，腿踢不高，步邁不大，老態龍鍾，舉步蹣跚，只可講講拳，友誼推推手，如遇實戰則不行。此非太極拳本身之過，乃不知練太極拳手眼身法步之過也，學者不可不慎。」我想，要想在太極拳方面學成些功夫，先師所傳的太極步法不可不學，不可不練，否則，名不符實也。

大道至簡　真傳一句話

時下的武林刊物，闡述太極拳的理論可謂越來越多，傳授的內功心法也可謂層出不窮，諸如講氣脈的運行，講陰陽八卦，把太極拳說得玄之又玄，神之又神，使學者看後一頭霧水，莫之所從，不知如何下手才能學好真正的太極拳。雖然太極拳文化博大精深，哲理深邃，盡其畢生精力對其研究亦難窮其底蘊，但大道至簡，唯其深奧，更能從平易入手。

先師雅軒公在世之日，其床頭牆上常貼著一張紙，上書「要經常想楊老師打拳推手的樣子，功夫才能進步」，又在其筆記中寫到：「近日沒有經常想楊老師打拳樣子和推手所說的話，感到打拳又沒有味了……」

雅軒師得澄甫太老師真傳，太極功夫爐火純青，品德上乘，而真傳的要訣則是「要經常想楊老師打拳推手的樣子，功夫才能進步」，就這麼簡單的一句話，真應了俗話說的「真傳一句話，假傳萬卷書」。

曾記得我跟隨先師學拳時，那時候有很多在黨校當領導的高級幹部和科學院、設計院的工程師，他們都是一些文化很高的知識份子，平時看了很多太極拳方面的書，正因為看得多，想的問題也多，提出的問題也多，有一天，他們問老師說：「李老師，您的功夫那麼好，我們都很想快一點掌握太極拳要領，學好太極拳，您能不能給我們講一下太極拳學好的要訣，給我們指一條捷徑？」老師說：「好，我告訴你們兩句話，就是學好太極拳的關鍵。第一句話：要放鬆放軟的打（拳）。第二句話就是：想著我的樣子。」老師這兩句話看似平常簡單，但確是言簡意賅，至理名言，所謂「大道至簡」，辯證的說，天下很多事，就是最簡單即是最深奧的，最平凡就是最偉大的，就是這個道理。太極拳的要領在文字敘述中見楊澄甫的《太極拳體用全書》中的「太極拳十要」，先師傳拳中歸納的「太極拳規則十六條」，諸如虛靈頂勁，氣沉丹田，鬆肩垂肘，含胸拔背，內外相合，上下相隨……等等這些要領，如何才能掌握，如何才能做到，其實都在一個真正的太極拳老師行拳中具體而形象的表現出來，是一個綜合整體的體現，學者只要認真模仿，學其形，學其神，再加之老師的言傳身教，好好體悟，自能得真正的拳意，掌握太極拳的要領應該不難。

學拳思想定要單純

因此學者行拳時，思想定要單純。我再舉一個例子，曾經有一位大學生向我學拳，每日在我身後跟著打，我發現他並沒有看著我，速度也比我快，而且拳架越來越走樣，我問他是如何一回事，他說：「老師，我每天都在認真讀您寫的十六點規則，而且背得很熟，但我每次打拳時，思想上想著虛靈頂勁，就忘了氣沉丹田，想著鬆肩垂肘，就顧不了含胸拔背，十六點規則在我行拳時不斷湧現，我顧了這就忘了那，顧都顧不過來，我該如何辦才好？」我說：「我總感到你天天跟在我後面打，但拳卻變了樣，你的毛病就是思想想多了，複雜了，此之謂暗病難改！我告訴你，這些要領你打拳時哪一條都不要想，哪一條也不宜想，要想只想老師的樣子，只想老師的神氣，練拳時就按老師的樣子、神氣去練就足矣。這如同臨帖寫字一樣，日日臨摹，久之自有帖意，如不然，思想雜亂，暗病日生，一會兒想這條氣脈，一會兒又想那個穴道，結果只能是挂一漏萬，顧此失彼。」後來他按我的話去做，拳就進步了。

我當先學拳，就是本著雅軒老師的教導，時刻想他的樣子練的。所以我告訴學者，大道至簡，真傳一句話，找到好的老師，就會掌握太極拳的精髓，不要被故弄玄虛所迷惑，如此太極拳可望有成也。

2010 年 4 月 11 日

追隨先師習拳偶感

我從八歲起即跟隨先師學太極拳，老師很喜歡我，教我很多東西，所以我進步也快。我父親和老師是好朋友，因為他學問好，為人又溫和，老師雖比父親大十幾歲，但對父親很尊重，見面總是很客氣，稱季武兄（按，父親名季武），稱我母親為尹大姐而不名。

老師經常到我家來找父親玩，父親的人品學問他很佩服。那時候我在 132 廠當工人，二級工，每月三十九元的工資。由於上班路途遠，早出晚歸，每週只能休息那天才能去看老師，才能多在老師家裡多待一些時候。老師興致好的時候給我改改拳、改改刀劍、教我推手散手，如遇老師煩悶或身體不適時，我就陪他出去散散步、說說話，幫助做一些家務事如提水、擦地板什麼的，不是每一次去都能得到老師教拳改拳的機會的。有一次老師對我父親說：「龍驤這孩子不錯，肯練，又孝順父母，但現在要工作，要掙錢吃飯，不拿工資則無法生活，他不能像我以前跟楊（澄甫）老師學拳時那樣整日侍奉在他身邊，朝夕追隨，老師練拳我在，會客時我在，談拳時我在，隨時隨地都和老師在一起，所以功夫進步就快。但現在條件不允許，不上班就沒有飯吃，這些學生只有抽星期天來看我，為了表示心意，還給我買點水果點心來，當然他們是想趁有空來看老師時能得到老師的教導，學一點東西，但是他們來時又恰逢我身體不舒服或心情不好，沒有講拳的興致，所以即便來了，我又不想講話，我在打拳時、想講拳時他又不在，所以現在學拳的人功夫進步就慢了。」

細想起來，雖說是練了多少年，但真正跟在老師後面打拳有多少次？真正聽老師講拳、推手又有多少次？兩樣加起來，時間並不多，所以要想學好太極拳就難了！曾記得那時候有一次下午四點後到老師家去。當我掀開門簾進屋時，見老師盤腿坐在床沿上，周圍坐著六、七個師兄弟，老師見我進來就說：「你看你怎麼才來！今天我給他們講拳已經說了兩個小時的話了，你都沒有聽見，要叫我再說，我沒有精神了，等以後吧！」那時候老師處的環境不太好，整日在憂患中過日子，身體又有病，年歲又高，老師能教我一次很不容易，如不是自己份外刻苦，哪能有今天這點成績！老師是一輩子的專業，又跟隨澄甫師十餘年，故功夫能登上乘，我輩既非專業，又未能跟隨其左右，可謂先天不足，後天又欠缺，如再以業餘之身，把太極拳作業餘之中的業餘，要想在太極拳中有所建樹，只能是望洋興嘆，不可得也！

2010 年 4 月 26 日悟

有感於非有夙慧不能理也

太極拳是聰明人練的拳，其虛無的氣勢，神明之感應，莫測之變化，是需要自己多去思悟的，不僅是會幾樣套路，懂幾個手法就可湊效的。很多人不知在悟上多下功夫，只希望多掌握幾個招式、懂幾個手法以為就行了，就是太極拳了，殊不知不知臨機應變，沒有聽勁懂勁的功夫，刻舟求劍，臨事一點都拿不出來，反倒怪老師保守，不肯教，實際上他們以為太極拳的功夫就像去百貨公司買東西一樣，拿給你就成了自己的了，其實哪有那麼簡單！老師只能告訴你法則，給你指路，路走多遠，全得靠自己，所以拳論說「入門引路須口授，功夫無息法自修」，拳如何靈活運用，用得恰如其時，全靠自己的領悟程度，如練推手就是掤捋擠按四正手裡面千變萬化，豈止是懂了四手的形式就算掌握了推手的功夫，那就是大錯！

現在有些人就以為只要把太極拳的勁道問個具體的一、二、三，他以為就算懂了，其實太極拳很多精微奧妙處是非筆墨所能描述的，那需全靠老師言傳身教，學生心領神會，就像釋迦牟尼說法，迦葉拈花微笑開悟一樣，是說不具體的。心領神會的意境就如人飲水，冷暖自知，又如人問以糖的滋味，我只能告之以甜味，如再問甜為何味，我想任何人都說不出來甜究竟是什麼味一樣。所以老師當先告訴我們太極拳不僅要勤練，還要多思多想，才能進步，太極拳是聰明人練的拳，那些一輩子不知用心去悟的人，是學不好太極拳的，所以王宗岳宗師才有「非有夙慧不能理也，先師不肯妄傳，非獨擇人，恐枉費心力耳」的感歎，我覺得他也是對那些愚笨的學生，不知好好領悟老師的教導，還妄生議論，說一些對他不滿的話，他惱火、生氣，才有以上的感歎。

2010 年 4 月 26 日悟

太極拳的功夫要像燻臘肉才能成功

「太極拳的功夫要像燻臘肉，慢慢燻才行」，這句話是先師李雅軒先生說的，起因是先師晚年大概是 1973 年左右，有一位成都成套局的幹部名魏琦者來向他學拳，因為那時生活條件差，老師生活較清苦，每月政協給的七十元生活費既要管師母和女兒的生活，還要供女兒上學，還要買藥治病，所以經濟上不寬裕。魏琦工資較高，經常買一些東西孝敬老師，所以老師總想讓他儘快懂得多一點。如此未過多久，有一天，我到老師那裡去，老師突然對我說：「太極拳的功夫急不得，需慢慢薰陶浸潤才行，你看那個魏琦，我感他經常來看我，買這買那，一片誠心，所以就想他快進步，多給他講一些道理，想讓他儘快掌握一些東西，殊不知才不行，他接受不了，反而東想西想，身勢彆扭，出一些怪毛病，反倒不好改了。練太極拳功夫要像燻臘肉一樣，你看農家燻臘肉，把臘肉吊在灶孔前樑上，每天靠燒水煮飯時的煙子燻烤，日積月累，天天如是，燻出來的臘肉又香又好吃，如用急火烤，非但不香，烤凶了，把肉都烤糊了還不行，所以說練太極拳的功夫如燻臘肉，急不得，要慢慢來。」

幾十年過去了，每想起老師這段話，就覺得非常重要、非常好，人的接受能力、領悟能力是慢慢提高的，不到一定的時間，不到一定的程度，是理解不到的，所以先師又說，「太極拳的道理，不想不行，想多了也不行，不練不行，傻練也不行」，所以他又說，「總之是要聽老師的話，要大而化之才好，老師怎麼說，你就怎麼聽，叫你怎麼練，你就怎麼練，久了自能心領神會，功夫自然進步。」我想這就是我之所以能有今天這個成就的原因吧。

2010 年 4 月 27 日於峨眉山悟

聽老師的話才能學好太極拳

我小時候即跟著先師雅軒公學太極拳，老師相貌很威嚴，人很魁梧，我從小就對他很崇拜，也很敬畏他。我父親和老師是好朋友，兩家相距一條街，老師經常到我家來找我父親聊天，我因是獨子，有時不聽話，母親只要說老師來了，我就嚇得不敢出聲，坐在那裡聽他們聊天，規規矩矩，不敢亂動，所以我母親說：「龍驤哪個都不怕，就怕老師。」唯其這樣，老師講的話是像聖旨一樣，絕對聽的，他叫我怎麼練，我就怎麼練，他教我推手時，叫我不去看那些雜七雜八談太極拳的書，我就從來沒有去看過，叫我不要隨便去看別人練拳，我就從不看別人練拳的樣子，腦子裡只有老師說的話，只想著老師練拳的神氣樣子，思想上清靜、單純，所以進步反而快，不像我其他有些師兄弟，背著老師去找人推手，背著老師東看看西瞧瞧，滿腦子都是一些問題，弄得思想雜亂，暗病百出，在拳上推手上出些毛病，改都改不過來。他們背地裡抱怨老師，說老師教我教得多，教他們教得少。

記得有一次在老師家裡，時間大概是 1970 年前後，那天很多師兄弟都在場，老師坐在床沿上講完拳後，突然說：「龍驤這個娃娃，從小跟著我，現在也十幾年了，他的確很刻苦。從他的資質上來說，也不是絕頂聰明，中等資質而已，不笨就是了，我教他的東西其實都教過你們，也不是對他如何特別，但是你們為什麼覺得他練得好些呢？他有一個最大的特點是聽話，我怎麼說他就怎麼練。你們背著我找一些書去看，以為就懂得多、進步快，其實那是大錯，那些書多是民國以後出的書，著書的人的功夫情況我都瞭解，而且很多人本不是練太極拳出身，因為有點文化，就按照他的思想著起書來，書中有些是太極拳的道理，有些是他練雜拳的想法，兩種東西摻混在一起，你們不能鑒別，兼收並蓄，弄得思想複雜，如像學馬列主義沒有學好，修正主義的東西你一下就接受了。這就是我為什麼不要你們去看書，以免思想複雜，影響進步。只要等到你們對太極拳的理解有定見了，那時看書就有鑒別能力了，就知道哪些是對，哪些是不對的，就不會迷惑了。」

老師又說：「不叫你們去看別人練拳是為什麼呢？你們私下想說怎麼看都看不得麼，看了我又不學！我今告訴你們，你說你不學，你的一雙眼睛就是照相機，他的樣子印在你腦子裡，你就要受影響，龍驤聽話，腦子裡沒有那些亂七八糟的東西，所以進步就快。」

幾十年過去了，我練拳已是五十四個春秋，年齡也過了耳順之年，學生教了一批又一批，學拳程度也參差不齊，回憶當先老師的的諄諄告誡，句句皆是至理名言，特別是時下出版的太極拳書籍、雜誌、光碟、影碟充斥市場，良莠難辨，給學者帶來更多的困惑，所以要找一個好老師難，要找一個真正聽話的學生也難，然如不聽老師的話，妄作聰明是肯定學不好太極拳的，此可斷言也！

2010 年 4 月 28 日悟

太極拳首在養靈

先師在他的練拳隨筆中說：太極拳首在養靈也。我們知道人為萬物之靈，人正因為有了靈性，才能夠創造發明，才能夠處理周圍的人和事，應對萬事萬物，不獨打拳、推手也。張三豐創太極拳時為什麼不把這套拳取名直接叫健康拳或健身拳，而一定要把它取名太極拳，我想一定是有道理的，太極論上說：太極者無極而生，動靜之機，陰陽之母也。說的就是它是無始以來，宇宙萬物陰陽變化產生的根本，我們人為萬物之靈，但冥冥之中是誰賦予給我獨有的這種智慧、靈性，這種看不見、摸不著，但又確實存在的東西，我們祖先就給他取名為太極。故古人曾對太極的概念下定義說：能造萬物者天地也，能造天地者太極也，太極者其可得而名乎？可得而知乎？不可得而知也，故強名之曰太極。太極者其無名之謂乎。

我們練太極拳，練什麼？為什麼要慢？要靜？要用意不用力？要大鬆大軟？楊澄甫太極拳有十要，雅軒先師有太極拳十六要點，他更提出了要有虛靈的氣勢，神明的感應等等，說到底這些規則要點都是一些練功的手段，不是目的，最終目的就是保持培養這種上天賦予我們的這種靈性不減，有了這種靈性，身體就健康，思維就敏捷。人老了，反應遲鈍了，行動不便了，一句話——失掉靈性了。

練太極拳，神舒體靜，周身放鬆，邁步如貓行，運勁如抽絲，一羽不能加，蠅蟲不能落，都是在培養這種靈性。推手時沾粘綿隨、不丟不頂，要上下相隨，內外相合，要在不丟不頂中討消息。這些都是為了培養這種靈性，推手中的聽勁、懂勁，散手比鬥中千變萬化的手法運用都離不開靈性。太極拳論中所謂「手快打手慢，有力打無力，此先天自然之能。察牽動四兩撥千斤之句，顯非力勝」和「耄耋禦眾，快何能為」這些話，說明高度靈敏和技巧特別到老年靈性不減，其功效是非常明顯的。所以練太極拳蓄神養氣的功夫，主要是以養靈為第一要緊。人如沒了靈性，即便是千斤大力士，或是手法懂得再多，運用時都是無濟於事的，所以太極拳的功夫，是由著熟而漸悟懂勁，由懂勁而向階及神明，神明階段就是靈性充分體現階段。故太極拳首在養靈，此理不可不知也。

2010 年 5 月 4 日

神明之感應來自虛無之氣勢

先師雅軒公在他的太極拳推手的隨筆中云：未從出勢，先持以虛無的氣勢……又云：以神走，以氣化，以腰領，大鬆大軟，純以神行……在推手發勁中更強調要效關夫子之神勇，睜眼時人頭落地的氣魄。先師在世之時，不管是行拳推手或者是行走坐臥，都透出一種莊重沉毅、不怒而威的氣韻，特別是他的拳照，舒展大方，氣魄雄偉，給人一種神威不可逼視之感，與人推手變化莫測，其勁入裡透內，有如萬丈懸崖失足，驚心動魄，忘魂喪膽之感，這是他充分掌握了太極拳神的妙用，達到了練神還虛的上乘功夫的具體表現。

他經常強調太極拳首在養靈，故練時大鬆大軟，首先要持以虛無的氣勢，才能心中升起一種頭頂青天、腳踏黃泉，凜然不可侵犯的豪橫心勁和雄偉的氣勢，此時，感應異常空靈，好像萬事萬物的細微變化都在我的掌控之中，都在我的感覺之中，無所不知，無所不覺，即便是一羽之加、蠅蟲之落都不能附著於我，兩臂之運行如水中游泳，沉穩鬆重，似空氣之阻力，我亦感知，動若江河，行如抽絲，心神穩靜，練神養靈，如此日久，就能心生靈慧，培養出超常的性靈，才能有拳論所謂「彼不動，己不動，彼微動，我先動」，「我意在先」和「人不知我、我獨知人。英雄所向無敵，蓋由此而及也」的神明感應。

先師練拳隨筆中所描述的太極拳功夫的神機妙用，諸如與楊澄甫太老師推手的感覺，自己如紙紮人一樣，心裡恐懼，好似有被其打穿打透、五臟熟爛，生死頃刻之感；又如萬丈懸崖失腳，忘魂喪膽；其發勁神態如關夫子之神勇，能使其鬼懼神愁，凡此種種皆是神的作用，故太極拳稱之為神拳也，心中持以虛無的氣勢，練時以神走、以氣化、以意去、以腰領，這種變化莫測的神快，是那些只注重筋骨肌肉而得到的快所無法比擬的，神勇和武勇的區別就在於此。

《三國演義》中寫關雲長溫酒斬華雄，說關雲長刺華雄於萬馬軍中。本來關公用的是刀，小說中不說劈，不說砍，而用了「刺」字，說明關公之神快，華雄尚未反應過來，人頭已落地了。《三國演義》還記載了馬超歸順劉備後，關羽得知馬超驍勇，英名蓋世，特致書諸葛亮，要赴漢中和馬超比武，諸葛亮回信說：「馬超雖然勇猛，但他是武勇，將軍神勇也，馬超怎能與你相提並論呢？」關羽見信後笑道：「丞相知我也。」此雖是小說，但也說明神的作用是不可比擬的。

我們練太極拳，首先養靈，重在練神，而練神的最好方法即是要如先師所言：「未從出勢，先持以虛無的氣勢，穩靜心性，大鬆大軟，勢如長江大河滔滔不絕，行雲流水，連綿不斷，把一趟太極拳形容出來，久而久之，拳意上手，靈慧自行，如此則自能由著熟而漸悟懂勁，由懂勁而階及神明也。」

2010 年 5 月 21 日悟

說開悟

記得年輕時，老師教我推手，教我怎樣掤、怎樣化、怎樣用心動、怎樣用腰脊之力，但當時不管如何努力，總是體會不到，掤不起他的手不說，不然就是非丟即頂，我記得老師當時的表情很著急，他抓住我的兩臂不斷的搖說：「你這個娃娃，手上什麼時候能懂事啊！」我當時雖練拳有好幾年了，但畢竟年齡還小，不知怎樣去悟，後來長大了，在老師耳提面命之下逐漸對老師的話有些理解，慢慢在鬆沉上找，在拳意上找，慢慢對練拳推手上有了感悟，功夫也就進步了。

那時在文革中，老師教散手，由於我刻苦、年輕、手長腳長、身形靈快，和一些練外家拳的人一起切磋，我都沒有輸過，二十多歲時在成都就有名氣。那時一天想的是手法，想的是作用，對老師講的「一切在拳上找」、「拳是寶貝，鬆軟是寶貝」還理解不深，別人問我對拳的感悟體會也說不出一個所以然來，即便有點感覺也知之甚淺。後來老師去世了，心裡才有恐慌感，好像失去了主心骨。當時我已教了不少學生，他們常給我提些問題，我才知道離老師的要求差距很大，老師不在了，只有把老師講過的話回憶起來，認真想，天天觀摩老師練拳推手的照片，想老師的神氣。我自己覺得我是三十五歲以後才真正開悟的，真正對老師說的「拳是寶貝」，「一切在拳上找」才有深刻認識，才深信不疑的。推手中的毛病就是拳上的毛病，拳的毛病改了，推手就進步了，真正開悟以後進步就快了，感悟的東西一年比一年好，十年前的鬆柔，十年後鬆柔感覺可說是登堂入室，越來越深入，理解越深，進步越快。

所以我說老論云：「由著熟而漸悟懂勁」，這個「漸」字是經驗之談，開悟也是循序漸進，慢慢來的，又說「非有數年純年純功不能運化者」，就是說你雖練法正確、方向正確，就像老師給你指明開關在牆上，讓你去摸、去找，你雖在牆上摸，但沒有摸到具體開關位置，還是開不開燈的，一旦摸到開關，滿室通明，就什麼都看得見了。我五十多歲以後寫的如「推手的感悟」幾篇文章，四十幾歲時就寫不出來，想不到那裡去，因為那時太極拳開悟的程度還不及現在，所以說太極拳理、太極拳技藝博大精深，就是這個道理。學者在學太極拳時，不可急於求成，只要有恒心，聽老師的話，去練去思想，久之自能開悟，自能學成太極拳。

2010 年 8 月 30 日

刻刻琢磨先師練拳推手神氣

我從八歲起即跟隨先師學習太極拳，那時雖是小孩，但我聽父親說老師本事很好，在我幼小的心中就非常崇拜他，對他很敬畏，雖然年紀小，但學得很認真，老師見我聽話，也肯教我，所以小時候我的基本功很扎實，走步子壓腿都用了不少功，所以從小功架就好。

在我十二歲時就代表成都市參加在自貢市舉行的四川省比賽獲得太極拳第一，總分第五的好成績；十五歲時在成都市武術比賽中獲得了太極拳、劍的冠軍。那時已學會了太極拳、太極劍、太極刀、三才對劍、武當對劍，推手也會一點，但很淺。後來進了廠，當了工人，又適逢文化大革命，我的全部業餘時間，全部身心都用在練拳上，老師教我推手、散手、大槍，那時我二十幾歲了，在成都市可謂也小有名氣。但老師每次見到我總是說要多在內裡找，不要光是找外面的洋盤、表面的好看，要多找太極拳內裡的味道，當時嘴裡不講，但心裡確實不知還應該怎樣去深入，怎樣去悟解。

我感到真正對太極拳的道理有認識，對太極拳的精微細緻有感悟，是老師去世後，是我步入中年，三十五歲以後，我在自己練拳中、在教學生的過程中，不斷回憶老師所講過的話，慢慢回憶老師練拳推手的神氣，逐漸對太極拳開悟了，此時才覺得太極拳的功夫精微奧妙，深不可測，太極拳理論博大精深，洵非虛語也。也想起老師也說過以前楊澄甫太老師健在的時候，因為有老師在，尚不覺得缺什麼，一旦老師不在了，沒有了主心骨，心裡有了恐慌感，不知自己到底該怎麼辦，只得把老師講過的話反復回憶，把老師打拳推手的樣子反復琢磨，過了些年，有了感悟，覺得功夫長進了，他把這種感覺告訴他的師兄弟，師兄弟不信說：「你瞎說，老師在時你不覺得進步，老師不在了，你反倒進步了，豈非怪事！」

現在我覺得老師的話是對的，對太極拳的感悟是隨著年齡的增長、時間的推移、對拳的研究不斷深入才會有的，三十多歲時對拳的感悟二十多歲時就體會不到，四十多歲的感悟三十多歲也沒有，所以孔夫子說「吾十有五而志於學，三十而立，四十而不惑，五十而知天命，六十而耳順，七十而從心所欲，不逾矩。」這是隨著年齡的增加，感悟的東西層次不同，所以他不會說四十而知天命，只能說不惑，到了五十歲，才能有知天命的體悟。即如我近年來悟出的拳理，寫出的心得，五十歲前就想不到那裡去，也講不出來，可見藝無止境也。

最近重讀先師寫的筆記，說「未從出勢，先持以虛無的氣勢」這句話，以前也讀過若干遍，也沒有什麼特別感覺，而現在再讀時，那種虛無氣勢的感覺在練拳時就會油然而生，那種空明的感應無所不照的虛靈之機，就會佈滿全身，對老師所講的我練功的方向是「找虛無的氣勢，神明的感應，莫測的變化」這幾句話就有一種心領神會的新的感覺，找到這種感覺，真是神清骨爽，舒服以極，感到功夫進步了。

所以我覺得老師練拳、推手的神氣要天天琢磨，老師講的話要天天回憶，每次都會有新的感悟，每次都會有新的收穫，功夫也就在不斷的感悟中進步了。

2010 年 9 月 7 日晚悟

對傳承太極拳武藝之偶感

記得老師在世的時候，大概是 1974 年左右的秋天，有一次我去看他，他剛好躺在床上休息，和我談一會話後忽然說：「培養一個人成材很困難，像你這樣從小跟著我，十幾年中沒有離開過，就你這兩下子（指太極功夫）我都花了很多心血，現在只能是馬馬虎虎，我教了一輩子的拳，沒有幾個像我的樣子……」言下老師有無限的感慨之意，我當時年輕，聽老師講這話也沒有太留意，聽過也就算了。現在我已六十二歲了，幾十年來也教了不少學生，他們當中也不乏從我青年時就跟我學拳，到現在仍堅持者，但究其他們的程度參差不齊，至今尚沒有一個能全面繼承我的技藝的人，回想老師生前的感歎，感到培養一個人成材確實太難了。

有些學生天分高、人品好，但由於忙於生計，不能經常到我這裡來；有的練拳時斷時續，不能堅持；有的過早離開我到外地工作；有的雖有天分，但最後考察出心性不穩、耍心計，不知尊師重道；有的學拳時間不長，深層次的東西尚感悟不到，凡此種種皆是學太極拳不能成功的因素，我雖有心傳授，但各種原因，很難培養出一個全面的人才出來。回想楊澄甫太老師那個時代，一生中培養出如先師者能有幾人？先師一生中所教學生中，能讓他稍滿意者能有幾人？我一輩子刻苦用功，先師在時也只得了一個「馬馬虎虎」的評價，這已算很不錯了，我的這些學生如不在思想上重視我說的話，再不好好用功，他們將來對我的功夫掌握也只能是東鱗西爪，難以全面繼承，更遑論發展了。奈何奈何！

2010 年 9 月 16 日

談學拳不能性急

這些年我在教拳的過程中，常會遇到一些提問，學員們每每會說：「陳老師，我們每次跟在您後面練拳，總想學您的神態，下來後也不斷琢磨，但總覺得沒有您的那個味，總覺得學不像，這是什麼原因？怎樣才能有您的那個味，要多久才能有您那個樣子？」我說：「拳味得慢慢練才會不斷增厚，這裡面有個長期積累的過程。我練拳至今已有五十多年，到現在才是這個樣子。」我跟他們開玩笑說：「你們學拳不久，最多才二三年，如果你們一學就有我現在這個樣子，我不是老不進步，太沒出息了！」學員們一聽都樂了。

我又說：「太極拳的老論和雅軒先師的隨筆，這是先人畢生研究太極拳的心得結晶，是先人對太極拳的認識，對太極拳的感悟，這也是他們幾十年的心血所得。我們後人按他們指出的路去走，要體會到他們的認識也得很多年的努力才能感悟到。即如先師講的大鬆大軟，講的以腰為軸，要真正做到也不是一朝一夕的事情，但只要路走對了，持之以恆，終會有豁然貫通之日。即如旅遊名山大川一樣，我告訴你裡面有著若干美景，這些美景貫穿在整個過程中，你剛走了一段路就說怎麼沒有看見裡面的究竟，實際上是你尚沒有走攏去，尚沒有走到那個景點，當你走到那個景點後，自然就會看到那個美景。說不定你在那個美景多觀察，可能還會有新的發現。」這就是等於在拳中仔細研究，在前人理論的基礎上又有新的發展和創意一樣。如同李雅軒先師從學於其師澄甫公，得其衣缽之傳，在此基礎上又有繼承和發展，其所著之《太極拳精論》，更是當今太極拳界習拳的指南。

所以我告訴學者，學拳得慢慢來，不能性急，也不可能一下子就想掌握好，你現在對鬆柔的體悟，對神意的體悟，隨著時間的推移，功夫的加深，會越來越感覺不一樣，所以學拳是不能性急的，水到自然渠成。

先師在他的隨筆精論中，每每都是有感而發，有感則記，我們可以發現他寫的筆記所用的字句裡面有很多重複的話，譬如說「練拳首先要靜下來，要鬆下來，鬆下來以後要沉沉穩穩的練，要細細的找。」前幾年如是說，後幾年亦如是說，但是話雖重複，但我敢說，先師每次對鬆、靜、沉穩的感覺體悟是不斷深入的，是不斷在質的變化中進步的。學者千萬不要以為他的重複語言是多餘的，實際上是你在不斷重複研讀他的話中，每次練拳也就會感覺不同，體會會越來越好，功夫也就在不斷重複的練習中進步了。

2010 年 10 月 16 日晚悟

傳人、弟子莫混淆

西元 2010 年 11 月 5 日至 7 日，我在臺灣參加了由時中學社社長徐憶中師兄組織籌辦的「第八屆楊氏太極拳第五代傳人名家國際太極拳論壇暨鄭曼青宗師 110 周年誕辰紀念」的活動，來自海峽兩岸和海外被邀請的名家傳人共五十多位，而來參會的隨行人員達數百人之眾，可謂勝況空前。

抵台第二天，即 11 月 6 日整天論壇發言。到下午，因傅清泉在發言涉及到瞿世鏡的老師黃景華的一些往事，發言中對黃景華多有責難，引起了瞿世鏡的不滿，瞿世鏡在發言中予以反駁，並對傅清泉之祖父傅鐘文的出身和在楊氏太極拳中的輩分提出否認，言辭激烈，搞得會場氣氛一度緊張，極不融洽。接下來在第三個議案中又因第五代傳人都屆耄耋之年，對如何確立第六代傳人，使太極拳能薪火相傳之事展開了討論。我借此發言，闡述了我的看法。

我說在 1998 年舉行的「中國永年第六屆國際太極拳聯誼會暨楊露禪誕辰二百周年紀念大會」，其中有一項議案就是確定楊氏太極拳第五代傳人並續譜入冊，當時負責此事的永年楊清順告訴我，他們的原意是此次會是小規模、高規格，為限制人數，特將報名費提高到每人人民幣參佰元，這在當時算是很高的了，但事出意外，全國各地參會的人蜂擁而至，究其原因，都是為第五代傳人的名份而來，其名片上都是印著第五代傳人，搞得魚龍混雜，難辨真偽。後因楊振鐸師叔兄弟們對某些人有異議，聯名寫信到永年縣委，致使此次確定傳人續譜入冊之事作罷論，我說其實當今真正的第五代傳人並不多，而且大多已經故去，確實現在健在的都到了耄耋之年，即如我的那些師兄弟們，現在健在的只剩黃星橋、王明倫。黃星橋已經九十七歲，王明倫也是九十歲了，我現在六十三歲，是因為我是八歲隨雅軒師學拳的，我的妻子李敏弟是老師的小女兒，老師得她時，老師都五十八歲了，所以我還算年輕，像臺灣的徐憶中、鞠鴻賓師兄等，他們是鄭曼青師叔的傳人，現在也是近九十和九十多的老人，哪像我們大陸的第五代多如牛毛，成百上千。

其實傳人和弟子是有區別的，你給某老師學拳，後來拜了師，頂多只能算弟子，不能算傳人，你自己可以稱是某某老師的弟子，而不能動輒就是傳人，更不能自稱自己是某某大師，這些自稱為大師、傳人的人，不知是哪一級政府、哪一級組織任命的，哪一級組織承認的，實際上傳人是要社會公認的，傳人是要有建樹的，你對老師的品德、你對老師的技藝是否全面繼承了，你在哪一項的比賽中取得了輝煌的成績，你的專長對社會有多大的影響等等，這些都具備了，國家認可了，社會認可了，你才稱起得傳人。傳人不是自封的。

我曾在《楊氏太極拳的繼承和發展》一文中提到傳人的責任和義務，我說傳人首先要繼承和發揚的是先人的武德，沒有武德是不能服眾的，《水滸傳》中的宋江，他的武藝可說是一百零捌將中最次的，但大家服他，稱他為及時雨，就是服他的武德；第二，太極拳是我國的優秀傳統文化，傳人不僅在傳技，更重要的是傳道，通過太極拳的修煉，提升道德的昇華，為和諧的人生、和諧的社會作貢獻；第三是扎扎實實的把先人的技藝繼承下來，傳下去，不使之失傳，上要對得起祖先，下對得起後人，具此三者方可算是一個合格的傳人。

另外，不要過多的去爭輩分。輩分分師承和家傳兩種。師承是學生與老師無血緣親屬關係，是因向老師學藝而產生師徒關係，有師徒如父子的提法。家傳則是因血緣關係而直接相傳，例如稱某人家學淵源而不會稱師承，他的輩分則是按家族的輩分來稱呼，如向父親學的，則見面和對外仍稱父親而不稱老師，跟爺爺學的仍稱爺爺更不會稱老師，即便跟爺爺學，你仍是孫子輩，這是不能亂的。這也是傳統文化尊師重道，重視道德的表現，但並非是最重要，不要太計較，主要是看你到底繼承了多少，到底練得怎麼樣。練得好，第六代、第七代別人都會稱讚，練得不好，第四代、第五代別人也不會尊敬。李雅軒先師曾說過：「還不要說是我的學生就怎樣，練得不好，張三豐的徒弟都等於零。」我告訴學生們說，傳人、弟子都不好當，老師不在了，別人不知道老師到底怎麼樣，全靠學生去體現，學生們練得好，老師跟著沾光，別人會說你老師行；你練得不好，別人會說你怎麼是那個樣子，老師肯定不行，所以老師跟著你丟臉。我跟學生開玩笑說：「你們說到底是老師大還是學生大？你們一定說是老師大，我說不對，是學生大。為什麼？老師不在了，全靠學生去宣傳，學生不行，老師跟著倒楣，以至湮沒無聞；學生昌盛，老師英名久傳。」

我的講話博得了與會者數次掌聲，得到了大家的認同，徐憶中師兄主持會議，宣佈第三個議案以我的發言為準而不再議，所以我回大陸後把我的發言整理了一下，記錄下來，以勉勵後來者。

2010 年 11 月 26 日於峨嵋

珍惜與師相聚時

有一天和陳智勇等學生談拳，談到要多珍惜和老師在一起的日子，我的有些早年就跟我練拳的學生，屈指算起來，他們的拳齡也有二、三十年了，但和我在一起的時候並不多，聽我談拳、跟在我後面練拳的次數卻屈指可數。他們或一年、或半年來和我見一次面，每次見面也並非都在談拳、改拳，一個人在那裡練拳也時斷時續，這種情況下進步就可想而知。多年不見一面，他們腦海裡最多是我年輕時的行拳形象，殊不知我由青年而中年而老年，練拳的感悟在不斷加深，我的功夫也在不斷的進步中，我後面所講的拳理，後面練拳的神態他們沒有看見，所以即便一個人在那裡用功，進步也趕不上一直跟隨在我身邊的人耳濡目染所受到的薰陶。

老師在時有什麼疑問，有什麼體會，一問老師就可以得到解答，免去了自己冥思苦想去找答案。我告訴智勇他們，如果你太老師健在的話，那麼我的進步將更快，我四十歲才體會到的東西，四十歲才明白印證到老師生前所講的拳理，可能由於老師健在，三十多歲就會感悟到，節約了很多時間，少走了很多彎路。

我給他們舉例說：「陳爺爺（我父親）健在的時候，我不會查字典，陳爺爺學識淵博，他本身就是一部活字典，我有不認識的字，一問他就給我說了，既快捷又方便。後來他過世了，我讀書遇到不認識的字，得去找字典查部首，翻頁數，一行一行的去找，費去了不少時間。」所以我告訴學生們，要珍惜和老師相聚的時光，要多和老師在一起，老師有什麼體悟，由於你在旁邊，隨時都可以聽見他的講解，多跟在他後面練拳，隨時都會受到他的氣勢神態的感召，老師進步，你也進步，何樂而不為呢！

2011 年 4 月 23 日

師徒如父子　才能學好拳

在我學拳的時候，常遇一些人，私下聚在一起，說老師保守，不肯教，或就在老師面前提出自己要學這、要學那的，不然就心生怨氣，說一些對老師不敬的話，但凡是經常在老師面前提要求的，老師非但不教，還招來他的生氣訓斥，結果是什麼都未學到。

我八歲就跟隨老師學太極拳，我父親又和老師是至交，但我從學拳到老師去世時，從來在老師面前沒有提出過我想學什麼，我該學什麼了。老師教什麼我學什麼，叫我怎麼練，我就怎麼練，我的拳、劍、刀、槍、對劍、散手、推手等都是老師見我到程度了，一樣一樣主動教我的，可以說老師教我最多，我也學得最多。那時候有空閒時間就會想到要去看老師，家裡做什麼好吃的，首先就想到把老師接家裡來，那時候對老師的感情就像對父母一樣真摯，老師對我也非常愛護。記得文革中，五六事件「開槍了」（文革武鬥中第一次使用槍彈），我當時在廠裡，沒有回來，老師在我家裡等，急得團團轉，晚上我回來了，老師見我平安返回，激動地拍著我的肩說：「你這個娃娃，這個時候才回來，把我們急壞了！回來就好！回來就好！」

我和老師師徒之間可謂心性相通，心心相印，老師每次教我功夫時都使我感到很驚奇，他的動作身法變化奧妙，是我見所未見，想所未想的，這才感到某些人向老師提出想學這、想學那的要求太無知了，太幼稚了，其實他們哪裡知道他們該學什麼？老師有什麼？老師對人以誠相待，見你達到哪種程度，他心裡有數，自會教你，當他教你太極拳的真功夫時，你才會感到你提的要求其實太淺，你如和他耍心眼，存機心，就是對他不信任，對他不尊重，你如和他心性不通，感情不純，他怎麼會教你呢？所以，「師徒如父子」這句話真正做到了，功夫自能傳承，老師就會無私傳授，徒弟認真學習，所謂尊師重道，這也是我們中華民族的傳統美德，是值得大力提倡的。至於時下那種以金錢作交換，以拳謀利為目的，則更無感情可言。故要想學好太極拳，可謂緣木求魚，不可得也，更何談繼承發揚哉！

2011 年 5 月 18 日於峨眉交大

持守李雅軒太極拳之純潔性

此次四川省太極拳錦標賽，大會請我擔任仲裁，而且我們「李雅軒太極拳」單列項目，比賽中單獨錄取名次，足見李雅軒太極拳已為省市主管部門認可和重視。在比賽中遇巴中太極拳協會領隊教練，他們紛紛過來和我合影，並想得到我的書和光碟，交談之中才知他們是習練規定套路的，亦自知規定套路沒有太極拳要求之內涵，而且很喜歡傳統拳，很想學。他們的教練說，他們從未在比賽場中看見過如此漂亮的李雅軒太極拳架，重氣勢神韻，使他們看後感到震撼。

聽了他們的話，對我很有感觸，我想先師的太極拳之所以具有如此大的影響力，除了我的書在海內外出版的巨大影響外，這還和二十多近三十年來，我不斷率領學生們參加國內及國際比賽及各種交流活動，逐漸使更多真正愛好太極拳者認識到什麼是真正的太極拳所分不開的。所以我告誡學生們，李雅軒太極拳的純潔性不能變，李雅軒太極拳的品質不能變，一定要名符其實，不斷提高其水準，才不愧為李雅軒的傳人弟子這個稱號。

2011 年 5 月 20 日於峨眉交大

莫將重複視多餘

我在拙作《李雅軒楊氏太極拳精論》書中針對四十三式套路為什麼沒有把所有的重複動作都刪掉，再把所有不同的動作都編纂在一起的問題曾寫過這樣一段話：「有人說，這既是精簡套路，何不把所有重複的動作都刪掉，再把所有不同的動作都包括進去，豈不更完美？我認為，傳統的楊氏太極拳，是經過前輩幾百年的精心研究而成，其套路的結構，姿勢的銜接，無不幾經推敲而後定，套路中所有重複的動作，都有重複的道理，若不是對太極拳深有研究者，很難有其切身體會，反而會誤認為重複的動作太多，是傳統太極拳的缺點。我們的先輩既能闡述和創編出博大精深的太極拳理論和太極拳套路，不會連刪繁去簡這一簡單的道理都不懂，該簡化處早就簡化了，豈能待到今日？如果把所有不同的動作都包括在內，勢必打亂原套路的結構，動作的銜接就會生拉硬扯，演練起來氣機不暢，動作勁力不順，心裡的彆扭和難受感自不待言。太極拳界的老拳師們，為什麼對傳統太極拳那麼鍾愛，那麼一往情深，一輩子為太極拳的傳播生死依之，自有他的道理。所以決不是他們思想保守，不知創新，不懂發展」。這段話說明瞭太極拳重複動作的作用和意義。

最近我整理完畢先師在世時留下的全部練功隨筆有幾十萬字，這是他老人家六十年對太極拳深研的成果，是他一生心血的結晶，這些文字有書信、有日記，信馬由韁，信手拈來，有感而發，隨手而記，對太極拳用神、用意、用氣，大鬆大軟、虛無的氣勢、神明的感應、莫測的變化……更是反復強調，不厭其煩，青年時代如是說，中年時代如是說，到了老年更是如是說，不知者以為重複囉嗦，多次建議我整理出版時將多次重複處刪掉一些，我都態度堅決，斷然拒絕。他們不知先師寫這些文字時，大多是在他自己練功後或教學生時有感所記，每次的感悟從文字上好像都一樣，卻不知這裡面對拳理的真諦體悟，每次都有新的深入。

譬如說老師每次講到要虛靈頂勁，要鬆，要鬆，要大鬆大軟，他所表現的神意內涵每次都有新的深入的變化，我們受教於他，每次聽他講解改拳，每次都有新的感悟、新的收穫，隨著時間的推移，老師的感悟加深，其行拳神意更好，功夫更精妙，我們跟隨左右練功，也隨著時間的推移，對老師講的同樣話也會體會加深，受老師神氣的薰陶，自己也在不斷進步中。所以說老師中年講的鬆，到老年講的鬆是有質的變化的，我們讀他的精論，十年前一個感覺，十年後又是一個感覺，也在發生質的變化，所以反復、重複讀他寫的東西，不僅不會感到多餘、重複，而且反復咀嚼，越來越感到有味，每次讀後好像老師親臨一般，心理沉穩之氣勢由然而生，愈練愈覺得拳味濃厚。當然，這些話只有對太極拳有認識的人講才明白，而對那些對太極拳沒有認識，沒有得到過真正太極拳老師指導，自以為是，買幾本書看看理論，以為自己就懂太極拳的人則不足與其道也。

2011 年 10 月 4 日

虛無氣勢妙無窮(一)

今天和郭躍如、陳智勇推手，事後他們說和我推手，他們感到一點辦法沒有，一搭手就感覺不得勁，處處受制，化不開，一緊張就硬頂，一頂就顧此失彼，東倒西歪，說我發勁很脆，乾淨俐落，啪的一聲將他們打出很遠，而且事前不知道，想防也防不了，他們問我「為什麼和人推手時就沒有發出這種勁來，總是有點拖泥帶水，發的勁不冷快、不乾脆？」我告訴他們說：「原因是你們靈機不夠，沒有完全鬆開，故聽勁、找勁的功夫不夠，勁去別人先知，或是勁去非早則遲，故發出的勁得不到預想的效果。」我說：「你們平時練拳、推手要多動腦筋，要多思悟，光憑傻練，不悟不行，太極拳是聰明人練的拳，要多讀你們太老師的精論才能開竅。」其實這些問題，在先師的精論裡說得很明白。

先師說：「在與人推手時在尚未接觸之前，先持以虛無的氣勢。」這句話至關重要。持以虛無的氣勢，則周身佈滿靈性，靈覺無比，清醒無比，對方之來手好像隨時都在我之掌控之中，然後再與對方輕輕接觸，沾手之後，不多動，不妄動，粘黏綿隨，不丟不頂，隨其進退，跟之隨之，兩手是極其輕靈的，使對方無法察覺我之動意，故不便提防，我在幾跟幾隨之中自然找出對方破綻，機會自然送上手來，由於我之去手是極其鬆沉輕妙的，故蓄勁時則對方不察，發勁時對方不覺，勁起陡然則對方猝不及防，我之出勁是冷快的，故對方驚然後跌，有驚心動魄之感，所以先師說發勁的機會是在幾跟幾隨之中送到手上來的，而不是勉強的去找，硬性的去找，如雙手雙臂不鬆軟，就僵滯不靈，易犯丟頂之病，而且出動早被人知，豈能發出冷脆的勁來！先師又說：「凡遇對方來手，要以輕妙的手法去摸索之，跟隨之，順勢而應之，不可稍有抵抗，如以力去頂抗或撥架，反而得不到機會，相反的到處感覺著不得力，也就發不出乾脆的勁來，因為我之勁與對方之勁相抵銷，所以一切的動作均不能所欲。」

我告訴郭、陳二人：「我正因為本先師教導去練功，去悟，所以你們對我的手就化不了，我之去勁你就走不開，故感覺只有挨打的份，所以你們要多在虛無的氣勢上，多在提高靈性上，多在鬆軟上，在挪捋擠按認真上，在不丟不頂上狠下功夫，才能進步。」

2011 年 8 月 14 日晚悟

虛無氣勢妙無窮(二)

前些日，智勇和我談拳，談及先師精論中提到「練剛柔不如練柔勁，練柔勁不如練鬆軟，練鬆軟不如練輕靈，練輕靈又不如練虛無。虛無的氣勢，才是太極拳最上層的功夫」。他問我如何才能有虛無的氣勢，虛無的氣勢如何才能體現出來？我告訴他說，太極拳老論中有云：練拳時要虛領頂勁，氣沉丹田，又說尾閭中正神貫頂，滿身輕利頂頭懸，在練拳中真正做到了這些要領，體會到這種境界，虛靈的氣勢也就會在內心升起，其行拳的氣度在面部就會沉厚莊嚴，其虛靈的氣勢就會佈滿全身。雅軒先師特別強調要養就這種虛無的氣勢的靈性，他說在行拳之始，預備勢一站，全身放鬆，排除一切雜念，虛虛的領起頂勁，心鬆則氣自然沉丹田，此時心性沉穩，氣度莊嚴，有頭頂青天，腳踏黃泉，頂天立地的氣概，行拳時心性沉著、穩靜，如行雲流水、抽絲掛線，勢如長江大河滔滔不絕之勢，徐徐緩緩舒舒適適的將一趟太極拳形容出來，練後有神清骨爽的感覺，才是練之得法。

觀先師在世之日行拳的氣度神態，和他留下的數百張拳照，可謂氣魄雄偉、舒展大方、不怒自威，有使人神威不可逼視之感，這才是虛無的氣勢佈滿全身後所表現出的具體形象。如此練出的功夫，養出的靈慧真可謂神妙以極，用之於推手，出手則輕妙無比，所謂寸草不沾，蠅蟲不落，達到人不知我，我獨知人，英雄所向無敵蓋由此而及也，所以先師總結說，「拳來不知，腳去不曉，打人於不知不覺中才是太極拳。」故先師教導我們說，「我練功的方向是找虛無的氣勢，神明的感應，莫測的變化。」

故吾輩練拳當時時本先師的教誨，時時想先師行拳推手的氣度神韻，以時時養虛無的氣勢為第一，以養天生的靈性為第一，這才是練太極拳最要者，如此練法，用之修身，健康益壽在其中矣，用之技擊則技登神明矣。

2014 年 4 月 8 日悟

飲水思源　師恩永誌
——紀念恩師李雅軒先生誕辰一百二十周年

先師雅軒公逝世已經三十八年了，今年是他老人家一百二十周年誕辰。回思往事，歷歷在目，先師音容宛然如昨。嘗思我從先師習拳剛好八歲，齠齔之年，童稚無知；而今六十有六，早過耳順之年。歲月如流，怎能不感慨繫之？！當此先師一百二十周年誕辰之際，我想將我的一些感想寫出來，與我的學生和拳友們共勉。

尊師重道　始終如一

先師是一代宗師，他在武術界英名遠播，眾人景仰。他全面繼承了其師澄甫公的衣缽，在太極拳、劍、刀、槍、推手、散手等各方面無一不精，達到了爐火純青的上層境界。他之所以能有如此的成就，是與他一生尊師重道、孝感天地分不開的。

記得我在學拳的時候，在文化大革命期間，每逢春節除夕那天晚上，我父親都要叫我到老師那裡去給他辭歲，初一一早就首先到先師那裡拜年。除夕晚上去的時候，總見老師桌上供著香蠟，牆上掛著楊澄甫太老師的照片和先師母親的畫像。每次先師都是先祭奠以後才吃飯。談起他的母親，先師的表情都是無限的懷念，並說母親去世時，他哭得昏過去幾次，足見其對父母的孝心。楊澄甫太老師在上海去世後，報紙登出了消息。他看到消息，悲痛萬分，在當天的日記中寫道：「驚聞噩耗，如失怙恃」，表示出如聞父母之喪的悲痛。在辦理澄甫公的喪事時，先師說他代師兄弟們先拿出了二百大洋作喪事之用，事後有些人未還他，他也未予計較，就此作罷。事後先師又協助將澄甫師的靈柩和少侯師的靈柩一併取出，送楊太師母母子過了江以後才回來。在從學楊澄甫太老師的日子裡，凡遇有人對老師不敬，不管是何人，不管是什麼來頭，先師總是義正詞嚴，奮不顧身，維護老師的聲譽和楊氏太極拳的尊嚴，所以深受楊太師的垂愛。先師的日記中寫到他和楊太師「相知最深，親如父子」，師徒情意之深厚令人感佩。先師孝親尊師的品德為我們樹立了榜樣，我們後輩首先要繼承先師的武德，要大孝為先，尊師重道，始終如一，這是我們學拳和做人的前提。

鍥而不捨　精益求精

先師為了學成太極技藝，可謂是竭畢生精力，鍥而不捨，執著追求，一門深入。為了跟隨老師學拳，他毅然變賣了家產南下尋師，這種精神今天很難有人做到。他練拳之刻苦，研究之勤奮，對技藝精益求精，也少有人及，這從他幾十年間所寫的隨筆中可以看出來。例如：臺灣出版的先師《太極拳學論》第四百二十八頁「回憶前後練功的節段」文字寫道：

1. 在民國四、五年時，我曾想了些手法用法，當時還以為這些手法用法不錯，但至民國十五年到了杭州武術館時，就以為民國四、五年的那些想法太幼稚了。
2. 民國十八年，經過中央國術館，又到杭州國術館，我又想了些用法，當時以為很不錯，但到了民國二十三、四年，又以為我那些想法用法，完全不行。

3. 我民國二十三、四年，又想了些用法打法以為很好，但到民國二十六、七年，就感覺到這些手法沒意思。
4. 民國二十八年進川以後，我曾想了些用法以為不壞，但到民國三十一、二年時，又感我之民國二十八、九年的想法是不太好的，那時連個含胸化都弄不好。
5. 到了民國三十五、六、七年，我就又想了些用法以為很好，但到了一九六一、二、三、四、五年，又以為以前那些想法實在不太好。
6. 到了現在，我又以為一九六一、二、三、四、五、六年的那些想法也不太好。
7. 一九六八年，我雖是在有病中，我想起些用法如下；
   我以為用體力的作用不如用氣的作用好。
   我以為用氣的作用，又不如用神用意的作用快。
   我以為要練虛無奧妙，要練冷快絕倫，要講出手人難見，能見非好拳。
   如來無蹤，去無影，打人於不知不覺之中。
   純粹用神用意。
   如用體力則笨了，如用氣力則慢了，皆非好手也。
   所以我覺著以前的想法用法手法均不夠好也。
8. 這說明功夫是一個時段、一個時段的上進，如停一步在一個階段是不成的。

（以上六八年九月八日悟）

《太極拳學論》第四百六十頁「檢查自己前幾年功夫的欠缺」的文字又寫道：

在未動第二次手術之前的功夫還差得太遠，若與牟祖綬、栗子宜、黃星橋、陳龍驤等推手情形，現在回憶起來，那真是不像話，那都是些冒失手、慌張手，不細緻、不切實、不巧妙、不冷脆，無變化，心氣不夠沉著。幸而動二次手術後，因天天回想楊師在時練拳推手的情形，這才長了些功夫，否則的話，簡直不像當老師的樣子。

（七四年八月七日悟）

《太極拳學論》第四百六十一頁「默想楊師練拳神態」的文字還寫道：

要天天想著、默著楊師在練功夫時各種的動作、神氣、味道，是怎樣的情形，這樣子才進步快。

《太極拳學論》第四百四十七頁「說練功」的文字也這樣寫道：

1. 功夫要練，以不怕苦不怕累的精神去練。練必細審重心在哪裡，各種規矩作到家未有，絲毫不苟的找對找好。
2. 我今年北方的說法已八十歲了，感覺我的功夫仍有作不到家處，我雖八十仍想進步，從今日起，再從新下一番功夫，決不氣餒。

人家稱我是一個太極拳專家，如我只是這點一知半解的本事，那不是有名無實嗎？所以說以後的功夫要細加研究才行。

他留給後人的這些心得體會是他數十年的心血結晶，是我們習拳的指南，是我們國家一筆寶貴的文化遺產，我們要好好地繼承它，領會它，拳藝才能進步。我常說先師積畢生之精力研究太極拳，而他卻說與他的老師比起來，最多不過有其師功夫的十分之三四；而我們現在學拳卻不是專業，都是業餘的，投入的精力就更有限。我常說我之所以現在有這點成就，能夠教你們，就是我深感我非專業已是先天不足，只能把太極拳當成我業餘中的專業，當成我生命的一部分，這樣才有了一點成就。如果把太極拳當成業餘中的業餘，卻又想在太極拳中得到成果，那只能是癡人說夢，更不要說繼承、弘揚了。所以我們要想學好太極拳，就要有你們太老師這種鍥而不捨、精益求精的精神才行。

淳正拳風　發揚光大

先師在世之日，常常教導我們，要保持淳正的太極拳風格。他為我們留下的數百張拳照，氣魄雄偉，舒展優美，沉穩莊重，不怒而威，給人有神威不可逼視之感，使人看後有一股浩然正氣生於胸中，敬畏之心油然而生。這些拳照是太極拳淳正風格的形象體現，是我們拳架的楷模。而他提出的「練時要大鬆大軟，純以神行」，「鬆軟是太極拳的寶貝」，「我練功的方向，是找虛無的氣勢、神明的感應、莫測的變化」等等，更是習拳者的指南。先師在世之日，針對當時社會上傳播太極拳的一些不良現象提出了「教太極拳一定要真正的太極拳老師，學太極拳一定要找真正的太極拳老師」的意見，還提出了「不如此則恐普及面越廣，失傳性越大，而我們數千年來先民創造出來的太極拳就要在我們手上失傳」的警告。他在 1956 年給國家體委毛伯浩的信中和在四川省政協會議上的提案中，都特別提出了這個問題，可謂是苦口婆心。我們後輩在學拳和教拳的過程中都要時時刻刻牢記先師的教導，要勤修武德，保持淳正拳風，努力做一個真正的太極拳教者，做一個合格的李雅軒太極拳傳人。

2014 年 4 月 10 日於成都 132 廠

憶先師傳授拳藝往事

最近，臺灣金大鼎文化出版有限公司出版了我整理的先師遺著《李雅軒太極拳學論》一書，書中包括了先師所有的拳論、隨筆、心得，洋洋幾十萬言，總算是我多年的辛勞至此畫上了一個完美的句號。樣書寄來了，裝幀印刷都很精美，心中甚覺欣慰。今天翻開書本，重新閱讀，十分親切。在該書第二百九十六頁第二段說「粘黏跟隨」，此段先師特別注明是 1968 年六月五日早晨與陳龍驤推手後悟的字樣，全文是：「對手時總以好的粘黏、好的跟隨、好的大走大化，亮腰身、亮氣勢，進步進身、粘黏吃著為主要的動作，如這樣子其機會自然的送到你的手上來，這是定而不疑的，就一定可以戰勝他了。如其不成，這是粘黏跟隨的動作作得不夠好，大走大化的動作作得不大恰當，以上可細心察之。以上練拳用槍皆然也。」這是他教我推手後隨即記下來的。

讀了以上文字，立即打開了我塵封多年的記憶。那時我剛好二十歲，年輕勤奮，只要一有空就要到老師那裡去，有時一天去幾趟，老師高興時就要教我，完後就幫助老師拖地，把外面的水缸打滿水。老師外出就陪老師去散步。每次教我推手後，他就坐在寫字臺邊（老師家的寫字臺很大，是雙人楠木寫字臺，據他說，是黃星橋師兄送他的）。寫字臺是靠窗擺放的，他取下牆邊上掛的一疊報紙，用毛筆寫下他當日練拳推手的體會。他的字是草書，不容易認。他高興時就叫我近前念給我聽。那時年輕，他講的拳理似懂非懂，也不十分明白，又不敢問他，只是聽著就是了。記得那次推手的情形與往日不一樣，往日他教我時都感手臂很沉重，但很綿軟，給我壓膀子，叫我把犟勁鬆開，以腰脊之力、心意之勁去掤挑，但此次卻是大開大合，大輪大轉，完全是輕靈走化，虛無無比，而且只是輕輕接觸，粘其皮毛，腰身活潑，氣勢渾厚。我也學他的樣子，提起精神，手輕輕地、虛虛的，跟隨走化，但仍感處處受制，只覺掤不著實地，找不著重心。老師稍一來手就站立不穩，東倒西歪。當時老師也未發勁，只是意思而已。事後他問我說，今天你跟隨走化的這幾下子不錯，你是怎麼學到的？我說我是照你的樣子學的。老師當時很高興，說：「以後要照這樣子去思悟，給你壓膀子、用重手，是讓你把僵勁去掉，那還是初級和中級的練法；虛無的氣勢，寸草不粘、蠅蟲不落的虛靈手法和感應才是太極拳最後的講究。好好從這方面去努力吧。」

從這以後，我才知道太極拳應該努力的方向。幾十年就是謹遵師訓這樣一步一步走過來的，深感先師所言「鬆軟是太極拳的寶貝」、「我練功的方向是找虛無的氣勢、神明的感應、莫測的變化」，這才是太極拳定而不疑的真理。

2014 年 5 月 7 日悟

追憶老師傳槍經過

初識大槍

記得大概是 1964 年間，有一天晚上，老師到我家來找我父親聊天，閒談中談及槍法。他對我父親說，太極大槍又名太極大杆，很不容易練，非有一定程度的太極功力不可。又說會此槍者不多，一般不輕易傳人。我父親聽後笑著說：龍驤也跟您七、八年了，以後您就教教他，不要將來失傳了。老師當時也就點點頭，說好吧！過了不幾天，他又到我家對我父親說，付如海他們想學槍，因我的二杆槍常年掛在屋外柱子上，他們從未見我練過，竟在背後對子宜講，說這些年從未見老師練過，不知是不是真的會練。子宜把此話帶給我，我說他不知道倒也罷了，但你我是教過的，你是見過的，怎麼不反駁他？父親聽後笑了，說付如海想用激將法，老師就練一回給大家看看好了。老師說，我今天來就是告訴你這件事，晚上讓龍驤先到我家來，把二根大杆拿上到體育場主席臺上去，我順便也教他幾下。我聽後真是大喜過望。老師走後，父親說，老師教槍是千載難逢的機會，你一定要用心。

到了晚上，我到老師家，從柱上取下杆子，和老師一起到了體育場主席臺上，那時臺上已聚集了多位老師兄，如付如海、栗子宜、陳萬川、朱德純、何其松等等。老師見人來齊了，對大家說，此二根大杆是劉仲橋抗戰時來川送的，是山東泰安產的白蠟杆。大杆練時不裝槍頭，槍分練槍和用槍兩種……此是練槍，平時抖杆練功用的。我初次接觸大杆，見此杆手接觸處光滑錚亮，非天長日久的習練不能磨得如此光滑如新，才知老師時時都在勤習不輟。我記得老師當時抖了大杆，一槍紮出，杆頭亂顫，神態氣勢令人絕倒。其他師兄學著老師的樣子抖杆，有幾位還是長拳功底深厚的人，杆頭卻未顫抖，可見鬆沉的內力未能達於杆頭。老師笑著說，你們的抖杆法叫平安無事，即謂未能紮出效果。後老師又講了洗杆的用法，他叫栗子宜向他紮槍，他以槍桿前段粘之。子宜向外撥，老師隨其撥勢，粘其來槍進步進身，以杆身向其前手一滑進，子宜師兄嚇得撒手丟槍。其實老師只是形容意思而已，並說如真的使用「洗杆」槍法，子宜前手就要廢了。

從此以後，我在家中每日天天都要練習抖杆和四粘槍。當時苦於沒有大杆，就拿家中的曬衣竹杆作大槍。雖然份量和效果差大杆很多，但總聊勝於無，手中有一個東西拿著練，總比沒有的好，以致母親後來對老師講，曬衣杆全都被龍驤抖斷了，晾衣服都沒有杆了。直到文革中，我在工廠當工人，找了一根二米多的無縫鋼管，拿來作大槍用。份量夠了，但太硬，沒有彈性，怕手磨破，尤其是虎口處最易損傷，只得戴上棉手套練。如此手套磨破了若干雙，手掌虎口處也磨出了厚厚的繭。如此天天練習，整整練了四年，老師才開始教我槍法和對槍。

記得大概是 1970 年間，文革中，工廠生產多有停頓，我上班也是有時去有時不去，時間很寬裕。我那時幾乎每天早上都是先到體育場練後就到老師那裡去。有一天老師對我說：你明天早上就先不要到體育場練拳了，早點來，我教你槍。我聽後心裡高興極了，忙回去告訴父親。父親說，老師的槍從不輕易示人，他能主動教你，是你的福份，好好去學，將來才能繼承他的衣缽。第二天，天尚未亮我即趕到老師家中。老師家住羊市街 40 號，是一個四合院，中間有一個大壩子。老師住進門左邊的第一間房，其餘住著其他鄰居。我進門時，老師屋裡的燈已亮著，此時其他鄰居家的燈也有一、二家開開了。老師說，今天不教了，明天來吧，你陪我到體育場去吧。回來後我告訴父親，父親說肯定是老師起來已久，又見有鄰居起來了，他不願意讓外人看見，所以就未教你，而且與長者約豈能後至！父親又給我講了張良杞橋拾履的故事。

得師親傳

第二天我起來了一個絕早，天空一片漆黑。時值深秋，空氣中已有寒意，老師院中只有老師家的燈亮著，其餘人家都尚在睡夢中。我掀簾進屋，輕聲叫聲老師，老師正在喝開水，也是剛起床。見我進來，點點頭，示意叫我取下掛在房外柱上的槍桿，小聲說道，你跟隨著我動即可。

我們來到院中，搭上槍桿，先走四粘槍，然後變化槍法，忽上忽下、忽前忽後。老師步履輕快，行步無聲。我按老師教導，隨他的槍起落而起落，上下翻飛，粘黏跟隨，不覺大汗淋漓，濕透衣衫，初尚有丟頂不順之感，但在老師的帶動下，逐漸也能跟隨走化，如此來回往返約半小時之久。忽然隔壁家中亮起了燈光，似有人起動之狀。老師倏忽收手，示意停止回屋。稍事休息之後，我又陪他到體育場去了。路上他對我說，要好好珍惜，好好琢磨、感悟，並說如此完整的把對槍走下來，他和我是第一次，其他人都未學全，並告誡我，無他允許，不准教人。

回想當時每次來我家教我時，特別是散手和空手奪槍、空手奪刀絕技時，他都要先把頭伸出窗外，看看是否有人。其實我家是院子，窗外是圍牆，不可能有人。先師此舉足見小心謹慎，對拳藝的重視和珍惜。

最後傳槍

到了 1973 年夏天，有一天，老師到我家來，約我父親同劉敬芝先生一同到望江樓去。老師說重慶有個張義敬，是張義尚的弟弟（注：張義尚為先師弟子），因張義尚來信說，他弟弟張義敬想來成都見我，並說從來未見過大槍，同時想讓我展示一下太極槍讓他弟弟見識見識。我不好推託，只得答應。現在張義敬已來成都，故明日同到望江樓，龍驤也去練練給他看。老師又說張義尚為人忠厚、誠懇，尊師重道，他們家在四川忠縣，是大地主，解放以後被整得很慘，幸張義尚精通中醫，常給人看病，人緣很好，三年自然災害期間，大家都吃不飽，餓死很多人，張義尚在鄉間為人看病，農民對他好，他省下糧票，想到老師肯定吃不飽，把糧票寄給老師，所以老師很感念這段情意，故滿足張義尚提出的要求。

第二天到望江樓同時還來了很多師兄弟。望江樓有很多竹子，我們當時砍了二根竹子，去了葉子。老師和我拿著竹子當槍，向大家演示了大槍粘黏法。老師練槍不拘成法，隨心所欲，只叫我隨其進退，跟隨走化。當時老師已近八十高齡，但步法仍然輕捷便利，粘住我槍如膠似漆，不得脫離。最後略一以扔槍發力，我則連連後退，差點跌倒，竹杆脫手而出。至今回憶起來，尚有驚心動魄、莫知所以之感。眾師兄看得目瞪口呆，前後連連鼓掌。從此以後，老師就再沒有在人前演示過了。我每次到他家去，他也只是反復講一些練槍要領，或作一些單勢給我看，完整的練法就沒有再示範了。

到了 1974 年的初冬，當時成都市工會在文化宮組織了七個大廠武術隊的表演。我當時任廠裡武術隊的隊長，在場上表演了全套的太極大槍。當時老師坐在主席臺上，看我表演後非常高興，說：「好！好！就這樣練，就這樣練！」

老師去世後，到 1985 年，全國對武術進行挖掘整理工作，我把老師傳的這套大槍貢獻出來，得到四川省挖掘整理貢獻獎，並頒發了證書。當時因在顧留馨著的《中國武術史》中提到太極大槍時，他在此項中說已經失傳，之後我在 1986 年參加在徐州舉行的全國武術觀摩表演上表演了太極大槍，取得大會頒發的雄獅獎，填補了太極大槍失傳的空白。今恰值先師誕辰一百二十周年之際，將老師三次傳槍經過寫出來，以告慰先師在天之靈。

2014 年 5 月 8 日

峨眉山練拳雜談七則

（一）

今天來峨眉，午後在觀景臺上練了左右兩邊的四十三式，練後感到很舒服，口中口水不斷，心神非常寧靜，練拳就要找這種感覺才對。這主要是練時本先師的教導，鬆軟著練，細細的體察兩手兩臂鬆沉後沉甸甸、重砣砣的感覺，並在練時深長呼吸，使氣沉到丹田，體會以心行氣，以氣運身的味道，肩塌下來，以心意以腰脊領勁，兩臂體會空氣對手的阻力，心中升起一種虛無的氣勢，頭腦異常清醒，充滿靈慧。這種感覺要隨時保持隨時有，功夫才會長進，養身健身亦在其中矣。

2012 年 2 月 27 日晚九時悟

（二）

今天天雨，在室外練拳後教代元推手。他也學了不少年了，以前跟寇煜光學拳，寇的手特別硬，老師以前曾說過，他的手奇硬，和人一搭手就頂住，可謂拒人於千里之外，別人無法和他推。代元曾從學於他，所以手上挺硬，雖跟我練了這些年，手上仍然明勁未退，和人推手接觸勁很大，所以他的勁很好找。他一硬則勁上浮，稍似引動則腳下不穩，東倒西歪，稍一發勁則騰然而出，此皆是不鬆不沉之故。故練太極拳首先要放鬆軟，本老師的教導，每手每勢都要以心意緩緩的鬆鬆的出動，久之氣意沉下後，兩臂兩手才能鬆柔下來，鬆柔下來才能有靈機產生，有了靈機才能聽勁懂勁。鬆柔下來，身勢才能微曲婉轉，腳下才有根，才能穩固。所以先師說「鬆軟是太極拳的寶貝」，就是這個道理。

2012 年 2 月 28 日悟

（三）

今天教唐國光推手，他的手也是未能鬆開，尚處於初學未開悟階段。我叫他練拳時多在鬆沉上找，將兩臂完全鬆下來，要鬆透，不能有骨頭頂著的味道，多在粘黏綿隨、不丟不頂上下功夫，把勁道走順，這需要長久下功夫練才行，開悟也得慢慢來，急不得。老論上說：「非有數年純功不能運化者」，說明這是一個長期磨練的過程，待入門以後，摸著了門徑，進步就快了。小唐能刻苦，人也不錯，只要本我說的練，進步一定會快的。

2012 年 2 月 29 日晚

（四）

黃漢城帶他的學生惠玲等一行四人由新加坡來成都，4 月 5 日同我們一起來峨眉，這幾天我教他們打拳。漢城的功架還可以，2006 年我到新加坡教過他粘黏槍，此次尚能和我對槍，說明他天天都在練。大槍套路學過一段，這幾天往下教，讓他掌握全套，他學得很快。惠玲把我每天教的錄了像。每次我教了新動作就由唐國光帶他反復練，借此唐國光的動作也得到糾正。今天把全套動作學完了，我很是高興。以前我們跟老師學拳時沒有攝像機，學得慢，老師不在時，我們動作正確與否不能對照及時糾正。現在好了，有了錄影，即便他們回國，也能隨時對照我的動作學習糾正，不至大變樣。像漢城這樣的學生雖已是六十歲了，仍不遠千里求學，所以我告訴代元和小唐更要珍惜和我在一起的時光，好好學習，我亦感到要儘快將我的東西傳給學生，讓他們好好繼承才對。不過這也不是我一廂情願的事情，一要學生能吃苦，二要他們也要有相當程度才行，不然就是我願意教，他們也學不來的。

2012 年 4 月 8 日於交大

（五）

今天早上我們到報國寺練拳，唐國光用攝像機將我的左勢武當劍、左勢三才劍、左勢四十三式拳錄下來，看後覺得效果還算不錯。姿勢、神態還好，但感到在虛靈頂勁方面尚稍嫌不足，以後打拳時還需刻刻留意改正。余習拳五十多年，時時以先師行拳神韻作榜樣，絲毫不敢懈怠，現只能說自己打拳的神態、氣度慢慢在向先師的樣子方面靠攏了，但仍不能與先師神態比擬，可見太極拳成功之難也。我曾向學生們講，如果說我在發揚光大「李雅軒太極拳」方面有何發展和心得的話，就是我發明了「李雅軒太極拳械」左勢的打法，也就是此拳順勢練後又反勢練，我感覺這種左右勢都練的打法對開發右腦、增加平衡的協調性、避免膝關節的損傷、增強靈性，使手腳更加靈活輕捷，真是有莫大之好處。現在我的學生大多都在學習左勢打法，感覺非常好，甚至有不打左勢則不舒服的話，所以我現在是每天拳和器械左右勢交替練。今天讓唐國光把我的左勢拳劍刀錄下來作為資料，讓學生能參照學習，這也是我發揚光大先師技藝的一大心願。

2012 年 4 月 10 日晚 9 時

（六）

今天下午在觀景臺上帶唐國光、徐昆兩人打了一遍四十三式，感覺非常好，主要是天氣晴朗，氣候又不冷不熱，滿目青山滴翠，空氣非常清新。在此環境中行拳，細細體會以心行氣、以氣運身，呼吸自然順暢，體會頂頭拔背以後兩肩塌著，以心意、以腰脊承領，牽動兩臂沉甸甸、重砣砣，手掌指肚鬆泡泡，氣貫十指的感覺，確實感到了先師說的飄飄欲仙、神清骨爽。後又教他們兩人推手，在推手中細細體會先師說的以神走、以氣化、以腰領，輕靈走化，完全用意不用力，如此推法才能真正做到不丟不頂、粘黏綿隨，才能真正提高聽勁懂勁的能力，功夫才能長進，如此推法推後才能身心舒適，趣味橫生，這是練功中最要者，以後常在這方面多悟才是。

2012 年 5 月 14 日下午 6 點 10 分

（七）

今天和徐昆在觀景臺上休息，談及推手。我告訴他：師兄弟之間推手是練功，多練粘黏綿隨、不丟不頂，要學會聽勁懂勁；和外人推手就是比手，不是練功了。平素的練功是為了運用時的比手，但和人比手時就不是練功，一定要弄清楚二者的關係，否則就要吃虧。

2012 年 7 月 21 日晚 10 時記

二

太極拳境

太極拳要鬆透

我常對學生們講練拳時不僅要鬆，而且要大鬆，要鬆透，鬆得周身毫無拘滯之力，只有鬆透了才能沉穩，沉穩了下盤才能穩固。有些人表面上柔柔扭扭，一練起拳來周身亂動，仔細看他屁股是撅的，腰是板的，腳跟浮動，只是兩隻手在那裡攪和，一點太極拳的味道也沒有，更不知用神用意為何物。究其原因，主要是沒有經過正宗老師的傳授，又加之多年外家拳的功底，不願徹底改變以前用勁的習慣，師心自用，又不虛心向真正練太極拳的老師請教，還自以為有基礎，這種認識真是大錯特錯。

我曾說過，一坨黃泥如是搓揉透了的，啪的一聲甩在光滑的地上，你用手摳都摳不起來，因為它鬆透了，和地面吸貼很緊；如果這坨黃泥只是表面軟乎乎的，而中間是硬心，也就是說沒有揉透，那麼這坨泥巴輕輕一摳就起來了，它和地面是吃合不緊的，也就是說沒有根。沒有根，下盤就不會穩固，這就是太極拳為什麼要強調要大鬆大軟，要鬆透的原因。很多人練了多年太極拳而不明此理，又加之多年外家的底子，所以推手多年不進步，推手時則東倒西歪，下盤不穩也。

2003 年 9 月 1 日

談太極拳功夫與太極拳運動

我從八歲起隨老師李雅軒先生習太極拳，至今已有五十個春秋。當初習拳之目的不外乎兩個，一個是健康身體，因為那時身體單薄，雖然沒有病，但不健壯；另一個則是欽仰先師的太極拳出神入化的功夫，想學功夫。基於這兩個目的，這幾十年則與太極拳結下了不解之緣。秉承先師的口傳身教的遺訓，認真研究先師留下的太極拳精論，深感太極拳不僅集技擊與健身功能為一體，而且其文化內涵博大精深，雖盡畢生精力研究亦難窮其底蘊，遠非一般運動項目可以比擬。太極拳功夫中的練神、練意、練氣，練虛無的氣勢，練神明的感應，練就柔若百折如無骨，撒去全身都是手的絕好身勢等等，都非得有明師的親傳和自己數十年純功的磨礪而不能豁然貫通焉。一趟拳這樣練了幾十年，練了一輩子。

太極拳武術之實質

我於 2004 年十月在北京「中武國際武術培訓中心」楊氏太極拳高級師資培訓班上給學員講課時說：「一道菜，山珍海味，海參魚翅，天天吃、頓頓吃，再好吃都會吃厭。但我們一趟太極拳，李雅軒先師和眾多太極拳家練了一輩子，我現在也練了五十年，而且樂此不疲，愈練愈有興趣，只感覺研究之不足，從無厭倦之感，其原因安在哉？其原因就是這趟拳的內涵豐富，奧旨無窮，每日有每日的感悟，每日有每日的心得，愈研究愈有味道。譬如說一個「鬆」字，一年一個體會，十年前的體會和十年後的感受都不一樣，理解深度不斷提高，所以興趣盎然，而且練後神清骨爽，口中唾液回甜，感覺無比舒適，正因為這樣，一趟拳百練不厭。如此日復一日，年復一年，日日精進，修養身心，功夫逐漸上身，身體日見強健。

太極拳首先是武術，是功夫，離開了武術的實質，則不能稱其為太極拳。太極拳蓄神養氣、鬆柔和緩的特殊練法，使技擊和修身養性的健身功能合二為一，在明師和祖先留下的太極拳精典理論指導下，可以使太極拳功夫達到人不知我，我獨知人，英雄所向無敵的上乘境界，並在健身效果上達到益壽延年不老春。因此太極拳各流派的傳人弟子畢生都以研究、傳承，弘揚這種太極文化道統為己任，並終生以求作不懈的努力。

太極拳運動

太極拳運動則是另一個概念，它是開展全民健身運動中的一項體育項目。當前，參加太極拳鍛鍊的體育人口越來越多，社會上太極命名的各種項目、拳、械套路應運而生，套路繁多、花樣翻新，使人眼花撩亂，應接不暇，參加這類活動鍛鍊者，多以中老年的體弱有病者為主，他們練拳的目的（包括教授這類新式太極項目的人）沒有太極拳武術功夫的概念，沒有研究太極文化內涵以繼承弘揚太極道統的思想，純以娛樂以求健身為主，他們在演練時以多種套路來滿足運動量，不斷花樣翻新以增加新鮮感，同時以音樂伴奏來達到表演效果，末了出一身汗，就算完事，因此，他們所練的太極拳、械實際上是一種健身操，當然這種肢體運動對身體不無好處，但與真正的太極拳涵義是迥然不同的兩碼事。

太極拳練法

就在本文行將結束的時候，我也想就真正的傳統太極拳拋開它的武術價值不談，單就它的練法談一點感受，以釋學者之惑。即如有人問我，時下太極拳為什麼會越編越多，而你卻始終如一的只練一套拳？別人練時大放其音樂，而你練時不讓放音樂，而要求其環境安靜？我說練太極拳需要在恬淡寧靜的虛靈境界中去細細體會每手每式行氣用意的作用，以修養腦力，調和氣血，以養虛無的氣勢，莫測的變化。太極拳是蓄神養氣、練神、練意、練氣的功夫，是培養靈慧、昇華道德、修身養性的功夫，所以練時需凝神靜氣，細細體驗，來不得半點干擾；每練一趟拳，需注重品質，而非以數量代品質。真正的傳統太極拳練法在修身養性中所獲得的對身體內部的調整，對身心所起的健康作用的效果，遠非只把太極拳作為肢體運動的健身操所起的作用所能比擬，如練時放音樂，思想被音樂所吸引，如何能去體會神舒體靜，內氣運行，勁力順達的妙用？熱中於依賴音樂者，正因為不知此中奧妙，不知找太極拳內裡的感應，才去追求音樂效果，才把太極拳搞成太極操，他們只有太極拳之名，而無太極拳之實。至於表演中放音樂，那是為了烘托表演氣氛，增強表演效果。一句話，表演是為別人看的，與自己練功無關，表演是另外一回事。

太極拳是中華民族的文化遺產，是國粹。我們應該很好的愛護它、珍惜它。我們學習太極拳的目的不同，擇重點當然也就不同，但是都想通過太極拳的習練，對身體的健康收到事半功倍的效果，願望都是一致的，因此對太極拳的概念，對太極拳的練法有一個正確的認識也是完全必要的。

2006 年 5 月

感悟太極功夫

我在八歲的時候，父親帶我去見李雅軒老師，要我跟他學習太極拳，並拜他為師。當時在耳朵裡不僅聽到了很多關於老師的武技傳說，而且目睹了他在和人推手時發勁的種種威力。當時我的兩位師兄何其松、趙清溪都是一百公斤以上的體重，近一米八的個頭，但在老師手中卻像是小孩被揉玩一樣，東倒西歪，一點都不能支持，先師略一發勁就被跌出丈外，而且老師在他們身上一伸手，他們就感到恐懼，表情非常害怕。這些情景使我對老師的功夫無比崇敬。因此當時學拳的動機，拜師就是要學太極拳的真功夫，學老師太極拳的絕技。

先師教拳特別強調練神、練意、練氣，講究大鬆大軟，找虛無的氣勢、神明的感應、莫測的變化，不停留在筋骨皮肉的鍛鍊，故練太極拳首在養靈，只有練成柔若百折如無骨的絕好身勢，在運用時才能做到撒去全身都是手。太極拳的功夫體現在推手和散手方面，推手是通向太極拳散手的階梯，推手是練聽勁懂勁的功夫，有 掤捋擠按、採挒肘靠八法，散手是實戰的體現，有拳、掌、肘、腕、肩、腰、胯、膝、腳，上下九節勁的運用，雅軒老師曾說什麼是太極拳的功夫：拳來不知，腳去不曉，打人於不知不覺之中才是太極拳。當初楊露禪被武林界稱之為「神拳楊無敵」確非虛語也，說明了太極拳的運用是驚心動魄、靈快無比的。據 1929 年（民國十八年）「浙江省國術遊藝大會紀實」載：當時先師代表浙江省國術館參加此次大會擂臺賽，分在第三組，於十一月二十二日（為比賽第三日）

「第六號為李椿年與嵇家鈺，交手數合，嵇君自甘認輸而退」。此段記實說明了太極拳功夫的實戰性，後來先師入川傳播太極拳，在重慶技服國民黨騎兵師師長「猛張飛」徐俊，和晚年在成都與山東大力士王應亮比武，都說明了太極拳功夫所在。因此，如果說太極拳作為武術，它的功夫精髓就要體現出高深的技擊功能，當然如果作為健身，太極拳的獨特練法和內涵修養對健身的效果也是無可比擬的，這就是學拳的目的不同，側重點也就不一樣，學者當明白此理。

我習太極拳近五十年，現在也教了一些學生。我感到要學好太極拳，要想學好太極拳的功夫，第一，要找有功夫的真正的太極拳老師，要重視老師傳授的拳架，拳架的正確與否，是太極拳功夫深入完美的基礎，觀雅軒先師的拳架神韻內涵，不怒而威，這也是他太極拳功夫深厚的體現。第二，要按先輩的教導時時領悟操練太極拳法中的各式技擊要旨，練推手時要遵循推手的原則：沾黏綿隨，不丟不頂，練好聽勁和懂勁的功夫；練散手時要多練手眼身法步，心膽精氣神的運用，要多思悟，多實踐，花大力氣，下苦功，提高自身的靈覺性，不然就會「若不向此推求去，枉費功夫貽歎息」。只有這樣，太極功夫庶乎近焉。

練拳偶感

先師雅軒公技藝精絕，之所以有如此爐火純青之成就，究其原因，一是得澄甫太老師耳提面命之真傳，二是天資聰慧，時時刻苦鑽研，勤學不怠，用心感悟，一輩子的專業，集六十年之心血，故其技藝能達此登峰造極之上乘境界。

我雖從小即隨師習拳，但一是天資不夠聰明，二是忙於工作，習拳只能是業餘時間，雖年輕時亦刻苦，但比較起來條件上已是差了很多，我至今雖有小成，究其原因，即是我把此拳作為我生活中最重要之部分，把它作為業餘中之專業，飯可以不吃，覺可晚睡，而拳不可不練，故此已經過五十多個春秋，敢說未曾稍懈，但比之先師自是相差甚遠。故我常對學生們說你們也是業餘時間向我學拳，要想學好功夫，認識很重要，不是專業已是先天不足，而後天又不刻苦，三天打漁，兩天曬網，把此拳作為業餘中之業餘，老師教的東西又不好好練，而怪老師不肯教，心生怨望，欲求其在太極拳上有成，可謂難矣。

2009 年 6 月 9 日

臉上要打拳

記得年輕的時候，老師看我們打拳時說：「你們打拳只是兩手兩臂四肢動，只是身體在打拳，你們的臉上沒有打拳，不然就是神氣活現，找外面的洋盤。」當時心裡很納悶，打拳是身體要打拳，四肢要動嘛，臉上咋個能打拳喃？後來打拳久了，仔細想老師打拳、講拳的樣子，對老師的話慢慢懂了，老師在他寫的隨筆中說：未從出勢，先持以虛無的氣勢，要虛靈頂勁、氣沉丹田，要心性沉穩，預備勢一站，有頭頂青天，腳踏黃泉，心中升起一股凜然不可侵犯的正氣，有此感覺後才緩緩出動，將一趟太極拳穩穩靜靜舒舒適適的形容出來，如此行拳，臉部表情莊嚴沉厚凝重，使一趟太極拳如長江大河滔滔不絕，如行雲流水，連綿不斷，舒展大方，氣勢磅礡，此正所謂臉上掛拳意，臉上打拳也。

觀先師行拳和所攝拳照，神采奕奕，不怒而威，有神威不可逼視之感，此正是他大鬆大軟，練神練意練氣的內功，變化氣質，臉上打拳的真意，吾輩當好好體悟！

2009 年 9 月 29 日

功夫之感悟

太極拳的功夫有如登山，剛開始的時候學套路、糾正動作，只要勤學，不難學會，看似好像進步很快，但隨功夫的深入，才感裡面奧妙無窮，越學越難，很難達到自己期望的標準。就像登山開始確實走得很快，但至半山以後往上攀爬，速度就慢了，因為越走越高，越爬越陡，到後來每前進一步，都要付出更大的體力，如沒有必勝的信念，很難達到頂峰，甚至半途而廢。

所以練太極拳功夫，由初級達中級較易，由中級達高級難，此時如對老師信仰不堅，且不知深入體悟老師所講拳理，不在虛無的氣勢、神明的感應上下功夫，而只停留在多著多法筋骨皮肉上的操練，那就永遠達不到真正太極上乘的境界，其成就只是一輩子在中下級功夫上徘徊，學者當明此理。

2009 年 11 月 12 日下午五點悟

承繼太極薪火之我思

我今年六十二歲了，已過了耳順之年，回憶起老師在病中曾對我說：「我老了，後悔當初未能及時地注意培養學生，在身體好的時候不覺得，總覺得有時間，現在疾病纏身，已經力不從心，想教也教不成了。」在講這些話的時候，老師的表情很沉重，至今記憶猶新，當時老師是流著淚說這番話的。我當時侍立其旁，唯安慰他靜心養病，等好了有的是機會教我們，不必想這些而已，誰知先師一病不起，想趕快培養好我們的願望，竟成了他老人家永久的遺憾。

如今我已退休兩年，回想以前忙於工作，往返奔波疲勞，再加父母多病，我又是獨子，無人代勞，教學生時常有力不從心、勉為其難之感。很多學生遠道而來，卻恰逢我家中有事，父母生病，心裡焦煩，沒有說拳的興致，不然就是一天忙碌下來，身心俱疲，即便說拳也是心有餘而力不足，難以滿足學生的願望，故心中常有內疚欠然之感。

現今既已步入老年，培養學生，繼承我的技藝已是時不我待，故我常叫學生儘量抽空過來，我給他們教拳、教推手，我想趁我現在身體、技術尚不老化，行拳氣勢尚堪可示範之時，即將這些東西傳給他們，使他們掌握後去精益求精，繼承弘揚，將來不給自己留遺憾。當然要選那些人品好、素質高、尊師重道的人才行，如是像那些居心叵測，和老師貌合神離、有二心、有企圖，或者學後乾脆就不再來的人如王某、卿某等，是絕不可傳的。

故我現在選學生一定是注重考察其人品、素質，即便天份稍差，但對太極拳之道有認識、人品好、尊師重道、刻苦不懈、始終如一者，我還是要收他為徒，如鳳陽張立群者，我還是要認真教他的，當然這也不是我願意教，他們就會學好的，還得靠他們自己去練、去領悟，把我教的東西消化好、融會貫通了才行。

2010 年 4 月 26 日午後四點二十分

太極拳內裡要純、要鬆透的感悟

今日宋智勇由新津來看我，我叫他打了一趟四十三式和一套劍，發現了一些問題給他改，按說他也跟我學了十多年的拳和劍，表面上看拳和劍都說得過去，但細究起來，從深層次上，在細微處還要用心去琢磨，用心去體會。

先師在世時，曾說太極拳要保持純正，這個「純」字不光是姿勢外表的正確，而是內裡也要純，要不斷剔除雜質，就好像酒精、汽油的純度一樣，要不斷地提煉，使其純度越來越高，練拳的鬆柔度也要在練中不斷的深入。鬆透的意思就是不光是表層的鬆軟，而要由表入裡，將骨質中存在的僵硬的雜質都提煉清除乾淨。所以先師在他的精論中用了一個鬆透的「透」字，透了就完全鬆了，不透就是不鬆或半鬆不鬆，不透就鬆不乾淨。透了就純了，練起拳來、推起手來就會神清骨爽，就會有圓活之趣。純了、透了，虛靈的神氣就會佈滿全身，其拳味就會越來越濃，功夫也就在純和透的深化中進步了。

2010 年 12 月 1 日悟

練與養

今日智勇、代元、耀如來，我給他們談拳。

我說我練了五十多年，現在六十多歲了，年輕時苦練才有今日的成就，年輕時苦練是必要的，不如此練不出功夫來。就像燒開水一樣，在燒開的過程中一定要大火，小火是不容易燒開的，但水用大火燒開後，保溫就得用小火、用微火，不然水就要燒乾了。練拳亦如此，練出功夫後就得隨著年齡的增加不能一味苦練了，要在練中多悟、多養才行。中年後要練養結合，步入老年後要以養為主。若是二、三十歲的年輕人，苦練多練才能練出功夫；智勇、耀如是中年人，要練養結合；我現在六十三歲，要以養為主。在練養中細細體悟拳中的深意，功夫將在不斷的深入體悟中進步了。

2011 年 5 月 15 日

隨順歲月流水思悟太極深髓

最近我把以前攝的拳光碟拿在電視機上放，這是我 1994 年前後請我們公司攝像中心鞠建榮同志攝的。那時候我四十六歲，正是壯年，練出的拳姿勢規整、舒展大方，蹬腳分腳、擺蓮腿做起來輕鬆自如，腿抬過腰，步幅寬大，氣韻神氣也不錯，可說得上是練拳階段的成熟期，那時候人雖清瘦，但體力尚佳，滿頭黑髮，顯得年輕，一般人看後都會稱羨的。

隔了近十年，到 2003 年我重新攝了一套，作成光碟，看時感覺姿勢仍然舒展，神氣更覺較十年前充實沉厚，但頭已禿頂，兩鬢斑白了，分腳、蹬腳的高度已較十年前稍低了。

到 2008 年初和 2009 年年底，乃至今年五月，在新都、芙蓉古鎮和兩河公園又重攝了拳劍刀槍。相比之下，感到雖步幅及抬腿高度有所降低，但神氣的莊重、渾厚又有進步，又有變化了。

年齡的增加可能體力會減弱，外形姿勢會收小，但對拳的感悟，內裡的體會會更深。以前看先師的拳照，那種不怒而威、神威不可逼視的感覺，現在自己在五十多年的習練中也逐漸領悟更深，自己面部的表情也在向先師的神態靠近了。這是自己多年遵循先師的教導，找虛靈的氣勢，神明的感應，莫測的變化方面下功夫，放鬆、放軟地打，揣摸先師行拳的神氣，多在內裡找，內裡思悟的結果。

所以先師在世時，一生的座右銘就是要放鬆、放軟的打，想老師打拳推手的樣子，功夫才能進步，這是千真萬確而不移之理，不如此，必至愈練愈離老師的要求愈遠，更遑論功夫的進步了。

說拳

一、氣意如何沉入腳跟

今天早上在體育中心，見趙亞飛、楊進偉二人打拳有進步，但弓步時，後腳跟老是踩不踏實，有時掀跟。我對他們說之所以會如此是因為腰以下尚未完全鬆下來，故氣意不能完全沉到腳跟，故感覺上總是踩不穩。拳論上說「其根在腳，主宰於腰，形於手指，由腳而腿而腰，總須完整一氣」。

二、何謂「形於手指」

「形於手指」應該是一個什麼感覺？我告訴他們說，雅軒先師說過，放鬆放軟的練，要鬆透，要大鬆大軟，兩臂如繩兒吊著一樣，鬆沉自墜，有沉甸甸、重砣砣的感覺，而且兩手掌指肚感覺發脹、發泡，氣血貫注手指，拳式運行中能感覺空氣對兩手兩臂的阻力，如此則是對「形於手指」這句話最好的描述。

三、如何練出內勁？

他們又問怎樣才能練出內勁，我說先師雅軒也說過，天天作氣血貫通的功夫，久之自得真正的內勁，內勁就是天天行拳中找鬆沉的感覺，日積月累，自然而生。你們的腦筋應該單純，不要想那麼多，現在的問題就是天天按我的話去練，按我的樣子去悟，日久自然功深，兩臂兩手天天鬆沉自墜，內勁將在不知不覺中增長，太極拳要想，但不能亂想；要練，又不能傻練，聽老師的話去做，是不會走彎路的。

2011 年 6 月 5 日晚悟

拳意上手之感悟

拳論上說精神能提得起，乃無遲重之虞。今晚打拳，雖是高架，也只是行意而已，但由於按拳論上去做，精神提起，保持虛無之氣勢，神明之感應，故能細細體察周身各部的勁道，特別是兩臂鬆沉自墜，感覺沉甸甸、重砣砣的，且兩手十指發脹發泡，猶如在水中游泳一樣，空氣之阻力感覺很明顯，口中唾液充盈，心裡拳味十足，十分舒服，雖是高架行拳，亦覺拳意上手。

故以後行拳，無論高架、低架都須找此味道，一樣能長功夫，不一定要筋骨肌肉吃累也。如不能提起精神，更何談虛無之氣勢，神明之感應！靈慧何能增長哉！

2011 年 6 月 8 日

談太極拳的掤勁和發勁

今天教唐國光推手，感覺他掤我的手，手臂硬，不鬆柔，整個手臂托我手是用的手臂上局部的硬力，不是勁起腳跟用整個腰脊的力、心意的勁來掤挑我的手，所以感覺是硬梆梆的，好像一根木棍頂著我，沒有柔彈之性。我告訴他說，用掤勁掤別人手時，整個手臂是鬆沉的，是塌肩丟鬆以後沉甸甸、重砣砣的，而且整個身勢是有虛無的氣勢的，以這種虛無的氣勢，率領整個身勢完整一氣的來作掤挑的動作，這種掤勁就夠味。

我又告訴他說，具體太極拳的掤勁是一種什麼感覺呢？我說你在游泳池或河海裡游泳時，你用救生圈或用一個空木盆去下壓那個水面，水的浮力使你感覺那種壓不下去的，既有力、又柔彈，隨你用力的大小而浮沉的那種感覺，這就是像太極拳中的掤勁味道。推手掤別人手時，不能讓人感覺到你手臂裡有骨頭，你如用手臂上的勁去硬扛，必然僵滯不靈，僵滯不靈則無變化，處處受制於人，想學好推手則無門矣。

我又告訴他太極拳的發勁像什麼，我說你看在大海邊驚濤拍岸的那一刻，浪頭一浪推一浪的湧來，遇到礁石時「啪」一聲，所發出的那種震撼力，其勢之猛，威力之大，簡直有驚心動魄之感，這就是太極拳所需要的發勁，這種勁非全身各部鬆透以極、配合一體，所謂「手到身要湧」，一鼓而透其身，有將其摧毀的氣勢也。

2011 年 7 月 11 日悟

拳意鬆沉至腳底

今天早上在體育中心教拳時，何廉老先生問我，行拳時如何拳意才能沉到腳底？我告訴他說，全身鬆開鬆透以後，拳意就自然會沉到腳底。並舉例說，你看一砣黃泥揉透以後，「啪」的一聲甩在光滑的水磨石地面上，你摳都摳不起來，黃泥與地面貼得很緊的緣故，就是因為它鬆柔透了，如是一塊相同重量的鵝卵石放在地上，你只要輕輕一刨就移動了，這就是因為石頭是硬的，它不會鬆透。所以練拳時全身鬆開，心鬆則氣自然沉丹田，身鬆則自然氣意沉腳底，這是定而不移之理。

2011 年 10 月 15 日晚悟

論練拳之「養」

今天晚上打左式一趟拳，高架小步，輕輕摩，細細找，鬆鬆沉沉，穩穩靜靜，認真的去體會以心行氣、以氣運身的感覺，感覺拳意很濃，滿口生津，神恬氣靜，舒服極了。六十歲以後練拳以養為主，今後要多在此處去找，以養虛靈的氣勢、神明的感應為第一，我相信如此練法，對培養靈慧有莫大之好處，對身心的健康有莫大的好處，切記切記。

2011 年 10 月 17 日晚悟

放鬆後之勁道

昨天驪珠的學生張超來家，他是練跆拳道的，和他談及太極拳放鬆後的勁道，我在他的右臂上用手掌鬆鬆的往下一彈，他「哎喲」一聲說太痛了，感覺是痛在骨裡，說簡直是痛入骨髓，不敢再嘗試，又說看我好像是沒有用力，軟軟的樣子，何以有如此勁道？這是他不知太極拳鬆透以後由心裡發出的內勁，入裡透內，有鋼鞭之重，而非鋼鞭之硬，這就是先師練拳為什麼要求大鬆大軟，要鬆透的道理。

我年輕時練功太過、太苦，故晚年感膝關節有傷損，如堅持每天下姿勢練，像以往一樣開大步子，就感膝關節疼痛，故現在練拳注意以養為主。每日練器械時仍拉開功架，一絲不苟，因為劍刀動作較太極拳快，故腿部受力轉換時間不長，且能保持姿勢不變，而練拳時則拿幾天高架以養氣，不下姿勢，不開大步，只保持拳味，找鬆柔的感覺，找輕靈虛無的感應，如此練法，每次完後滿口生津，甜液不斷，身心非常舒服，如此練法，腿膝關節也不疼痛，又不影響功夫的進步，對身心健康也有很大的益處，這種練法要長期堅持下去。

2012 年 2 月 14 日晚十點悟

用意不用力

太極拳經上說，練拳要「用意不用力」，怎樣「用意」？就是每手每式都要有意識的嚮往，凡事皆從裡面找，練時細細的體察以心行氣、以氣運身到底是什麼感覺，要細細的體會其根在腳，主宰於腰，形於手指，怎樣才能做到兩臂兩手沉甸甸、重砣砣的感覺，要如何鬆開才能有如此，靜心體悟，由內連外，這才是「用意不用力」。如此練法凝神靜氣，虛靈以極，鬆軟以極，久而久之，才能神而明之，靈性異常，不管是用之技擊或是修身都善莫大焉，這也是為什麼練太極拳要大鬆大軟，用意不用力的好處。

這些年我在練拳上就是按此方向努力，感覺練拳鬆沉，氣意更飽滿，神態更莊嚴，練後更舒服，用之於推手感覺更輕妙，聽勁、找勁、發勁更準確。這些都是本先師教導，一步一步體會來的，千真萬確不易之理，切切注意。

2012 年 4 月 16 日下午悟

關於楊紹西

前不久蔣家和從樂山回來，告訴我說某某、某某等人去給楊紹西掃墓，說在墓上給楊紹西叩首，就算是拜楊紹西為師了，並宣揚楊紹西是楊澄甫的弟子，先師雅軒公教他只是代師傳藝。如此一來，某某、某某二人本是趙凱師兄的弟子，輩份上應算作楊氏第六代的門人，但因為這一拜，卻成了楊氏第五代門人，以此提高身價。聽蔣一說真是感覺荒唐至極，本來功夫是好是壞主要是看你練得如何，與輩份沒有直接的關係，現在在死人墓上一拜就想抬高身價，真是可笑可歎，不知墓中的楊紹西知道不知道，願意不願意收這兩位弟子。如果真能如此，不妨到張三豐的靈位前或是楊露禪的墓前去參拜一下，通明一下，豈不是成了張三豐的弟子，成了楊露禪的弟子？如此一來，天下練楊氏太極拳者，豈不都要奉他們二位為祖師爺了嗎？真是滑天下之大稽！其實楊紹西其人我是瞭解的，他到成都時我接待過他，並也和他推過手。現把我知道的情況寫出來，以正視聽。楊紹西的名字，雅軒師在世曾多次提到，說他膽氣壯、勇敢，和人比手時敢打敢上，並說此人歷史關係複雜，解放後就不知道他的情況，可能很難倖免了，所以在我心中有楊紹西這個人的記憶。

先師去世後，大概在 1979 年的夏天，有一天我在成都市體育場主席臺上練拳，有一瘦小老者前來和我打招呼，並談及拳和先師情況，他說他叫楊紹西，剛到成都，想打聽老師情況。因聽老師談過他，所以熱情接待他。他說他是被特赦出來的，在裡面（監獄中）也抽空練拳，且時常掛念老師。他在我面前稱雅軒師為老師，叫我師弟，我稱呼他為楊師兄。當時他要和我推手，他確實喜歡進攻發勁，但他的進攻發勁都被我一一化解，當時我想可能是他這麼多年離師太久，練拳少的原因。當時他很高興，說：「老師培養出了你，可謂後繼有人了，太好了。」

推手後我邀他到家中吃飯，並通知成都的老師兄如栗子宜、何其松、趙清溪、陳萬川、魏琦等和他見面，大家一起請他吃飯。當得知他出來後至今尚生活無著，大家遂湊錢資助他。在成都的幾天，他多次到我家來和我推手，並講一些當年在南京和杭州、上海時和老師學拳的一些軼事，並說他見過楊澄甫和楊少侯。何其松師兄到家來和他推過手，何其松體重近二百斤，和楊紹西推手時，楊占不了上風，他雖也在散推中用散手，但是仍是贏不了何。我感到老師以前說他行可能是當時他正值壯年，後來經一些事後練少了，最重要的是他離師太久，在解放後沒有得到老師的教誨，老師後幾十年對太極功夫的感悟，後幾十年在太極拳上爐火純青的境界他沒有見過，所以功夫停滯不前，相比之下，他那時所謂的高，幾十年後，到現在看起來就不算高了，可見藝無止境也。後來他回到犍為縣，犍為屬樂山地區。由於他打的拳架式比較小而且行拳較快，與成都的師兄弟拳架相比有差別，他為了教拳糊口，所以回去後，傳來了他「在南京時是跟楊澄甫學的，雅軒師只是代師傳拳」的話，如此一來，引起了眾師兄弟的反感，當時周子能師兄由重慶來成都時就說：「解放前他跟著老師來時，老師給我們介紹時就讓我們叫他楊師兄，我們一直都是這樣叫他，怎麼現在就變成我們的師叔了……」由於這樣一來，他和我們的關係就淡了，以後也就沒有往來了。情況就是如此，現在楊紹西已經作古，趙凱的學生某某等又幹出如此荒唐之事，對自己有什麼好處呢？只能是弄巧成拙，貽笑大方而已。

2012 年 4 月 26 日

理解之後務求老實練拳

今天接山東煙臺王濤的電話，問我太極拳除了大鬆大軟的練法而外，還有沒有其他另外的練功內家心法。我聽他的意思，好像他已經理解了大鬆大軟，還要想學其他的心法，其實他雖是給我拜了師，其為人也不錯，但畢竟跟我在一起的時間不多，在架式上、在內裡鬆軟上還存在很多問題，這得自己要下很大的功夫才能行的，所以我告訴他說，太極拳大鬆大軟的練法你現在是接受了，是理解了，但你在打拳過程中，在實踐中是否是真正已經做到了大鬆大軟。理解了不等於做到了，理解了不算，做到了才算。我說：「你太老師李雅軒先生就是既理解了又做到了，所以他的拳架透出了那種虛無的氣勢，神明的感應，那種神威不可逼視的莊重神態和氣度，現在任何人的神氣不能和他比，不敢和他比。一輩子追求大鬆大軟的練法，使虛無的神氣佈滿全身，在練拳中去找鬆軟沉重的感覺，去找以心行氣，以氣運身，全身舒適，滿嘴唾液回甜，神清骨爽的愉悅，天天作氣血貫通大鬆大軟的思想，則內勁自生，功夫自長，你這步功夫做到了嗎？」他說遠遠不夠。我說：「你這步功夫尚未做好，大鬆大軟在你身上還不能真正完全做到，你現在只是理解到了，就以為可以再去練其他的所謂心法，這樣是不會進步的。」

其實要說心法，太極拳練時放鬆放軟，呼吸深長自然，拳論上說：「以心行氣，務令沉著，以氣運身，務令順隨」，一切順乎自然，大道至簡，這些就是最好的心法，如再有名師指導，太極拳可以有成，最忌東想西想，受社會上一些所謂心法、秘笈的蠱惑，誤人誤己，要想在太極拳上有成就難了。

2012 年 5 月 9 日

今天萬曉晶來，我給他改拳、劍、刀，他的拳較以前進步了，以前他打拳總是零零斷斷的，看起來彎彎扭扭，他自己亦感到不順不舒服，說找不到方向，後來我發現原來是他思想想多了，複雜了，思想上總是想這想那，弄得身上彎彎扭扭的。所以我告訴他說，不要東想西想，想多了，想複雜了，反而欲速則不達，顧此失彼，犯了挂一漏萬的毛病，練太極拳思想越單純越好，練時要大而化之為對，要想只想先師講的這兩句話：「放鬆放軟的打，想著我的樣子就行了」，現在他朝這方面做了，拳架就規整了，拳架就進步了，這兩句話一定要經常告誡學生們，認真按此去做，功夫才能長進。試想先師八十歲時寫的日記還說：「最近沒有想楊老師打拳推手的樣子，所以功夫多日沒有進步」，這就是明證，不管你功夫練多久，名氣有多大，不按先賢的話去做就不行，榜樣的力量永遠是無窮的。

2012 年 6 月 12 日晚 10 點 30 分悟

保持太極拳真味

前不久，有人來向我索書，說聽別人說《李雅軒太極拳精論》這本書很好，想買來看看然後好去教學生。我一問才知他是打了多年長拳，功底很深，現在年齡大了，長拳跳不動了，改練太極拳，自以為有基礎，掌握太極拳套路不難，買了些書看看就到處教起拳來，來學者收費不低，教的人不少自以為太極拳好學，不過如斯而已。我看了一下他打的拳，全身硬梆梆的，四肢自動，周身搖晃，神氣活現，完全是長拳身形，完全是長拳慢練，一點太極拳的味沒有，但他還自以為是感覺良好，這種人現在可以說到處可見，奈何奈何！

回想先師雅軒公 1956 年在四川省政協會第一屆第二次會議上之提案中提到：「要提倡太極拳，要保持太極拳的真味不要弄雜了。在學習的時候，必須向練太極拳的老師去學，學會之後要練個時期，等到練出一點太極拳的味道來，瞭解太極拳的意思了，而後再去教給別人，這樣子才不會誤己誤人，不然的話就會把初學拳的人教壞了，如此以誤傳誤，將來太極拳就有失傳的危險。」又說：「我所以如此說法，是因為有一些練硬功拳的人，鑒於太極拳受到社會上一般人士愛好，買了些太極拳書看了看，又東張西望的模仿人家練拳的樣子，也就到處教起太極拳來，這樣一來，那就給太極拳遺留的害處不淺……」又說：「鑒於當時之太極拳教師大都練硬拳出身，以致用意、用勁混雜不純，長此以往，必致以誤傳誤，不到數十年，就有將幾千年來，先民長期經驗發明創造出來的太極拳體育的真味失傳之可能。」

幾十年過去了，先師的話不幸言中。練太極拳要有真正的太極拳明師傳授，才能學會和懂得什麼是真正的太極拳。即使是真正的太極拳老師傳授，如果自己不好好努力，認真鑽研，師心自用，離師太早，老師教的拳還要在自己手中變樣，有些人即使是老師手把手的教他，由於時間和悟性的關係，還弄不懂，學不會。太極拳精微細緻，豈止是看看書就以為是會了，真正是大錯特錯，如果更因利益的驅使，動機不良，危害性更大，對他自己來說可以說是一輩子與真正太極拳無緣，真是枉費功夫貽歎息了。

2012 年 7 月 30 日

談太極拳的難度與追求

近來國家專業的太極拳比賽增加了一些高難度動作，諸如騰空三百六十度轉體落地，單腿支撐獨立等等，作為鑒別運動員演練太極拳水準高低的標準，此舉一出，引起太極拳界輿論譁然，這些東西是太極拳的東西嗎？這些是太極拳所需要的難度嗎？如果不是，那什麼才是太極拳的難度呢，太極拳的難度怎樣體現呢？就這方面我談談我的看法：在 2003 年，臺灣逸文出版公司出版了我的書，首次公開了先師李雅軒的三百多張太極拳照，他們在介紹先師拳照的文中讚云：觀李雅軒先師的拳照，氣魄雄偉，舒展大方，有種神威不可逼視之感，這正是他強調大鬆大軟練法的真實寫照……請大家注意，這裡對先師的評價，不是肢體動作的難度讚美，而是整個行拳的氣勢、內在神韻的表現的肯定，我們說李雅軒先生傳授的是楊氏大架，我們可以用現代測量的手段，根據先師的身高、步幅的跨度、手勢的高低而作出精確的測定來摩仿，這些外形都可以學到，但先師在行拳中，雙目的神韻所體現出的一代武術家的內功氣質，恐怕就很難體會到，很難學到，先師所表現在拳勢中的神氣，是他一輩子體會太極拳、鑽研太極拳的精髓所在，這絕不是一朝一夕、三年五載，憑點聰明、憑點年輕、憑點身體的柔韌性而能得到的，要說難度，這才是難度，這才是學太極拳的人一輩子尋求名師、孜孜不倦學習而追求的。

再舉個例說，我們看到一個學者，溫文爾雅，穿西裝打領帶，出現在大眾面前，一望而知是一個有學問的人，而那種沒有文化修養，俗鄙不堪的人也可以學著學者的打扮穿上西裝、打上領帶，但他的言談舉止，絕不可能有學者的風範，因為他的氣質內涵差了，當然他要想趕上學者的風範，他得讀一輩子書，改變氣質才有可能，這種內在的修養改變，就是難度。那種所謂肢體的難度，什麼騰空轉體三百六十度落地獨立支撐的動作，對於體操運動和雜技演員那是輕而易舉之事，況且跟太極拳內在的要求根本無關。

認識的差異，決定了太極拳到底該怎樣發展。肢體的柔韌難度憑藉年輕可以達到，但隨著年齡的增加，這種難度就會逐漸消失，肢體難度的消失，運動員的比賽運動生涯也就結束了。這種難度只適應一時的比賽要求，與太極拳博大精深的內涵無關，與太極拳的文化傳承無關，它只是一種外在的運動而已，而真正太極拳神韻的內涵，卻會隨著時間的推移，功夫的精進而與日俱增，愈練而愈得其神髓，愈練而妙趣無窮，令人神往追求，一輩子樂此不疲、孜孜不倦。我們說太極拳文化博大精深，說太極拳練神、練意、練氣，練虛無的氣勢、神明的感應，這種練就讓天下英雄延年益壽、不徒作技擊之末的內功心法，才是我們研究太極拳的方向和難度。

感悟二則

(一)下午在大井巷，小銀來，和他推手，給其講拳理。這幾年體會就是練拳要大鬆大軟，完全鬆開、鬆透，拳味才濃，拳意才會上手，練後特別舒服，滿口生津，神清骨爽。推手要大鬆大軟，完全鬆開鬆透，靈機才會出現在手上。鬆開去搭手，對方才感覺既沉重又綿軟，而我則感覺靈覺佈滿全身，對方一舉一動都在我的掌握之中，稍用智巧，對方則東倒西歪，不能自主矣。這在與小銀、陳河全、郭躍如、徐昆等推手中得到印證矣。今後當本此方向用功，庶幾離老師的要求不遠了。

(二)在峨眉山，陳河全問我摟膝拗步掌的練法，我告訴他，這是一種向前沉打的勁，而不是著意向前推的勁。我向其作示範，只略一鬆勁，腰胯一沉一坐，他則驚恐萬分，說感覺勁直透入裡，有被打垮打透，承（受）不起的感覺，而我卻只是示意而已，何以他有如此感覺呢？這說明了我平時練拳時一直是鬆開肩、鬆開腰胯練的，故臨時則自有好用。

2015 年 2 月 8 日

榜樣的力量是無窮的

先師雅軒公在世的時候，在教導學生如何才能練好太極拳時，總是反復告誡大家：要在練拳時放鬆放軟的打，想著我的樣子。他在自己房間的牆壁上貼著「要經常想楊老師打拳推手的樣子，功夫才能進步」的紙條，作為自己練功的座右銘，並且在他寫的練拳隨筆中也多次提到、反復強調這句話。他曾經說：這一向由於生病，好久沒有想楊老師的樣子了，感覺練拳沒有拳味，退步了；他還說過：我雖然今年已八十歲了，還感覺以前的東西不算好。先師一生以他老師的樣子為楷模，所以功夫能達到爐火純青的上乘境界。前一陣子陳河全同我來峨眉，問我如何才能練好太極拳，如何才能增長內勁，我告訴他，拳論云：「天天作氣血貫通的功夫，久之自得真正的內勁」，並告訴他：你太老師提出的大鬆大軟的練法，提出的「放鬆放軟的打，想著老師的樣子」就是練拳成功的關鍵。大道至簡，只要抓住了這一點，天長日久，日復一日，隨著歲月的增長，功夫的增加，你就對先師所講的話會有不斷深刻的體悟，不僅拳架淳正，而且推手的進步、內勁的增進都在不言中。先師所謂「我練功的方向是找虛無的氣勢、神明的感應、莫測的變化」，這些精闢的練拳心得的總結都是先師數十年本著「放鬆放軟的打，想著老師的樣子」的獨特心法來練拳、推手而自然得到的。所以只要本此練功，自然水到渠成，太極拳何愁不能成呢？

2015 年 2 月 8 日

三

推手菁要

淺談太極推手

太極推手是太極拳技擊運用的二人對練方法，是一種培養和培訓周身皮膚觸覺靈敏度和內體感覺的運動。它的內容包括單推手、雙推手（定步）、活步推手、行步推手、大捋五種形式。在手法上，有掤、捋、擠、按、採、挒、肘、靠八法。

練習太極推手，一定要有一定的太極拳基礎，太極拳的動作練得熟練正確，鬆柔沉穩，能做到上下相隨，內外合一，輕靈和緩，虛實分明，方能在太極推手的運用中充分發揮其技巧。

通過推手鍛鍊，可以進一步檢驗練太極拳的方法、勁力和姿勢是否正確，從而得到改正和新的體會。

推手對幫助練拳時進一步鬆柔沉穩，培養內勁，訓練自身的靈敏機巧都有極好的作用，二者相輔相成，不可偏廢。但是，首先要練好太極拳，加強對太極拳的鍛鍊和研究，是提高推手技術水準的前提，這一點是絕不能忽略的。

陳龍驤老師與師母李敏弟推手

練習太極推手必須遵循的原則

太極拳論說：「由著熟而漸悟懂勁，由懂勁而階及神明」。推手歌云：「掤捋擠按須認真，上下相隨人難進……。」明確地指出了練習太極拳及其推手的學習步驟和將能達到的藝術境界。所謂「著」就是招式，是指練拳和推手的一招一式的動作。「著熟」，就是要將這些動作操練純熟，不僅是姿式正確，而且這些動作的用法也要熟練掌握。推手中的掤、捋、擠、按四式，俗稱四正手，何謂「掤」？何謂「捋」、何謂「擠」？何謂「按」？在練習推手之初，就應該首先將它弄明白，作正確，並且認真地操練，待這些「著」熟練以後，推手中才能逐漸地領悟對方是如何來勁的情形，太極拳的術語稱之為「聽勁」和「懂勁」的功夫，這是推手技術中最細緻也是較難掌握的一步功夫，待有了「聽勁」和「懂勁」的功夫之後，並且不斷深化、愈練愈精，最後就能達到「任他巨力來打吾，牽動四兩撥千斤」，「隨心所欲，人不知我，我獨知人，英雄所向無敵」的階及神明階段。

推手中聽勁和懂勁的運用和掌握

「聽勁」、「懂勁」是推手技術中最重要的核心，是克敵制勝的關鍵，沒有學會聽勁，就更談不上懂勁。因此，練習聽勁，是推手練習的第一步功夫，所謂「聽勁」，並非是用耳朵去聽，而是靠大腦中樞神經的靈感指揮，靠自己平時練太極拳所練就的鬆軟、沉著的手臂去接觸對方的手臂，靠這種皮膚觸覺的感應，來體察和掌握對方來勁的意圖。兩人在推手過程中，雙方都在運用這種觸覺聽勁，聽勁是推手的基本功，也是練好推手，達到懂勁的關鍵，知道如何去聽對方的勁，然後才能逐漸懂對方的勁，掌握對方的勁，進而根據對方來勁的剛柔、勁力的大小、速度的快慢、時間的早遲、部位的高低等等情況，採取相應的措施，順勢借力，或化或發，不先不後，恰到好處，使對方偏移重心，身體失去平衡，受制於我，使自己立於不敗之地。

練習太極推手要求做到粘連綿隨，不丟不頂。不丟，即是不脫離；不頂，即是不相抗。走化之勁無形無痕，發放之勁要於不知不覺之中。要達到這種階段，沒有很好的聽勁和懂勁功夫，是絕難辦到的。如何才能儘快地掌握和運用聽勁和懂勁呢？必須在名師的指導下，在練拳和推手時，從鬆柔沉穩入手，一鬆百鬆，一動百隨。吾師李雅軒先生曾說：「兩臂要練得如繩兒吊著重物一樣的鬆墜，有沉甸甸的氣貫十指的鼓脹感，並須經常養其頭腦和兩臂的虛靈輕妙的感應」，這種靈敏的感覺，拳論上形容是：「一羽不能加，蠅蟲不能落」，有了這種明察秋毫的靈敏度，運用於推手，在聽勁方面，就能細細地、準確無誤地體察出對方來勁的極其細小的變化情況。我則不先不後，不早不遲，恰到好處地運用粘連綿隨、不丟不頂的推手技巧，就能做出隨屈就伸，逆來順受，柔若百折似無骨，化勁無形的絕好身勢，和無往不利的、變化莫測而又冷快絕倫，撒去全身都是手的發勁動作。拳論所謂：「彼不動，己不動，彼微動，己先動」。在推手中，如果沒有練就絕好的聽勁和懂勁的功夫，是不可能掌握好這種尺度，達到這種要求的。

在推手中，如果不學會聽勁和懂勁，必然和人一搭上手，就非丟即頂，撥瞎亂抗，顧此失彼，挂一漏萬，沒有一點太極拳味道，不但練不好推手，反而練出一些不易改正的毛病；不但不能提高自身的靈感，反而感覺遲鈍，兩臂呆滯、僵硬，把身手練壞，發揮不出推手的技巧。所以，二人在推手時，事先一定要持以虛靈的氣勢，以神意沾著對方，出手時輕輕接觸，絕不能用大力抵抗，不多動，不妄動，輕輕地隨其對方的來力而跟之隨之，順勢而應之，聽出對方來勁的意圖後，進而掌握對方的勁，消解對方的勁。比如對方用按勁按來，我即以腰脊之力，心意之勁，手臂抱滿撐圓，用掤勁粘手掤住對方雙手，並順勢以捋勁化解時，我即在掤捋之中體察出對方按勁的大小、動作的快慢、按勢的高低，根據這些情況使用捋勁，使對方的按勁在按的過程中，使其不知不覺地自然按空失勢，失去重心，被我巧妙地順勢化解。反之，如我使用按勁時，在按的過程中，又需聽準對方用掤勁粘手，以捋勁化解時勁道的快慢、走向、大小等情況，使對方掤勁失效，無法化解。雙方在一進一退之中互相比聽勁，在不丟不頂的原則之下討消息，比靈機。這一按一掤一捋，看起來平淡無奇，非常簡單，但實際卻有很細緻的道理。只有這樣認真地去探索，去揣摩，久而久之，才能提高聽勁和懂勁的水準，才能練到如拳論所云，「動急則急應，動緩則緩隨，非用功日久，不能豁然貫通焉」。絕不是隨便兩手搭靠，劃幾個圓圈，做幾個型式，甚至胡攪亂纏所能濟事的。

怎樣才是推手中的化勁

在推手運動中的所謂化勁，這個「化」字就富有消解對方來力而不著痕跡之意。化勁必須是在粘連綿隨、不丟不頂的原則下進行的，因此，就絕非硬撥、橫格、硬扯，化勁必須順著對方來力的方向，使對方在不知不覺之中，偏移重心，使來力蕩空。

推手功夫好的人，在使用化勁時，我們可以看到手臂接觸的皮膚是向順著走化的方向扯平的，而不是在兩手接觸的皮膚之間出現皺皮，出現皺皮說明兩勁相頂，說明走化的一方使用了撥扯之勁，沒有捨己從人，而是自作主張了。好的化勁方法，是兩臂絕不自動，而一定是以腰為軸，以腰脊之力而領動的。心為主帥，心意略一動，腰脊微一領，外向好像沒有看如何動，而對方來力已落空了，技手化勁到了高級階段，完全是以應靈輕妙為主，出手輕輕接觸對方，粘其皮毛，以神走，以氣化，以腰領，跟隨走化，使對方摸不著實地，找不著重心，如腳踩胡蘆，東倒西歪，完全受制於人，要收到這種效果，非有好的化勁是難以辦到的。

推手中的發勁是怎樣使用的

發勁在推手技術中佔有重要的地位。太極拳的發勁，乃是在一瞬間集聚全身力量於一點，並作用於對方身體的一種柔彈爆發力，而絕不是一種硬性的推撞力。推手中的發勁，必須在順勢借力的原則下，使用起來才能發揮更大的威力。在與人推手時，須先以虛靈的氣勢跟之隨之，在幾跟幾隨之中，待對方破綻露出，機會送上手來時，即以丹田之氣，周身之勁，心中一急，陡然坐身，心神意氣一齊發作，勁去如放箭，冷快脆彈，使對方驚然後跌，打得驚心動魄，目瞪口呆，防不勝防。此即拳論所云：「運勁如百煉之鋼，何堅不摧」，此種真正的太極拳內勁，用時鬆沉軟彈，傷人內臟，不著痕跡，打人於不知不覺之中，才是太極拳的上乘功夫。

1986 年成都太極拳研討會陳龍驤論文（節選）

太極前輩的推手造詣對我們練功啟迪

我的老師李雅軒先生，曾追隨太極宗師楊澄甫先生十數年，他生前曾向我們講述過當年楊澄甫先生推手的情況。李老師說：「我與楊師澄甫推手時，只要一搭上手，便感覺沒有辦法，身上各部位都不得勁了，楊師的手雖是很鬆軟的向我臂上一沾，不知怎的，我覺得身上各部都被其吸住了，如同對我撒下了天羅地網一樣，我無論如何動，總是走不開；無論如何動，都是對我不利；使我動也不行，不動也不行；用大力不行，用小力也不行；用快勁不行，用慢勁不行；用剛勁不行，用柔勁也不行，總之是毫無辦法。楊師雖是很穩靜的神氣，但我不知怎的就覺得提心吊膽，驚心動魄，有如萬丈懸崖將要失足之感；又如笨漢下水，有氣急填胸之感；又如自己好似草紮人一樣，有隨時被其打穿打透之感，有自己的性命不能保障之感。然楊師確是並未緊張，也並未用力，只是穩穩地一起一落，虛虛實實地跟隨而已，而我則東倒西歪不能自主矣。如楊師的這種功夫，我一生未見任何人有……。」其發勁方面，李老師曾說：「楊老師發勁巧妙，入裡透內，打人於不知不覺之中。」「曾在北京西京畿道楊老師的公館內，親見與崔立志推手時用肘底捶，楊老師陡然一去，崔則感覺如用木塞子插進肋部一樣，疼痛萬分。又於上海募捐時，楊老師與武匯川推手使用的按勁，只見其略一抖手，武則疼痛多日始癒。又於民國十七年，在南京大戲院為賑災事，楊老師與董英傑推手時使用的擠勁，只見其身勢往下一沉，眼神一看，臂微一抖，董則如斷線風箏，一個跟斗翻出丈外倒地。又於民國十八年，在浙江省國術館教務長辦公室，見楊老師與田兆麟推手時用的按勁，只見其輕輕兩手往田臂上一放，田則動亦不行，不動亦不行，不得已而奮力掙扎之，只見楊老師以兩臂輕輕鬆鬆地向他一送，眼神一看，田則一個大仰身翻出，砰的一聲，五體朝天摔在床上。」又於民國十八年夏天，暑期間在杭州省國術館院內，李老師與楊太老師在院中乘涼，談論掤勁，李老師說：「楊老師以右臂往我胃部一挨，我感覺心中有如火燒一樣難受。」以上事例，說明楊澄甫先生的推手造詣，的確是達到了爐火純青，神而化之的境界。

我們從雅軒老師學習太極拳有年，在推手方面亦有同樣感受。李師得楊氏真傳，內功精湛，不僅拳架舒展雄偉，風格純正，而且推手技術變化莫測，靈妙無比。平時在教我們推手時，兩手隻輕輕地往我們身上一放，沾其皮毛，我們立刻就感到情況嚴重，毫無辦法，全身各部皆被控制，弄得滿頭大汗，氣喘吁吁，不知如何是好。李師這種虛無輕妙的問勁，比那種沉重的來力難於應付若干倍。這種手法，哪怕你練就很好的掤勁，也是英雄無用武之力，因為掤不著實地，找不到重心。李師發勁冷快絕倫，不著痕跡，我們常於不知不覺之中驚然跌出，不知所以。李師曾總結說：「來無形，去無蹤，打人於不知不覺之中，才是太極拳。」

太極前輩的推手造詣之所以能達到如此上乘的境界，乃是集畢生精力研究的結晶，亦是遵循太極原理，有一套正確的練功方法，方能收到事半功倍之功。即如以上所舉澄甫先生和雅軒先生的高深技藝，他們成功之秘是什麼呢？雅軒師曾說：

「鬆軟是太極拳的寶貝，懂得什麼是真正的鬆軟，推手才會進步。」他說當年曾問楊澄甫老師：「未見您用多大勁，何以將人發出去那樣遠，打得那樣乾脆呢？」楊師回答說：「我是鬆著勁打的……。」過去曾有人問少侯先生曰：「您發勁時是鬆鬆軟軟的樣子，如這樣子還能有勁嗎？」少侯先生答曰：「就是因為鬆鬆軟軟的，打出的勁才非常大呢！」二位先生的話雖然回答得很簡單，但都強調了鬆軟沉著是練好太極拳、練好推手的重要性。太極拳論中說，「太極拳的發勁是極柔軟，然後極堅剛」，這種最終所要達到的無堅不摧的極其堅韌的內勁，是長時間的有意識的極鬆、極柔以後，在身體內部積累轉化而成的。如果開始練太極拳不知從鬆柔入手，練推手時又心存堅剛硬抗的念頭，心神意氣不能真正放鬆，而只是在外形上柔柔扭扭，矯揉造作的做些柔和的假姿態，追求弧形的外表，而不知太極拳的動作之所以會處處帶弧形，為什麼要有弧形的道理，這種練法和思想必以漂浮為輕靈，誤以僵滯為沉穩，誤人誤己，既練不好太極拳，又練不好推手。

太極拳藝術是我國寶貴的民族文化遺產，太極推手是太極拳藝術中的重要組成部分，對它的理論和技擊作用進一步研討、發展、完善是十分必要的。願有志於太極拳事業的同志共同來作這一工作，這就是我寫這篇拙文的目的。

（原載《全國太極拳研討會論文集》1986 年）

為太極拳推手比賽進一言

太極拳以它高深的哲理，深邃的內涵，鬆柔和緩，輕鬆優美的姿式，深受國內外人民所喜愛，太極拳運動不僅普及全國，而且也影響和風行海外。作為體現太極拳技擊原理，獨具風格特點的對練形式——太極推手，以什麼方式進行競賽，才能使推手運動朝健康的方向發展，從而提高推手技藝的水準，以什麼樣的形象推向世界才能為國內外人民所接受，這確實是一個值得思考的問題。

從 1982 年開始，國家體委花費大量人力物力，多次舉行比賽試驗，不斷修改規則，力圖使推手運動能儘快成為一項競技項目，朝正確和健康的方向發展。但迄至今日，結果仍不能盡如人意！從 1982 年到現在，推手比賽試驗了十多年，時間不可謂不長，規則修改了若干次，思考不可謂不細，比賽的圈越放越大，運動員雙方活動的範圍不可謂不大。但是，隨之而出現繼「頂牛」之後的「摟抱摔跤」等等違背太極拳原理和技法的現象不可謂不多，這些現象至今不能避免，不能解決，這到底是什麼原因？如以現在這種樣子進行比賽，再以這種樣子推向世界，不僅國內的廣大武術同道有意見，就是國外的愛好者也難以接受，這種推手現狀和太極拳的高雅形象形成一個強烈的反差，對太極拳高深的技藝在人們心目中的形象也是一種損害、一種貶低，其結果不利於太極拳運動健康的發展。因此，把太極推手作為對抗實戰性質的競技比賽後所出現的這些意想不到的問題，到底是規則不完善的問題呢？還是太極推手這種形式本身就不宜作為對抗賽的方式進行？太極推手到底是太極拳的實戰對抗形式呢？還是一種體現太極拳技擊運用的練功方法？這兩個概念一定要搞清楚。

一、太極推手是體現太極拳技擊原理，體現太極拳技擊運用的練功手段

太極推手是體現太極拳技擊運用的二人對練方法，它在內容上包括了單推手、雙推手（定步）、活步推手、行步推手、大捋五種形式，在手法上以太極拳式中的攬雀尾式的（掤捋擠按）四手作為四正手，再參以（採挒肘靠）合為八法來進行練習，在對練中以太極拳鬆柔輕靈、虛實變化的特點，始終貫徹不丟不頂、沾粘綿隨的原則，來培養和訓練大腦的靈機和周身觸覺的感應，即所謂培養和訓練「聽勁」和「懂勁」的功夫。所謂「推手者求其懂勁也」。所謂「掤捋擠按須認真，上下相隨人難進」，「在不丟不頂中討消息」，以達到以靜制動，順勢借力的技擊要旨。所以太極推手這種練功方法，首先要求雙方都要有一定的太極拳基礎後方可練習，太極拳的動作能練得熟練正確，鬆柔沉穩，能作到上下相隨，虛實分明，也就是懂什麼叫「拳味」後，雙方對練搭手才能運用太極拳的原理來體察對方的勁路，相互聽勁、找勁、化勁、發勁，推起來才有味道。雙方功夫的深淺只要一搭手就能知道，並非一定要推出幾圈才分得出優劣。如果對方胡撥亂拉，又頂又撞，胡攪蠻纏，不依推手規矩，則無法在一起同練。現在把它作為一種對抗性的實戰方式來比賽，遇到這種頂牛、摟抱、摔跤的情況，對方所使用的手法已經超出了推手掤捋擠按採挒肘靠八法的練習範圍，所使用的已經不是推手的方法了，而比賽中的手法又規定

了這不准用，那不准用，當一方還想用推手的八法來解決不是八法所能解決的對方的亂來，對方已經不是推手了，而自己還在想著是在推手，這就是練太極拳多年的人往往臨場失敗，不能發揮推手技巧的原因。

推手只是太極拳的一種二人對練的練功方式，這從它包括的五種形式的推手就可以說明，它不是太極拳的實戰對抗形式。因為推手中的掤捋擠按採挒肘靠八法不能代表和包括太極拳中的所有技法，太極拳中的拳的各種用法，掌的各種用法，腿的各種用法，在推手中都未能表現出來，有的人研究了一輩子的推手都未能使用過一次搬攔捶，一次蹬腳，一次分腳和擺蓮腳，因為這些都是太極拳散手訓練時才可能表現出來。

太極拳的散手形式才是對抗實戰的形式，如果認為太極推手就是太極拳實戰對抗的形式，就可以應付一切，那麼拿散手來幹什麼？太極拳的套路中，除八法外的多種拳法、掌法和腿法不是都成了多餘的了，還有什麼作用呢？太極拳的功夫本身是一種武術，絕不僅局限於只能給本門派的功夫切磋，練好了，可以和任何拳種任何門派的武藝交流較技，當初楊露禪被武林界稱之為「神拳楊無敵」而譽滿海內時，我們只聽說是和其他門派比武，使用的方法是散手，而從未聽說他是和人用推手方法能解決問題的。其子班侯、健侯名滿京華，記載都是「善用散手，數折強梁」。

1929年在杭州舉行的全國大比武，當時代表太極拳上擂臺的就是我的老師李雅軒先生和師叔董英傑先生，他們都為太極拳爭得了榮譽而全國知名。聽老師講，他們當時都是以散手的形式取勝的，董英傑師叔當時連勝九場。只不過太極拳散手是靠經過五種形式的推手練功方法後，掌握的聽勁和懂勁的靈機，而使用出太極拳的勁道來行之於散手而已。現在把推手這種練功方式作為實戰對抗的形式來進行比賽，給人的第一種感覺，就是好像太極拳的功夫只能同練太極拳的人比試，不能給其他拳種的人比試；給人的第二種感覺，就是太極拳的較技形式只能是推手那種樣子，如要和其他拳種切磋，也必須要求其他拳種只能是用推手方式進行，否則就不能比試。

現舉一個簡單的例子來說明這是不現實和不可能的，假如是和一個練外家拳的切磋技藝，對方給你上面虛手一晃，下面一個掃腿，試問如何用推手的八法來破？是用掤捋擠按的手法呢？還是用採挒肘靠的手法？我看是一法都不對口。這個例子就說明了推手的技法不能代表和包括太極拳中所有的技法，它只是一種練功方式，而不是太極拳的實戰對抗的技擊形式，另外，八卦掌、形意拳也研究推手練習，那麼這種練習方式是八卦掌、形意拳的練功方式呢？還是也是它們的實戰對抗形式呢？

現在的推手比賽，規定了雙方必須搭手後左右先劃二圈來表示這是太極推手，二圈完後，雙方就可以不顧一切的又頂、又抱、又摔，使用的不是太極推手的技法，既不像相撲，又不像摔跤，不倫不類，形象既不雅觀，效果也極差，一點也體現不出太極拳的技法原理和太極拳那種高雅的氣韻。既然掤捋擠按的四手正當技法在這種比賽形式中發揮不出作用，而只是拿來作形式，而實質是頂牛抱摔，更說明了推手只是本門派的一種練功方法和手段。現在把一種有規矩可循而又富有靈活變化的練功方法作為對抗技擊、爭奪勝負的比賽，顯然是不適宜的。所以才導致了用於比賽後出現了那麼多一直不能解決、也無法解決的怪現象和矛盾，這絕不是修改規則就可以解決的事情，不然何至於這個項目一直試驗了十多年，規則越改問題越多，至今找不出解決問題的可行辦法呢？

二、既不雅觀又不實用，不利於太極拳技藝的發展

如前所述，現在比賽中出現的頂牛、摔跤、摟抱的現象使人看不出是在推手，而且給人在心目中的形象，與真正的推手形象已經大相逕庭，這種比賽形式，給人的印象不雅，而且從實質上說與太極拳沒有多大關係，也就是說不按照推手訓練的形式都無所謂。不練太極拳的，沒有練過推手的也可以培訓參加這種比賽，並取得好成績，這在以往的比賽中有的隊派出摔跤舉重的運動員，只要讓他們熟悉圈圈（因為作為圈圈，裡面也有技巧），稍加訓練，憑他們的力量和摔跤技法，在這種比賽的方式下，在圈圈中就可以戰勝多年練習太極拳的對手，取得好成績，這樣的例子不少。那麼，太極拳是不是沒有技擊作用呢？太極推手中的引進落空，順勢借力，四兩撥千斤是不是假的呢？答曰：非也！太極拳真正的功夫，絕不是僅限其在規定的圈中把對方推得動還是推不動的問題，太極拳的隨勢借力的發勁不外乎二種：一是借對方前來之力順勢引之，使來力落空而向前跌出，或是借對方後退之勢順勢擊之，使對方向後跌出，此所謂長勁可打遠；另一種則是借對方仗恃體重身粗，蹲樁支撐不動，用力抵抗時發短促冷快之短勁，借對方抵頂之力透進彼身傷及內臟，雖不見對方後退而內部已經受傷了，當初楊班侯則善用此勁，所謂「出手見紅」是也。所以練太極拳講究虛空，講究含化，不講究頂勁，使對方無從借力。

另外，現在在比賽中出現的「頂牛」、「摟抱」、「摔跤」等現象，一般在民間的切磋中都不會出現，因為第一，沒有出圈即負的概念，沒有這種概念，雙方就不會互頂。第二，摟抱摔跤的現象也少，因為一方亂其規矩，對方可隨時終止切

礎，或都是用散手擊之，無所謂犯規之說。所以吾師李雅軒先生曾說過：「真正太極拳之推手，是照掤捋擠按認真去做，講不丟不頂，出手是虛靈的，接觸是綿軟的，若掤捋擠按四手不清，動作不虛靈，手掌挺硬，是外家之功夫也。」又說：「不講沾粘之外功，推手不可與其同練也，否則有損無益。如其強迫推手，意在顯弄本領時，我當以虛靈之手法對付之，如其不以規矩，胡拉亂撞時，我當以散手打之，不可陪他瞎鬧也。」所以，現在比賽中出現的「頂牛」、「摟抱」、「摔跤」等現象，既給人一種不雅的觀感，而且在技擊中也不實用。所以，我建議國家體委應該立即停止現行的推手競賽這種形式，以免給愛好推手運動的人以誤導。

三、太極拳推手以什麼型式為宜

太極拳發展到今天，形成了陳、楊、孫、武、吳幾大流派，每一流派都本著太極拳原理，在拳架和推手上形成了各自的特點和風格，各自都有一套訓練方法，推手的方式也不盡相同，但是各自演練起來，都能體現沾粘綿隨，不丟不頂，引進落空，順勢借力的太極推手技擊要旨。除定步推手外，活步、行步、大捋推手不僅訓練了太極拳的沾粘功夫，而且還訓練了身勢的活潑、步法的輕快，為太極拳散手訓練打下了良好的基礎，如果推手不是以對抗實戰的形式出現，而是以對練表演的形式出現，那麼太極推手中定步、活步、行步、大捋等五種形式的豐富的內容，都會以運動員雙方掌握太極拳功夫的程度、掌握推手技術的程度，淋漓盡致地表現出來。又由於推手不同於一般對練套路的固定招式，雙方在對練中可以相互聽勁找勁，可以「因敵變化示神奇」，所以這樣的對練表演形式又具有很大的變化和靈活性，這樣的表演形式既不違背太極拳的原理，也體現出推手的技擊特點，又與太極拳比賽時高雅的格調相吻合，同時也借此提高了太極技藝的水準，並且也給人以美的藝術享受。我想，這樣人們是樂於接受的，推手走向世界，前途也是光明的。

以上是我個人出於對當前推手運動發展的關心，提出了一點看法，認識很膚淺，希望借此作引玉之磚，能聆聽到同志們對推手的高見。

推手懂勁難

推手者，求其懂勁也，然懂勁這步功夫最難找到，故不能懂勁，何來找勁？不知如何找勁，故與人不是鬥力就是胡攪蠻纏瞎撥亂抗，哪裡還有一點趣味可言！然現在這種推手鋪天蓋地皆是，真正懂得推手的人是越來越少，故太極拳的真諦恐怕是要失傳了，念之使人愴然！太極拳本是內家拳，有高深的作用和健身價值，但如何正確的掌握它卻是需要有真正的太極拳老師所傳授，使之真正成為太極拳，而不是名存實亡的太極操。先師曾說練太極拳要有福氣，要和老師有緣才不會入寶山而空回，才不會和明師失之交臂，所以要時刻珍惜它，勿使錯過。

2003 年 10 月

陳龍驤老師與師母李敏弟推手

淺談太極拳鬆柔的練功方法對推手的作用

我從小隨先師李雅軒習太極拳，後來長大了，看見很多師兄弟們在先師指導下練習推手，不管他們體壯體弱、個高個矮，但在先師手上總是東倒西歪，好像揉麵人一樣。先師高興時略一放手，他們則如彈丸一樣飛出，有的連退七八步才穩住，有的則彈出丈外仰面跌倒，只聽他們說「唉呀！老師的手鬆沉得太好了，我們不知怎的就出去了，而且推後感覺很舒服。」於是我對推手產生了興趣。

後來我也跟著老師學推手，同時也時常和師兄弟們一起練，那時總想多學一些技法，多掌握一些招式。但是老師每次教完後都強調的不是每手每式的技法，而反復告誡的是一切都要在拳上找，並且說「鬆軟是太極拳的寶貝」，我的那些師兄們大都練了很多年的拳，但是老師總是說他們還不鬆軟，還鬆得不夠，我和他們推手時也感覺到有的師兄有鬆沉之味，有輕靈之意，有圓活之趣；有的則又撥又拉，手臂僵硬，反應不靈，推起來不舒服。究其原因，從他們拳架上可看出，前者有大鬆大軟的味道，後者則半鬆半軟，或者不鬆軟，身勢沒有完全鬆開，或者沒有鬆開，所以回饋到推手中就出現了以上兩種情形。

鬆柔入手

太極拳鬆柔入手的練功方法，是蓄神、養氣、練神、練意、練氣，培養智慧，培養靈機之必需，太極拳推手致用時若無練就這種虛無的氣勢，神明之感應的靈慧，推手時的聽勁懂勁就無從談起，更不要說千變萬化應付不測之來手，從而達到人不知我、我獨知人，英雄所向無敵的上乘境界了。

太極拳從鬆柔入手的練法應該是怎樣的情形呢？老師曾說：「未經出勢，先將腦筋靜下來，摒除雜念，身心放鬆，去掉拘束，如這樣子才能恢復人在未被事物纏繞之前的自然穩靜及天生具有的靈感，穩靜之後而後出動，並要在動時仍保持其穩靜，不可因動將身心的穩靜分散了，這是需要注意的。」同時練時先鬆心後鬆身，鬆心則氣自然下沉丹田，鬆身則四肢百骸無處不鬆，柔若百折若無骨，兩臂鬆如繩兒吊墜兩肩一樣有沉甸甸、重砣砣，鬆沉自墜的感覺，毫無拘束之力；頭腦保持異常的靈醒，兩手兩臂運行時如抽絲掛線，能感覺出空氣的阻力，這樣才能培養出寸草不沾、一羽不能加、蠅蟲不能落的聽勁感應；同時這種大鬆大軟的鬆柔練法又不是軟塌塌的，不是鬆鬆懈懈的，不是軟如稀泥好像提都提不起來，它是有內氣的鼓蕩，神氣的莊嚴，感覺非常渾厚飽滿的，因而具有強大而靈敏的柔彈力。觀李雅軒先師的拳照神氣莊重、不怒而威，通體空靈鬆透，氣魄雄偉，使人有神威不可逼視之感，這正是他對大鬆大軟練法的真知灼見而體現出太極大家功夫的風範。如此練法氣血貫通，內勁日增，兩臂鬆沉如棉裹鐵，發出之勁力如強弩直透重鎧，入裡透內，使人驚心動魄，有如萬丈懸崖失腳，生死頃刻致命之感。先師曾打譬喻說：「鬆軟著練功，能短時間聚周身的力量於一點，發出去的勁冷彈脆快，威力非常大，能動人心魄。」他說：「你們見築路工人捶石頭，鵝卵石是非常堅硬的，但擊碎它用的鐵錘把都是楠竹做的，不用硬木頭，楠竹韌性很好很柔彈，拿它作鐵錘顫悠悠的，但揮臂一擊，啪的一聲，鵝卵石就碎成幾塊，費力不多，力量卻很大，原因就是楠竹是柔韌的性質。硬木把的鐵錘擊石，費力很大，硬碰硬，有時手都震麻了，還把鵝卵石擊不碎，道理就在這裡，」又說：「鬆軟著練功，能使下盤穩固，氣意下沉，兩腿兩腳踩在地上如釘釘木，上身隨屈就伸，下盤如不倒翁，非常穩固；這就有如一團和透了的黃泥巴啪的一聲甩在水磨石地面上與地緊貼，你用手摳都摳不起來，這就是它柔透了的原因。同樣的，如果是一塊硬的石頭甩在地上，只要輕輕一刨，它就移動了，因為它是硬的，沒有彈性，沒有和地下生根。」這些比喻深入淺出，非常精闢。

穩靜鬆軟練功，成就五種功夫

李雅軒先師諄諄告誡我輩要堅信大鬆大軟的練法，並總結出穩靜鬆軟著練功，可以成就五種功夫：

1. 穩靜鬆軟著練拳，可以長靈機，練就蠅蟲不能落、寸草不能沾的聽勁功夫。
2. 鬆軟著練拳可以練成一身柔軟，百折若無骨，無論對方如何來，我都能毫不抵抗地隨機應變地給走化過去，乾乾淨淨地將其化掉，決不拖泥帶水。
3. 鬆軟著練拳可以使腳下鬆沉穩固，腰腿上有彈性的力量，無論對方用多大的勁沖來，我可以柔動之力給其化掉，我的兩腳是有根的，決不會被其衝動。

4. 鬆軟著練拳，可以有丹田的沉著之勁，在任何形勢之下，我的氣意始終是沉著的，絕不會使氣意浮起。
5. 鬆軟沉著練功，可以使膽力充實，無論在任何情況下，我的心膽是堅強有力的，無論對方有多麼兇惡，我總有辦法將其降伏的，因我有沉著之心勁，有冷狠快準、入裡透內之心勁，一定可以將其打服，將其摧毀，先師又說：「如真的沉下心氣練功夫，其身勢就特別的莊嚴偉大，其五官面目就顯見一種非常莊嚴的氣派，正大的神氣，有令人感到神聖不可侵犯之感。此所以自古以來練武人士多有忠直俠義之風也。」

對太極拳鬆柔的練功方法認識的深淺與實踐的深淺，決定了推手功夫的品質高低，先輩們堅信鬆柔的練法，堅信「極柔軟，然後極堅剛」的至理名言，成就了一批太極拳技擊家，他們教學生沒有長篇大論的說教，只以一個「鬆」字貫徹始終並口傳面授，身體力行，以身示範。先師曾說：過去曾有人問楊澄甫曰：「未見您用多大勁，何以將人打出去那麼遠，打地那麼脆呢？」楊澄甫答曰：「我是鬆著勁打的云云」；又有人問楊少侯先生曰：「您發勁是看著很鬆軟的，如這樣子鬆軟還能有力嗎？」少侯先生答曰：「就是因為鬆著勁，軟軟的，打出勁去才大得很咧」，先師又說：「過去與楊澄甫老師推手，有一種很特殊的感覺，只要一搭上了手，我便感覺沒有辦法，身上各部都不得勁了，楊老師雖是鬆軟的向我臂上一沾，不知怎的，便覺得各部分都被其吸住了，如同對我撒下了天羅地網一樣，我無論如何動總是走不開，無論如何動都是對我不利，楊老師之手雖是輕輕的往身上一放，我便感覺到這一手來得非常嚴重，使我動也不行，不動也不行，用大力不行，用小力也不行，快動不行，慢動也不行，用剛勁不行，用柔勁不行，無論如何動，總是不行，如同與高手弈棋一樣，對方一下子，我就沒辦法。楊老師雖是很穩靜的神氣，但不知怎的，我就覺得提心吊膽，驚心動魄，有如臨萬丈懸崖，將要失腳之感，又如笨漢下水，氣結填胸之感，自己似草紮人一樣，有隨時被其打穿打透之感，有自己的性命自己不能保障之感，但楊老師的確是並未緊張，也並未用力，只是穩穩的一起一落，一虛一實的跟隨而已，然我就捕風捉影，東倒西歪，如立在水上，自己之倒與不倒操之於人，自己不能作主，以上這些情形究竟是怎麼一回事？直到現在我還不明白，如楊老師的高深功夫，我一生未見第二個人有……又說掤捋擠按，採挒肘靠，進退顧盼定十三勢，須認真作到，沾黏綿隨不丟不頂，更須切實研究，細細琢摩，長進當很快，否則拳意不來，白費功夫。」以上前輩所說的話和在太極拳推手上達到的高深造詣，說明太極拳從鬆柔入手，大鬆大軟的練法對推手的成就至關重要，這是千真萬確，定而不移之理，所以我們要堅信「一切都在拳上找」，「鬆軟是太極拳的寶貝」的至理名言。把太極拳鬆柔的練法貫徹到推手中去實踐，如此太極拳可以成矣，推手可以成矣！

2006 年 5 月

推手之感悟

在我跟著先師學拳的時候，我前面有很多師兄，他們跟著老師都先學了很多年，年齡也比我大得多，他們推手的水準也高低不齊，但給我的感覺是：有的師兄手很鬆沉，推手後有舒服感，感到對我的推手水準的提高有好處，就像老師說的「某某有點我的味……」有的則很強硬，嗑嗑碰碰的又撥又拉，一句話——推得不舒服，不願意和他推，覺得和他推手，自己的手都搞硬了。老師對我說：「你以後可和誰推，不和誰推」，又說：「他們功夫比你大，和某某推不會把手推壞，和某某推，他的手硬，會影響你，把手推硬了以後改都改不過來……」。當時，我甚感奇怪，為何都是打這套拳，都是老師教的，何至於一個手鬆柔，一個手挺硬，而老師也是說他們沒能鬆下來，沒有鬆透。當時年紀輕，對老師的話也沒有去細細感悟，直到老師臨終時，只是說一切都在拳上找，鬆軟是太極拳的寶貝。但當時未必全以為然，想的是怎樣能多掌握一些推手的技法，認為拳只要天天練就行了，老師的話也未引起足夠的重視。

後來老師去世了，自己也開始教學生，一晃又是幾十年過去了，我的學生也是一大批，程度也是參差不齊，學拳的時間也是有長有短。我也是那樣教他們，他們也每天在練拳，在練推手，但推手也是有的有味，有的沒味，有的鬆沉，有的挺硬，有的幾年就練出鬆沉的感應，有的練了幾十年，推手仍然是硬梆梆的，沒有圓活之趣，此事引起我的思考，其原因安在哉？忽憶起先師臨終之言：「一切都在拳上找，鬆軟是太極拳的寶貝。」才恍然大悟癥結所在，深信先師言之不誤也。

學拳之初，學推手之初，如果不能堅信大鬆大軟、鬆淨、鬆透的練法，腦子裡始終有用力使勁的意識，則鬆沉之勁則不能逐漸而成！這種意識使勁道半鬆不鬆，硬柔混雜，其如煮飯，火力不透則米不熟，俗謂煮成夾生飯，其後怎麼煮總不熟，總不好吃。特別是初學推手時，多不敢完全放開、完全鬆開，因放開以後怕挨打，所以自然有一種一接觸之後即頂抗，以求保護自己的本能反映。由於這種思想，久而久之，在兩手兩臂骨質肌肉之間，形成一種強勁的胚胎。這種胚胎一旦形成，就如夾生飯一樣很難軟化，所以即便練拳多年，由於這種強勁作怪，出手也是硬梆梆的，缺乏柔韌和靈感。其實，在太極拳老論中就說得很清楚，要在不丟不頂之中去討消息。怎樣才能不丟不頂？就必須在完全鬆透之後，才能練就此靈敏的感應。討什麼消息？就是有此不丟不頂的靈覺聽勁後，才能上下相隨人難進，才能引進落空合即出。才能由開始鬆開容易挨打，到逐漸使對方想打也打不到，如捕風捉影，英雄無用武之地，既保護了自己，又打擊了敵人。如初練時即堅信此理，又在明師的指導下身體力行，真正在不丟不頂之中去體會大鬆大軟，在不丟不頂之中去鬆透，去掉周身拘滯之力，在兩手兩臂的骨質和骨肉之間去增強鬆柔的韌勁，逐漸去掉骨質中的強勁。推手時柔化走勁，臂不自動而完全以腰脊領動，力由脊發而勁起腳跟，如此久而久之，才能生出真正之內勁，兩臂才能鬆軟如綿，而又似如棉裹鐵，既重且沉；其發勁則能放長擊遠，冷彈脆快，入裡透內；人不知我，我獨知人，發揮出動人心魄之威力。而且與人推手，給對方以舒服之感，且又有圓活之趣。曾憶先師教我時，每推一次手後，感到兩臂氣血通暢，其沉甸甸、重砣砣的鬆沉自墜的感覺要保持一個星期，此時練拳則感拳意上手舒服之極。老師的這種功夫就是他大鬆大軟練法的體現，我輩當好好體會之。

推手當怎樣練，練好後當是怎樣的感應？這也是學者很關心，很想弄明白的事情。其實在太極拳打手歌中就說得很清楚，打手歌曰：「掤捋擠按須認真，上下相隨人難進，任他巨力來打吾，牽動四兩撥千斤，引進落空合即出，粘黏綿隨不丟頂」。先師生前也一再強調說：「練太極推手要按規矩去做，對於掤捋擠按切實做好，務要粘黏綿隨不丟不頂，以打下基礎；然後再學行步推手、大捋推手以至散手等等逐步深入，逐步提高。譬如寫字，先學楷書，如何下筆，如何住筆，如何出筆，橫平豎直。有了筆力基礎，然後學行書，行書學好，再學草書。如此作書，雖快而法不亂，否則草出來的字，就會令人認識不清楚，學太極拳亦然。」

如何練習推手，先賢反復強調的就是要按規矩，要掤捋擠按須認真，練好後以何標準為是，則是要「引進落空合即出，粘黏綿隨不丟頂」。打手歌的首句和末句做到了就是真正的太極拳推手，做到了，推手就成功了，然而當前很多練推手者都不是按此規矩練習，根本沒有掤捋擠按須認真的概念，而是雙方兩手兩臂胡絞蠻纏，四手不清，再加之前幾年有所謂的推手比賽項目，為爭勝負，為這種違背太極拳原理的所謂推手推波助瀾搭建了平臺，然後繼之以頂牛，再加之以摔跤，文不文，武不武，弄得面目全非，既不實用，又不雅觀，毫無圓活之趣之可言，更不知拳論中所謂「在不丟不頂中討消息」為何物。長此以往，真太極拳推手恐怕將要失傳了。

人們常說學拳容易改拳難，意思是說初學拳時，如不經明師指點糾正，自己自以為是，最後形成一些壞毛病、壞習慣則很不容易改正，要想改好，比重新學的人還困難。今推手亦然，如不在初學推手時即端正思想，完全去掉強勁，丟掉面子觀，丟掉勝負觀，認認真真按規矩去做，掤捋擠按四手清楚，粘黏綿隨切實研究，把大鬆大軟的練法融會到推手中去體驗，在不丟不頂之中去找感應，找靈機，要想學好推手，可謂難上加難。

在以前老師在世的時候，由於有老師把關，有老師督促，有老師釋疑，那時不管是學拳也好，學推手也好，學的程度只是深淺問題；而現在真正的明師越來越少，再加之以利益的驅動，以假亂真，沉渣泛起，學者不辨真假，無所適從，已經是一個方向問題了！故我要提醒學者，學拳一定要找明師，學推手一定要找明師。學拳容易改拳難，學推手容易改推手難，學者當千萬注意，慎之！慎之！不然則枉費功夫貽歎息矣！

2006 年 6 月於成都

從學推手要聽老師的話
不可去與人亂推談起

在我學推手的時候，每次老師教過後總要加上一句話：「好好去練，好好去想，不要去和人亂推，特別是那些手硬的人，更不能和他們推。」當時雖然口頭上答應的好，實際上總想去找人試驗，同時背地裡還去舉重、拉單槓，做一些有力量的運動，以為有了力量，功夫就上去了，殊不知老師好像有雙眼睛盯著似的，什麼事都瞞不過他，每次去看他時，我一打拳，一推手，他就會沉下臉來問：「你這一晌做了什麼硬的運動了，拳硬梆梆的，一點味沒有，推手也是硬梆梆的，兩臂像棍子一樣，一點柔彈味沒有。」這時候我只能老老實實的交待，他聽後說，太極拳平時一心想鬆軟尚不能夠徹底，如還要去練硬東西，那如何才能鬆軟下來！如有這種思想，一輩子也練不好太極拳！並說自己當年也和我有一樣的思想，背著楊老師暗地裡去打沙包、練硬勁，以為可以長功夫，誰知練後一打拳，兩手兩臂氣機阻滯，心裡發慌難受，恨不得在自己臂上咬兩口，後來告訴了楊老師，楊老師叫他放棄這種練法，練拳時慢慢去養鬆軟的靈覺，過了好久，才感到緩過勁來，兩臂才有鬆沉的感覺，拳味才上手了。老師又說楊老師在杭州國術館時，把那些練硬的器械都取消了，說影響練太極拳。

推手也一樣，在學推手時如去和硬手推，非但不能進步，反倒受其影響，把自己的好的東西也丟掉了。

記得老師曾說過這樣一件事，我師兄栗子宜也是跟隨老師多年，後在成都市體委任專職太極拳教練。1959 年他代表四川到鄭州參加全國武術比賽，得了一個第二名，回來後向老師彙報，老師很高興，當下就教他推手，誰知剛一搭手沒有幾下，老師突然把手放下，沉下臉來，很嚴肅地問：「你這次到鄭州和誰推手了？」栗子宜遲疑了一下說沒有和誰推，老師厲聲言道：「一定和人推了，說老實話！」栗子宜見老師生氣了，只得說：「我到鄭州後見到某某，他叫我和他推推手，要教教我。」老師說：「你才說沒有人和人推過，果然和人推了，他是如何教你的？」栗子宜說：「他教我這樣抵住對方……」邊說邊做當時推手的樣子，老師說：「你看看，你看看，我好不容易才培養了你手上這點味，這一下子全丟了，現在又只能重新來。」事後我問老師：「您和某某推過手嗎？」老師笑道：「我怎麼會和他推手，他才學多久！」我又問楊太師父在世時，某某學了多久呢？老師微一沉吟說一年多。

此事過去幾十年了，回想起來，當時情景就在目前，我跟隨老師近二十年，一直按照老師教導去練拳、去推手，老師叫我和誰推就和誰推，不叫和誰推就不和誰推，故老師在世時說我打拳有他的樣子，推手有他的味。幾十年我也按老師的教導去教學生，聽老師的話練拳就進步，聽老師的話推手就進步，道理就如此簡單。

2010 年 4 月 29 日上午

談推手

昨晚一學生來我教他推手，他悟性不錯，能刻苦，手上較鬆軟，但由於學拳未久，尚欠功力，我教他四正手一定要按規矩去做，在粘黏綿隨、不丟不頂中去下功夫。和對方推手時，對方擠來，要空胸含化，但兩手不能丟，右腕得銜其腕部以聽其勁，以觀其變，不能用手去撥，更不能以兩手抵住不讓其進，我只是輕輕掛著他，不露用勁的痕跡，此時如對方見我空胸後坐，以為是個機會，陡然用擠勁打來，誰知我有虛無之氣勢感應，即可以迅急以採勁破之，對方被採必跌出無疑。所以對方擠來，向後含化時，兩手一定要有作為，要有變動之機，不然空胸後坐含化就給人露出破綻，就會被對方用擠勁打出去，如兩手知道如何用，空胸後坐含化就給對方設一陷阱，此所謂引進落空。所以推手時兩臂兩手一定要鬆，鬆透了才能運用靈機，才能有驚彈之勁，對方才有驚心動魄的感覺。

2011 年 6 月 16 日悟

幾跟幾隨

今天學生們在家聚會，我教大家推手。我告訴他們說，你們太老師在他的練拳隨筆中寫到：「在未曾與對方接觸以前，先持以虛無的氣勢，在沾上手之後，我以虛無的手法跟之隨之，在幾跟幾隨之中，我之身勢就早已吃進彼身，機會送上手來，在此時我以神經一動，丹田氣鼓就會如觸電樣將其打出……」

我感到這個「幾跟幾隨」的「隨」字很重要，特別要在這個「隨」字上下功夫，推手時要不丟不頂，要粘黏，只有能「隨」才能作到不丟不頂，才能作到粘黏，隨就是要捨己從人，是懂勁的重要手段，不管是擠按或是走化都得隨著對方而去，在隨中聽對方勁、懂對方勁，從而掌握對方的勁，在隨中使對方攻擊無效，我化之於無形，在隨中使對方化不開，我隨勢使對方跌出，所以在練習推手時，不管是用擠按或是掤捋化都不能自動、妄動、冒失動，都得聽準對方之勁而隨之而動，能隨才能學會聽勁，能隨才能懂勁，所以一定要在「隨」之下切切用功才行。

2012 年 2 月 11 日悟

推手在鬆軟上找

昨天我和智勇、躍如、董傑等推手，我的手放得很鬆，只是鬆鬆的沉沉的放在他們的胳膊上，他們就感覺化不掉我的手，一遇他們丟頂，我稍一鬆勁，他們就東倒西歪，身體不能自持。我告訴他們：你們只看我的手去是很鬆的，好像一點力未用，但我手上是佈滿了靈機的，你們的手稍一來，我就知道你的勁了，你的來力全在我的掌控之中，你一遇到化不掉我的手，就要頂抗，以保持自己重心的穩當，但一頂抗，手就硬了，硬了就失掉靈性，一頂抗則氣意上浮，氣意上浮則腳跟不穩，所以我一發勁，你們就出去了。我又告訴他們，發勁也不能只用兩個胳膊的勁往前攧，而要用身體整個的勁，兩臂也要鬆，要勁起腳跟，用身體整個的勁往前湧，所謂「打人如親嘴，手到身要湧」也，如此放勁才能脆快，如驚濤拍岸，使人驚心動魄。平時練拳推手要多在鬆軟上找，多在培養靈性上找，多在培養靈性上下功夫才行。

2012 年 2 月 18 日悟

推手之手上功夫

今天教智勇、躍如、羅波、徐昆等推手，完全以輕妙之手法跟之隨之，他們一點都走化不了，東倒西歪，不能自主，這種推法他們現在仍學不會，因為他們聽勁懂勁的功夫還不夠，手上仍有硬勁，遇手來頂抗的時候還多，手上虛靈不起來，故感應不靈。何時才有這種輕靈的聽勁功夫，這就要看他們的悟性了。

這些年來，小銀、智勇的手上還有點鬆沉的味道，其他人尚淺，仍需加倍努力才行。

這主要靠自己的悟性，開悟了自能逐漸領會，不開悟，一輩子難成，可見太極拳成功之難也。記得先師在世之日，大概是 1973 年冬天的一個晚上，他到我家裡來教我推手，他用非常輕妙的手法帶著我走化，我也好像突然領悟到一點什麼東西一樣，也隨之而去，一點不自作主張的跟之隨之……事後老師說今天你跟著走的味道很好，你是如何領悟到的，以後要這樣練下去，功夫就長進了。自此以後，我開始領悟到輕靈虛妙的手該是如何去了。所以我感到本老師的樣子打拳，本老師的教導練功，就一定不會走錯路的。

2012 年 2 月 25 日晚悟

說「掤挑」

今天教張正強推手，他掤我的手時完全是用兩臂上的力，感覺他手硬，叫他放鬆了掤，他就軟塌塌的，說掤挑不起，問我該怎樣掤才對？我告訴他說，我們練拳時身心要完全放鬆後，用心意之勁，以腰脊之力將兩臂掤挑起來而動，有沉甸甸、重砣砣的感覺，而推手時亦要兩臂鬆軟，沉甸甸、重砣砣的手臂去掤挑，掤挑時要將肩塌下去，然後勁起腳跟，以腰脊之力，心意之勁去掤挑，如此掤挑才有柔彈性，才有拳味。而且如此掤挑，氣意就能下沉，腳下也才穩固，如果只是以兩臂之力抬肩硬性掤挑，不是勁由腳跟起則氣意上浮，很容易被人借勢發出，切記切記。

只是正強學拳時間尚短，我講的話他還不能完全理解，我說這得慢慢去感悟，只要思想意識對了，慢慢就會理解的。

2012 年 3 月 3 日星期六下午推手時說的話

說「意在先」

今天和智勇談推手，我說要多想老論中說的「彼不動，己不動；彼微動，我先動」，「我意在先……」要多思悟這幾句話，很重要，這個「意在先」就是機變，就是靈性，所以練推手時，每手每勢都不能隨便，每手每勢都要認真，都要充滿靈機，這就是訓練聽勁，就是訓練懂勁，能意在先了，就是聽對方的勁在先，懂對方的勁在先，處處占著先機，所以老論才又說「人不知我，我獨知人，英雄所向無敵，蓋皆由此而及也」。

2012 年 3 月 17 日晚寫

推手發勁當因人而異

董傑這個娃娃很刻苦，以前教他推手的時候，他腳下一點根沒有，稍一去勁，他就咚咚咚地向後退，好打得很。他人矮小墩實，我教他要多在下沉上用功，這幾年摸著了一點味，你一發他，他就向下沉，由於他矮，又墩實，一般人就是找著勁了，還不好把他打出去。

昨晚來家裡，我和他推手，我發勁時不往下打，而是找著勁後向上掀起打，一打一個準，勁往上找，使他勁意上浮，腳下就不穩了，對付他這種身形的人就要用這種打法。所以先師在他的隨筆中說發勁的方法，有的向上掀打者，就是針對董傑這種矮小篤實的人說的。所以我感到太極拳的各種發勁都要因人而異，對症下藥才行。

2012 年 4 月 26 下午 5 點悟

偶感太極拳首在養靈
兼憶比手二事

今日重溫先師雅軒公寫的太極拳隨筆，讀至第三百二十五頁「說打鬥靠虛靈」那一段，頗有感觸。先師云：「比鬥全在比靈機，誰的靈機充實，誰就勝」又云：「（打鬥）全在順事應變，一剎那之間，靈機一動成功，這全是憑靈機。動早了不行，動晚了不行，要來得恰當其時。如此說來，靈機是人身之寶貝。故在練太極拳功夫，主要是在養靈。如靈機充足了，功夫就是長進了；如虛靈不夠，天大的功夫也不行。故太極拳功夫每練時，未從出勢，就要先靜下心來，穩著性情而後出動；在動時始終是保持穩靜，不要動得把穩靜打散。」這段話是先師西元 1972 年十二月十三日寫的日記心得。

回想我從八歲即隨先師習太極拳，至青年時已是習拳十多年了，每日按師的教導，鬆靜著練功，加之很能刻苦，勤學不輟。老師每在教推手之同時，又教之以散手。我那時由於身高腿長，步法輕快，頗得先師垂愛，至今雖已六十七歲，尚能做劈叉，壓腿仍能頭碰腳尖，這都是年輕時聽老師的話，練基本功扎實。而手腳的快捷、臨敵應變、反應靈敏，又全憑穩靜著練功所養出的靈機所致。

回想我在 1968 年間某一天晚上，在廠內馬路上和習長拳的周某比手之事，則足以證明先師所云「比鬥全在比靈機……和全在臨事應變，一剎那之間，靈機一動成功……」的話是所言不虛、千真萬確之理。先說和周某比手之事。此人習長拳多年，人長得很敦實。當時在文革中武鬥之風盛行，周某自恃他孔武有力，見我人比他瘦，又練的是軟綿綿的太極拳，言談中頗有不相信太極拳能技擊的意思，頗有輕慢之意。那天晚上又恰好我二人都在廠內馬路上各自練拳，他主動提出和我切磋一下。我當時也是一時技癢，心想老師平時教我散手，正好印證一下，於是欣然同意作友誼之試。我以手揮琵琶式作起手，和他走了幾個來回，他拳腳並用，向我連連進攻，手腳也較快狠，但我以虛靈的手法和他周旋，他幾次進攻都被我化解。在忽進忽退時，我陡然進身，以斜飛式右臂右手向其面部一揚，本欲想他必然防上，用上臂上架，其肋部必虛，我將用指上打下之法擊其肋部，誰知他自恃力大勁猛，卻以右臂掄拳向我虛晃之右臂掄劈下來。就在這說時遲那時快的一剎那間，我右臂隨其掄劈之勢劃了一個圓圈，隨勢以右手背上起，啪的一聲，加上他掄劈的力量，重重地擊中他的右腮部。他頓時大叫一聲：「不能打了，我挨不起了！」事後他說：「太極拳太厲害了，我當時只覺頭部嗡嗡作響，有要暈過去的感覺！」，又說：「我今天一下都沒碰著你，我覺得就是拿著刀都沒有用」。事後我想，我用的這一手就是老師平時教的「提手上勢」，但當時想都沒有想，只因平素練拳，鬆柔穩靜地練功，有了靈性，在臨事時就不知不覺用上了。記得我把比手的事在週末回家後告訴了老師，老師當時非常高興，說：「很好，太極拳首在養靈。有了靈性才能隨機應變，所謂法無定法，沒有靈性，會再多的手法都沒有用」。

另一次也是在文革中，大概在 1970 年前後，那時我在工廠當銑工，上了夜班第二天早上回到城裡，我先到體育場去練拳，碰到我母親和張劍也在那裡練，同時還有其他十餘人。張劍見我來了，過來對我說：「陳師兄，你一會去和對面站的那人推推手。那人說他是專門來找人推手的」。我說「我和他不認識，怎能貿然去和他推手？」說著我自己就去練拳去了。那人一直等我練完拳，我聽他對張劍說：他是練長拳的，不練太極拳，但專門和人推手。他見我練完，就向我走來，嘴裡重複著剛才說的話。我說「你既然不打太極拳，怎會推手？」他見我問他，就說「我只會推手」，邊說邊把手伸出來說：「你說是單推還是雙推？」說話的神氣很傲慢，我一聽，心裡一股氣就升上來，我想這明明是來挑釁的。我把臉一沉說：「隨你的便！」我和他一搭上手，他的手又硬又重、又頂又撞，哪裡有掤捋擠按、粘黏綿隨之可言？我即以迅即變化之手法，連連將他發出，最後一次用長勁將他發出很遠。我當時以為算是結束了，我隨便站在那裡，兩臂交叉於胸前。誰知此時他鐵青著臉向我走過來，說「我是來不及還手。」我正要說「你為什麼不還？」他忽然以右手在我面部一晃，說「我如果還手……」此話尚未說完，忽然下面一個掃蹚腿，想趁我沒有防備把我掃倒。我當時兩手尚交叉抱於胸前，根本無時間細想。我本能的右腿一抬，讓過他的掃蹚腿，同時飛起右腳，一腳踢中他的腹部。此腿來得迅疾，力量很重，把他踢出十米開外，他捂著肚子蹲在地上半天站不起來。我也勃然變色，說「你搞偷襲太不像話，不服你再上來。」說著我亮開架勢，準備和他再幹。張劍見狀忙上來說：「算了！算了！」並對那人說：「你知道他練了多少年嗎？」事後我去老師那裡告訴老師早上發生的事，老師說「打得好，對這種人就該教訓！」，又說「比手要迅雷不及掩耳，出手就變，變中有變。太極拳光靠文明的推手不能降服野蠻漢也。」那一天老師又教我很多東西。

時隔幾十年過去了，現重溫先師的精論，倍覺親切，勾起了我塵封多年的記憶，愈覺老師精論裡說的每句話都是至理名言，只有每日每時不忘先師的教導，在太極拳中去感悟，去體驗，才會不斷加深對老師精論的理解，功夫才能不斷進步。

2014 年 6 月 15 日悟

四

太極拳論談

傳統太極拳的尷尬處境和傳承的憂慮

今年 4 月我在自貢參加四川省太極拳錦標賽任仲裁，和某老師坐在一起，她亦是此次大會的仲裁，比我大幾歲，是成都體院武術系資深的副教授，1960 年我們一起在自貢參加四川省武術比賽，當時我代表成都隊打太極拳，她是代表體院打當時的國家規定套路甲組拳。閒談中談及傳統武術和太極拳，我問她：「你們體院對傳統武術的研究和瞭解到底有多少？」因為她已經退休，七十多歲了，她帶的學生都已是武術系的教授，而且也在帶研究生，今年也快退休了。這幾十年傳統武術由不重視到現在開始重視，可以說已跨越兩代人的時間。她回答我說，不瞭解，因為教材中沒有，不需要。她的回答使我很吃驚，使我明白了為什麼傳統武術在發展中至今舉步維艱，至今不被認可，為什麼會出現院校派和民間派的分別，為什麼在比賽場上只要國家規定套路和民間傳統套路同台競技，坐在裁判席上的院校派裁判，打出的分值就會偏向習練規定套路的運動員。一句話，院校系統的裁判他們不瞭解傳統，或所知也只是表面，對傳統武術深邃的內涵和各流派的風格特點既不瞭解，也看不來，所以在評判時，憑他們的感覺，隨意打分，所以出現的偏差、名次的顛倒就一點也不奇怪了。可惜的是這些運動員辛辛苦苦的準備，民間老師在教時一招一式的說用法、講味道的心血就在這些不懂傳統武術的裁判面前付諸東流了，特別是太極拳的評判更是如此……不管是教規定套路的老師和參加評判的裁判，他們都是多年習練外家拳功底，用外家拳的身形來練太極拳的套路，可以說千篇一律的是帶長拳味的太極拳。全國的體育院校武術系的老師，幾乎沒有太極拳的傳人擔任教授，所以由長拳功底很深的老師來傳授太極拳，必然不管是他本人或是他們培養出的大批學生和運動員，都是一個味，即規定套路的味。真正的傳統太極拳的味，在他們那裡體現不出來，而在他們看來反倒不正確了，他們也看不慣。他們當裁判時用他們練長拳的身型、長拳的腰腿、長拳的習慣來衡量太極拳的好壞，實際上是大錯特錯的。他們所處的環境，他們所接觸的太極拳理念，都是一些外表，好像他們一練傳統太極拳的套路就是會傳統太極拳了，這就好像港澳地區推廣的普通話，就是他們那個發音的味，真正標準的普通話在港澳地區反倒不正確了。又好像他們已看慣了、習慣了唐國強演的毛澤東形象，已經誤認唐國強就是毛澤東，一旦真的毛澤東站在他面前讓他們辨別，他們反倒說真的是假的了，就是這個道理。

京劇和武術太極拳都是國粹，但京劇從解放後一開始，各大京劇院的教師本身就是各流派的傳人在執教，即使是文革中的樣板戲亦是由他們來演唱，所以一直沒有脫離京味，故粉碎「四人幫」後，撥亂返正由他們來發揚光大京劇，可說是當之無愧，如魚得水。每年的京劇人獎賽和培養的中青年傳人的表演讓人們覺得國粹真是得以保存，發揮光大了；而我們的太極拳的繼承發展則不然，好端端的太極拳演變成太極操，真正的太極拳在比賽中得不到認可，裁判的水準和認識傷了真正愛好太極拳人士的心。長此以往，傳統太極拳的前途堪憂，太極拳的真味真的就要失傳了。

2012 年 6 月 19 日上午

楊氏太極拳的繼承和發展暨傳人的責任和義務

各位領導、各位拳友：

你們好！

今天，我有機會應邀參加香港武術聯會舉辦的「首屆國際太極拳邀請賽」、「太極工作坊」及「太極匯演」，感到十分榮幸和高興。首先對尊敬的香港武術聯會會長霍震寰先生及貴會對我的熱情接待表示衷心的感謝。此次大會可謂群英薈萃，盛況空前，心情十分激動。

在這個群英薈萃的盛會上見到來自海內外的各太極拳界的同仁，為太極拳事業的弘揚發展，不懈努力，做出了很大的成績，感到由衷的欽佩。大家濟濟一堂，其樂融融，親如兄弟，感到十分親切。我今天向大家報告的題目是「楊氏太極拳的繼承和發展，傳人的責任和義務」。

太極大樹　枝繁葉茂

我之所以講這個題目，是楊氏太極拳的繼承和發展是當前的一項非常重要的事情，它關係到我們楊氏太極拳是否今後能保持傳統風格，能否健康向上、發揚光大的問題，所以關係非常重大。楊氏太極拳事業的發揚光大，必須有傑出的傳人很好地繼承，才能有好的發展，否則就事與願違，南轅北轍，達不到弘揚太極拳的目的。

太極拳之所以名震武林，太極拳之所以在中國武術中佔有重要的地位，大家知道，就是因為我們的祖師楊露禪篳路藍縷的開創之功。露禪祖師在河南陳家溝經其師陳長興的精心培養，又經過自己的艱辛求學，刻苦鑽研，終於盡得陳長興的衣缽之傳，後在北京以自己超人的絕世武功和武德，贏得了武林界「神拳楊無敵」的美譽。經過露禪祖師和其子班侯、健侯的艱苦不懈努力，使太極拳這一拳種在北京紮根，並為武林界所公認，為太極拳今後的發展奠定了堅實的基礎。這一階段可以說是楊氏太極拳的創業階段。由於當時的歷史狀況，楊露禪父子這兩代的太極拳傳授只限於晚清的王公貝勒，而且他們對自己的技藝秘而不宣，可以說是不傳外姓或少傳外姓，所以傳人不多，也說不上發展。

到了我們太老師楊澄甫這一代，也就是楊氏第三代，太極拳開始向外傳播，而且有了發展。由於當時社會已由滿清變成民國，當時的國民政府又遷都南京，楊澄甫太老師也受聘於南京國術館擔任教務長之職，所以楊澄甫太老師帶上他的徒弟們南下，將太極拳帶到南方，從此，太極拳開始面向社會廣為傳播。在楊澄甫太老師眾多的徒弟中，傳人佼佼者如陳微明、武匯川、李雅軒、董英傑、牛春明、田兆林等等，由於他們當時都武藝高強，協助楊澄甫傳播太極拳，並且在武林界享有盛譽，使太極拳的地位在武林中得到進一步的鞏固和提高。楊澄甫太老師作為楊氏太極拳第三代傳人於 1936 年去世後，後數十年太極拳的發展就靠第四代傳人，如我的老師李雅軒、師伯崔毅士、牛春明等這一輩繼續傳播。現在算起來，第四代傳人在海外傳播太極拳的如董英傑、鄭曼青等已於七十年代作古，在國內的如先師李雅軒、崔毅士、牛春明也是七十年代去世，傳鐘文師叔前幾年也去世了，現在第四代傳人只剩下我們楊師叔楊振基、楊振鐸弟兄了。海內外的第五代傳人繼承了先師們的遺訓，在近三十年中為太極拳事業的弘揚做出了不懈的努力，取得了不小的成就。但是，現在海內外的第五代傳人也大多是耄耋之年，而且很多也相繼去世了，最年輕的也在中年以上，而且為數不多。所以我感到往後發展傳播太極拳的重任將落在第五代、第六代傳人的肩上，真是長江後浪推前浪，一代新人換舊人。可以這樣說：楊露禪父子開創的太極拳事業，如果沒有其孫楊澄甫的繼承發展，楊露禪父子的美名和事蹟就會如同與楊露禪當時一樣享有盛名的武師一樣，時過境遷，湮沒無聞。楊澄甫太老師自 1936 年去世，至今已經整整七十年，其間如果沒有像我們老師李雅軒及眾多師伯、師叔這一輩在海內外為太極拳事業辛勤耕耘，嘔心瀝血的努力，那麼，楊澄甫太老師所繼承發展的太極拳事業就不能延續下來，也就中斷了。現在楊氏太極拳事業，如果沒有第五代、第六代傳人的繼承發揚，不可能有今天這樣蓬勃興旺的局面。如果用一棵大樹來做比喻，楊露禪、楊班侯、楊健侯父子開創的太極拳事業猶如大樹的根，楊澄甫守成乃祖乃父的事業並加以發展，猶如大樹的主幹；第四代傳人的傳播猶如大椏枝；現在第五代、第六代的弘揚猶如大椏枝上的分枝再分枝，其結果是這棵大樹枝繁葉茂，生命力越來越強。事實上，現在的這棵楊氏太極拳大樹已經聳幹入雲霄，千姿百態，枝葉繁衍，欣欣向榮。主幹離不開分枝，分枝離不開主幹，主幹離開分枝不能發展，不能成其為樹；分枝離開主幹就沒有根，也就沒有生命力。

我用大樹作比喻的意思，就是說楊氏太極拳至今又形成了很多流派。楊澄甫太老師自 1936 年去世後，第四代傳人各自在自己的區域傳播弘揚，如我的老師李雅軒自 1938 年入四川傳播太極拳至 1976 年逝世，崔毅士師伯在北京傳播，牛春明師伯在杭州傳播，傅鐘文師叔在上海傳播，楊振鐸師叔在山西傳播等等。在海外的如鄭曼青在臺灣傳播，董英傑在新加坡傳播，數十年來，他們為太極拳的發展立下了汗馬功勞，同時，也形成了各自的風格。所以雖同源於一師，但又有各自的特點，練法也不盡相同，又經過數十年的傳承，已各成體系，這是很正常很自然的事情，這是太極拳發展的結果。這就如同京劇藝術一樣，雖同是京劇，卻有梅蘭芳的梅派、尚小榮的尚派、程硯秋的程派、荀慧生的荀派。又如同書法藝術一樣，同學王羲之的字，後來又演變出顏真卿的顏字、蘇東坡的蘇字、趙孟頫的趙字等各種字體，這就是書法藝術的發展結果。所以我覺得，我們第五代、第六代傳人的任務，就是要在共同遵循太極拳論的基礎上，共同維護楊氏太極拳的傳統性。首先是踏踏實實地不斷鑽研，繼承各自老師所傳拳技，保持各自老師所傳拳藝的風格特點，在此基礎上加強團結，取長補短，求同存異，共同提高。絕不要唯我獨尊，互相攻擊，不要強求一律，也不要統一規格。現在楊氏太極拳在發展中所形成的各種流派不同風格的練法，可以說是各有師承，根深蒂固，這是楊氏太極拳在發展中的百花齊放，是一件好事。假如現在把楊氏太極拳統一成一種規定練法，即所謂的規範化，如真的規範化了，太極拳就沒有發展了。規範化了，楊氏太極拳的百花園就成了一花獨放。況且即使是規範化，也是以某一個人的示範練法為準，最多也只是某一個人的風格，這種樣板化的結果，對太極拳的發展是不利的，也是行不通的。

太極拳的繼承與發展

最後，我再擇重談一談太極拳的繼承和發展問題。傳人對自己的責任和義務應該有一個明確的認識，傳人是起承先啟後、繼往開來的作用，傳人有將我們先民數百年所創造的博大精深的太極文化、太極道統發揚光大，代代傳下去的責任和義務，傳人的職責可謂任重而道遠。

我認為所謂的繼承應該是三個方面的繼承——首先是德的繼承，要繼承先輩高尚的武德。我們的先輩不僅在太極拳技藝上武藝超群，而且可以說個個都是武德高尚、俠肝義膽，他們傳徒的標準首先是選擇忠孝仁義、知禮誠信的人來作為傳人的，故在太極拳的門規中明確規定了不忠不孝、不仁不義、寡廉鮮恥、陰險邪僻、好勇鬥狠的人是堅決不傳的，所以我認為，繼承首先是繼承先輩們的美德和高尚的武德情操。

第二就是對太極拳要認識到它是一種高深的傳統文化，就是要對太極文化中所包涵的深邃哲理內涵要有全面的瞭解和認識。要認識到太極拳不僅是一種術、一種藝，更是一種道。傳人在傳拳的過程中，不僅是傳藝，而更是在傳道，在弘揚太極的道統。傳人在傳拳的過程中同時提高個人的修養，人格的昇華，要用太極之理和諧、正確的處理你身邊出現的各種矛盾和事務，把太極之理運用到各個領域中去。

第三就是必須踏踏實實地把老師所傳的技藝真正學到手，要隨時保持太極拳的純潔性。2004 年三月，我在北京中武國際武術培訓中心舉辦的「楊氏太極拳高級師資培訓班」上講課時說過，當一個好老師不容易，當一個明師更不容易。師者，傳道、授業、解惑也。你不當老師，你不教人，你想怎麼練就怎麼練，隨便怎麼都可以，你練不好，最多是自誤，危害也只止於自身。但是當老師要去教別人就不一樣了，不僅自誤，還要誤人，不要說我教了好多好多人，普及面怎麼廣，要知道這種沒有繼承好就亂教人的後果只能是普及面越廣，失傳性越大。所以我強調說，你自誤尚且不可，何況還要誤人！所以我說傳人首先是繼承，有繼承才有發展，要發展必須先繼承，真正繼承以後，再經過自己數十年的刻苦鑽研、不斷探索，有新的領悟，並加以總結，最後形成自己的特色和風格，為世人所承認，這才是在繼承的基礎上求發展。只有這樣，太極文化的傳統才能延續下去，我們的太極事業才能夠健康發展，光大弘揚。

以上是我對太極拳繼承和發展問題的一些粗淺的看法，囉囉嗦嗦說了這些，不知當否？敬請各位同仁批評指正。

2007 年 1 月

縱虎歸山

——與楊氏太極拳名家陳龍驤的對話

一、龍虎行蜀山　大鬆得大雅

未隨出勢，先將腦筋靜下來，摒除雜念，身心放鬆，去掉拘束。穩靜之後而後出動，並要在動時仍保持其穩靜，不可因動將身心的穩靜分散了。——李雅軒

余功保：

我最近研看一些早期的太極拳資料，有您在全國武術觀摩大會上的獲獎情況，八十年代的，那時還作為名家代表參與了第一屆全國太極拳研討會，其實您很早就具有了全國性知名度。

陳龍驤：

我學拳應該是比較早，也參加了一些全國武術活動，主要是相互交流。

余功保：

您是怎麼跟李老師學的拳？

陳龍驤：

我小時候身體比較弱，開始練拳主要為了強身。

我當時拜師的時候也很小，是父親幫我代寫的拜師帖。我

父親的書法、文字都很好，所以當時李老師看完拜師帖以後，就還看著說：「哎呀，我那麼多徒弟，屬你這一份拜師帖寫得有水準。」為了紀念這個事情，這次臺灣出版李雅軒老師拳學著作，我就把我當年的拜師帖全文登上了。

我父親跟老師是好朋友。老師的太極拳功夫造詣很深，老師也很有文化，所以他很尊重有學問的人，他覺得我父親學問不錯，所以他們兩個就成為了好朋友。我們兩家當時只隔一條街，老師經常到我家串門。

有一天，李雅軒老師到我家做客。我正和小夥伴在院裡玩。當時我身體瘦弱，幾次都被高我一頭的夥伴摔倒在地。李雅軒老師就對父親說：「龍驤這孩子聰明，只是太瘦，如果讓他跟我學學拳，以後就不怕被別人欺負了。」

所以後來我就開始和老師學拳。大概從八九歲的時候就開始了。

余功保：

李雅軒先生是楊氏太極拳大家，雖不慕名利，但聲名遠播。他在太極拳上有一系列獨到、深刻的見解。您作為李雅軒先生的弟子，也是女婿，和他接觸比較多，也應該是非常瞭解了。

陳龍驤：

李雅軒老師是 1938 年入川的，可以說，四川的太極拳主要是他傳播的。他以前在中央國術館，後來在杭州浙江省國術館，從師於楊澄甫先生。

1937 年，「七七事變」爆發，年底，日本侵略者轟炸南京，當時在南京國民體育學校任教的李雅軒老師離開南京，經徐州、鄭州到漢口、武昌。到了 1938 年夏天，武漢危急，李老師又經過沙市、宜昌到重慶。那年秋天，李老師來到成都，從此便在四川定居。

是李雅軒老師將楊氏太極拳帶入了四川，他被視為四川楊氏太極拳的奠基人物。也可以說他是四川太極拳的宗師，當時四川沒有這種拳，因為有了他，因為他的名氣，在他的推動下，四川的太極拳才有了發展。

進入四川後，李雅軒先後擔任成都國民黨軍校太極拳教官、四川國民體育會同上校教官、原國民黨二十八軍軍官總隊及重慶陸軍大學軍簡三級教官（少將級）等，他教授的學生都是當時國民黨的高級將領。

按照著名武術家習雲太教授的說法，「李雅軒在解放前就是鼎鼎有名的。可惜李老師性格比較剛直，也不太注重宣傳，所以他的太極拳長期只是在四川傳播，並沒有在川外大規模傳播開來。」

余功保：

您認為李雅軒太極拳有什麼突出的風格特點？

陳龍驤：

李雅軒老師的風格是中規中矩，大氣舒展。

1953 年，李雅軒代表西南區參加在天津舉行的第一屆民族形式運動會，當時天津報紙對李雅軒的拳風有過這樣的評價：「氣勢雄偉，舒展大方」。

臺灣太極拳界有人評價：「觀李雅軒老師的拳架，舒展大方、氣勢磅礴，有神威不可逼視之感。」

臺灣藝文出版社出版的《李雅軒楊氏太極拳法精解》一書

中的套路插頁，刊登了李老師的一套拳照，是 1964 年拍的，當時李老師已經七十歲了，你看他的拳架，風格依然獨特醇厚。

我在整理李老師系列叢書文稿的時候深有感觸，從老師的技藝來說，在他那一輩，是比較完整保留了傳統楊氏太極拳的原貌，他留下了許多寶貴的資料，拳、劍、刀、槍、推手等，涉及太極拳的方方面面，既有理論，又有實際的照片，這樣完整的資料是比較罕見的。

李老師通過多年的練習、研究，體悟、總結了大鬆大軟的精髓，這是他非常獨到的地方。他認為，練剛柔不如練柔勁，練柔勁不如練鬆軟，練鬆軟不如練輕靈，練輕靈又不如練虛無。虛無的氣勢，才是太極拳最上層的功夫。其主要的練法，是以心行氣，以氣運身，以意貫指，日積月累，內勁自通，拳意才能上手。四肢是外梢，不可自動，胯為底盤，務須中正，以思想命令於腰脊，以腰脊領動於四肢，尚須以神氣相配，上下相隨，完整一氣，否則非太極拳功夫。鬆軟沉穩的形勢，如載重之船，沉沉穩穩地蕩於江河之中，既有沉重而又有軟彈之力。

余功保：

有的人會不會有疑問，這樣特別強調大鬆大軟，對技擊效果有沒有影響？

陳龍驤：

那是他沒有真正領會李老師「大鬆大軟」理論的精髓。大鬆大軟是一種高層次的、內在的鍛鍊原則，不是表面的、形式上的。它超越了一般的勁力的層面，不能從表面理解。

李老師說：「我練功夫的方向，是找大鬆大軟，是找虛無的氣勢，是找神明的感應，是找莫測的變化，不停留於筋骨肌肉的初步鍛鍊過程中。我以為，這種大鬆大軟、神明感應、莫測變化妙處無窮，我不以為它大鬆大軟了就不能敵抗對方之來手」。

他還特別注解：「在太極拳的功夫方面，只是有些軟活柔動還是不夠的，需要在這些軟活柔動中作到均勻有沉著的心勁和雄偉的氣勢才夠味。以上這情況，是要在練拳日子久了，功夫有了基礎之後，再經老師詳細的口傳面授，說些比喻，作些示範，形容其氣勢，慢慢地悟會才會有的，而不是一言兩語可以了事的，也非筆墨所能描繪。這種雄偉的氣勢及沉穩的心勁，是在身勢氣魄之內含而不露的，不是擺在外面的」。

所以高層次的越鬆軟，越能練到內在的宏大與充沛，對健身、技擊都有極大好處。

李雅軒楊氏太極拳的風格原來有很多人不太瞭解，它要求步幅比較大，同時邁步依然要輕靈，這就要求演練者的基本功更扎實一些。只可惜他這種風格的太極拳在四川幽閉了四十多年。

余功保：

「塞翁失馬，焉知非福？」，這種幽閉可能對他的靜心修煉也有好處，也使他減少了外界的很多干擾，比較純真地保留了太極拳的固有風貌。現在你們把它系統傳出來，讓更多人瞭解。

陳龍驤：

從另一方面看，這也有道理。

他對自己的風格是比較堅持的。他的太極拳一看就是一種武術，李雅軒老師在世的時候不斷強調，太極拳是武術，所以它不能離開了武術的實質，太極拳械的每一個動作，每一舉手、一投足，都是有作用的，我們不能忘記太極拳創編的原則。他以前跟我說過，你在那兒一站，一打太極拳就得是個把式，而不是在那摸魚的。

余功保：

許多老太極拳家對太極拳的用法是一貫堅持的，這是不能含糊的事。我覺得太極拳的三個東西不能丟，一是技擊性，這是太極拳的本質，沒有了技擊就不能稱為「拳」；二是文化性，這是太極拳的核心，沒有文化就沒有層次，就缺少內涵；三是健身性，這是太極拳的社會功能，特別是現代社會中，這一個功能是它的價值的重要體現。

陳龍驤：

對，傳統太極拳在這三方面其實都很看中的，不偏廢一方。

余功保：

這三者應該是有機融合的。

陳龍驤：

改革開放以後，國家開始重視太極拳了，太極拳得到空前發展，可惜的是，老師沒有趕上。這就使我們感到擔子更重，有責任、義務把老師對太極拳的研究、體會的成果貢獻出來，能使更多人受益。

我們對老師的有關資料進行了系統的整理，並重新編訂、補充，2004 年由人民體育出版社出版發行。

二、傳統　傳承　傳授

太極拳的練法，其最重要的是身勢放鬆，穩靜心性，修養腦力，清醒智慧，深長呼吸，氣沉丹田等。——李雅軒

余功保：

我聽一些人說過，李雅軒很會教人，他在太極拳教學上有自己獨到之處，在這方面您有什麼體會？

陳龍驤：

太極拳是李雅軒老師一輩子的專業，他把它看作是一門科學，非常精細的科學。可能和他在南京中央國術館、杭州國術館當過主任教員有關，他對打拳的動作、技術的規格非常講究。注重手、眼、身、法、步，還特別要求他的學生在演練太極拳的時候要具備武術的那股子精、氣、神。他認為打拳沒有精、氣、神，那就不是武術。

余功保：

武術的這種精、氣、神其實是很獨到的東西，它和速度、力度無關，不是越猛越有，是從內心深處迸發出來的能量。

陳龍驤：

這是武術的重要特徵，和其他體育項目不一樣的。

李老師對我們很嚴格，他脾氣很大。我現在還留有老師給

我的一封親筆信，就是有一次老師教我推手的時候，我沒有按照規矩做，他叫我不要頂，好好去聽勁，當時我就害怕挨打，於是一緊張就頂了，他一生氣，就發勁打了我，打了我以後，我心裡很難過，覺得沒有達到老師的要求，他看在眼裡。老師其實是很喜歡我的，他看我難過，就寫了一封信讓敏弟給我送過來，信上說你不要難過，你只要聽話，好好練，我就不生氣了。這使我感到他是一位很細緻、很大度的人。

老師那個人很剛直，也很威嚴，但是好起來很親近，一發脾氣大家都很害怕，他發脾氣的時候，所有的學生都要立正站好受訓，沒有一個隨便走動。那個時候我們打拳的時候他站在我們身後，他只要往那一站，無論冬天天氣多冷，馬上身上就能出汗，嚇的。他要是跟你說「有點兒意思」，心裡就特別高興。他感覺你做得不到位，他就說「沒有味道」。他從來沒有說過哪個練得好，我跟他二十多年，很多人跟老師說龍驤從小跟您練，您也全力培養，是將來您的接班人，老師想了想也只是評價一句「馬馬虎虎」。所以那個時候覺得老師可敬、可畏。

李老師曾經反復叮囑我，要勤學苦練，多思多想，要保持楊氏太極拳的純正風格，要重武德。他說：「太極拳在初練時，是感覺不出什麼味道來的。但是只要有耐心，有恒心，細細地體會，時間久了，便會感覺趣味濃厚，使人百練不厭，愈研究愈有味道，愈體會愈有興趣甚至形成一種癖好，一輩子離不開它，其終身健康也就在不知不覺之中得到了」。這一點我有切身的體會。

老師去世後，我把自己向李老師所學的太極拳、劍、刀、槍、推手、三才對劍、武當劍全部請師兄替自己拍攝下來，然後一邊回憶李老師生前的教誨，一邊比較自己的動作和神韻，不斷改正。

我覺得他永遠是我的老師，不管過去還是現在，他的音容笑貌現在仍然歷歷在目，成為我的楷模。

余功保：

李老師把太極拳作為一生的專業，太極拳也成了您自己生命中重要的組成部分。

陳龍驤：

我開始跟他學拳是因為身體不好，比較弱，通過跟他學習後，身體好了很多。後來就成了興趣、愛好。

1960年的時候我就參加四川省的比賽了，學了三四年，先是通過了成都市的選拔，在讀書的時候太極拳得了冠軍。

我今年五十八歲了，這輩子，太極拳雖然不是我的工作、專業，但是可以說我對太極拳也算是嘔心瀝血，因為我關心傳統太極拳的發展，我希望傳統太極拳可以得到政府的重視，得到社會的重視，因為好的東西不應該被埋沒。

為推廣李雅軒太極拳，我也付出了很多的心血，這幾十年來，酸甜苦辣都有。

余功保：

我記得在八十年代成都搞過一次太極拳研討會，很多名家到場，在當時影響還是很大的。

陳龍驤：

那是成都飛機公司和《武林》雜誌聯合舉辦的，到會的名家有蔡龍雲、傅鐘文、陳小旺、顧留馨、習雲太、陳正雷等，我也參加了會議。

以前我跟老師在體育場中心義務交拳，那時候不會有很多人，也就幾十個人改改動作。我 1965 年進入成都飛機公司工作，成都飛機公司是成都的一家大型企業，擁有兩萬多職工。我在公司療養院整整工作六年，療養院一個月一期，一期一百人，不可能一百個人全部都學習太極拳，但三四十個總是有的，再加上公司代表隊去比賽、平時組織太極拳的骨幹訓練班，前前後後五千多人都是我親自教出來的。我現在在工會當專職體育幹部，還在繼續教拳。

當時企業參與辦會還不多，不像現在這樣。成都飛機公司來參與舉辦這樣的會，可見太極拳在這裡的影響。應該說這次研討會是建國以來第一次全國性的太極拳理論研討會議。

陳龍驤：

為了更好的傳播，1996 年我們向體委申請，正式成立成都市李雅軒太極拳武術館，在成都青城山，有了館以後，每週週六、周日兩天堅持活動。因為要繳納每年民政局年審費用以及武協管理費，所以從 1996 年到 2000 年，每人每年交費二十四元。現在是每年五十元，基本上還算是義務。入了會的到現在為止恐怕已經上千了。年輕、中年、老年都有。到太極拳武術館來習練太極拳的人年齡跨度很大，既有年輕人、也有中老年人。

大家都知道太極拳對人的身體有好處，我母親已經八十九歲了，耳聰目明，連老年斑都沒有。現代社會中很多人不缺名、不缺利，就缺健康。你仔細看看你的一生，為家庭、為工作，為親人、為孩子，都是在為別人，唯獨每天半個小時的太極拳是為自己的，不練習太極拳是自己的損失，人不能對自己太不負責了。

余功保：

對自己健康的負責也是對社會的負責，否則沒有承擔的資本。太極拳是要依靠口傳身授的，還要口傳心授，老師要把自己體會到的精髓有效地傳給學生，對於太極拳的發展來說，師資是個很關鍵的因素。您在長期教學中對此有什麼體會？

陳龍驤：

太極拳的師資是很重要的，教員要好，學員才能學得好。現在很多人說國家規定套路和民間傳統套路有矛盾，實際上不應該有矛盾，一個是主要拿來比賽，一個是主要拿來在民間通過鍛鍊健身的，當然也可以比賽。但為什麼會出現這種矛盾的現象？實際上還是傳播與傳授的問題。

作為一名合格的太極拳傳播者，首先必須愛太極拳，必須熱愛這個東西，有感情。第二，要擁有良好的高尚的品質，講武德，一定要有德。第三，就是有真正的太極拳的技藝，真技術，太極拳自己怎麼練都可以，是你自己的事，但要教人，就必須明白，不能誤人。所以當太極拳老師責任感、責任心很要緊。

過去對於太極拳傳人是有很嚴格要求的。李雅軒老師講，太極拳傳人要有恒心，有天才，有真傳，三者俱備。此外還要勤修武德，尊師重道。

余功保：

太極拳是一種傳統，在傳承中應該把這種「傳統」的特色、風骨延承下去，不能丟。

陳龍驤：

傳統的東西是一代連一代的。總的來說是斷不了的，但也有個興旺和衰弱的問題。傳統武術怎樣傳？傳統武術誰來傳？我覺得需要大家各方面的綜合努力，作為我們這些傳人，有責任做很多努力，其他方面，如國家管理部門、新聞輿論、科研等方面都需要共同支援。應該說傳統太極拳現在國家也比較重視了，在國際上也受到普遍歡迎，這就為今後的發展打下了一個很好的基礎。

余功保：

有了發展的基礎，還要提供若干發展的平臺，有形式方面的，有內容方面的，這樣才能使太極拳發展在更高層次上進行。

陳龍驤：

平臺應該多樣化、健康化。關鍵是能讓真正的太極拳功夫得到發揚光大，讓很多太極拳的傳人有發揮的空間。

余功保：

我看了您和您夫人李敏弟表演的太極器械對練，行雲流水，富於韻味。李老師作為李雅軒的女兒，自幼得父承傳，幾十年和您共同研練，也是當今名家。您女兒也練習太極拳，成了名副其實的「太極之家」。

陳龍驤：

太極拳的確具有無窮的魅力，你一旦接觸，特別是能夠得其要領，深入內涵以後，就會被它深深感染。這次整理出版李雅軒系列太極拳圖書，我夫人和女兒都做了很多工作。

余功保：

最近幾十年來，太極拳一直有傳統套路和競賽套路的說法，您怎麼看待這個問題？

陳龍驤：

太極拳是在傳統套路的基礎上發展起來的，這一點誰也不能否認。從楊澄甫，到李雅軒等人，如果沒有他們一代一代人的傳播，也不會有更多人知道楊氏太極拳，楊澄甫就好像一棵大樹的主幹，李雅軒就像是大樹的一個分支。我一直跟隨李雅軒學習，沒有學過別的。每一個拳家，經過幾十年的傳承都各形成了自己的風格，誰也不能代替誰。

余功保：

誰也不應該代替誰。創造力的基礎是「相同」，因為要掌握根本的規律；創造力的精髓是「不同」，因為要領悟新的境界和類型。

陳龍驤：

既然要競賽，就需要評判，但規則如何制定也是科學，規則應該既有統一規範的標準，也有利於不同風格的發展。這是一個課題，需要研究，不能草率對待。比如京劇大獎賽，也沒有規定一種唱法，梅蘭芳有梅蘭芳的唱法、尚小雲有尚小雲的唱法，最終也能評選出來優勝，這些方式，武術也可以研究、借鑒。都打二十四式可以，李雅軒是李雅軒的打法，別人是別人的打法，那就好看了，讓大家去鑒別，在鑒別中去提高。當年八個樣板戲差一點把中國京劇傳統藝術弄沒了，千萬別再有「樣板武術」。

競賽太極拳的「源」在傳統太極拳，所以競賽的可以搞，但傳統的更應該重視。你不能把那些大樹的枝幹都砍了，只搞一個規定的，那這棵樹是無法繼續成長的。分枝越多這棵樹越茂盛，競賽太極拳也是太極拳這個大樹的一個分枝。

如果發展得當，其實傳統和競賽並不矛盾。現在有些地方之所以形成所謂規定套路和傳統套路矛盾，什麼學院派和民間派的區別，主要就是教練問題，如果教太極拳的不是真正的太極拳老師，可能把傳統的太極拳打不出味道，規定套路如果讓傳統的太極拳老師去演繹、去傳播，一樣能打出屬於個人的風格和味道。

余功保：

套路如何編只是形式，如何練才是本質。傳統套路也在不斷變化的。

陳龍驤：

對，根據不同的需要套路可以有些變化，但內核的東西不能丟。那是多少人、多少心血探索、總結的。你不能簡化的越來越多，內涵越來越少，最後只能用數量來代替品質，那不行。有的人練習太極拳，放一通音樂，反復練上若干遍，出一身汗就完了，達不到最佳效果。

為什麼傳統太極拳一套拳練一輩子也不膩，就是因為傳統太極拳有內涵，越品越有味。每一天每一年都會有不同的體會和感悟。比如太極拳的「鬆」字，十年前一個體會，十年後又是一個體會，但是很多東西是寫不出來、說不出來的，只可意會。

很多要領不是老師保守，是說不出來，所以常說老師言傳身教，學生心領神會，這正是傳統文化的深奧之處。

三、器宇軒昂成自然

要達到健康，就必須先將身心放鬆，靜下腦筋來，以恢復身心的自然，恢復自然之後，也自然會有天生的健康功能，不能只是一味的操練身體的外形，也不能只修煉內部靜坐養神，必須動靜參半，身心兼修、內外並練而後可。——李雅軒

余功保：

太極拳鍛鍊是以意念為核心的，意念不是一種實體，它的運用相對難把握一些，每一位拳家在意念的運用上都有自己的理解。您在練拳中是如何運用意念的？

陳龍驤：

意念關鍵是要落實，要和太極拳的動作、拳勢融合在一起，就是李老師所說的拳意「要上手」。意念不上手，就會身勢不鬆，上下不隨，內外不合，呼吸不舒。要放鬆，意念先鬆，從內心鬆開始，然後身勢才能放鬆。要動，以心氣為主先動，然後四肢跟隨自然勁整，呼吸純任自然，內外自能合一。

余功保：

怎麼才能做到拳意「上手」？

陳龍驤：

這主要就是「靜」字上下功夫。靜，意念才純淨，才能氣穩，雜念全無，意氣全面滲透全身骨骼肌肉形體，內外如一。

余功保：

李雅軒先生不僅在太極拳推手上有獨到見解，而且實踐功夫也十分精純。在他日常教學中推手是一個什麼樣的位置？如何教法？

陳龍驤：

老師認為，不懂推手就不懂太極拳。太極拳的勁來自於推手，也要在推手中得到驗證和領悟。

他對我們訓練推手方法很多，有三個方面我印象最深。一是要求我們明理，要清楚，不能糊裡糊塗地推，他給我們講很多道理，用生動的形式、語言來講；第二是讓我們試，他說不體會理解起來不直接，不透徹；第三是給我們介紹、講解太極前輩、大家的推手精要，給我們以啟迪。

余功保：

解析名手的推手功夫，如同書法學習中對字的解構的分析，對章法的研究，有引導作用。太極拳前輩們推手的軼事流傳有很多，李雅軒先生是如何講解的？

陳龍驤：

他講的比較多的是楊澄甫。李老師追隨楊澄甫先生很多年，有切身體會。他說：「我與澄甫師推手時，只是一搭上手，便感覺沒有辦法，身上各部位都不得勁了，楊師的手雖是很鬆軟的向手臂上一沾，不知怎麼回事，便覺得身上各部位都被其吸住了，如同對我撒下了天羅地網一樣，我無論如何動，總是走不開，無論如何動，都是對我不利，使我動也不行，不動也不行，用大力不行，用小力也不行。用快勁不行，用慢勁不行，用剛勁不行，用柔勁也不行，總之是毫無辦法，楊師雖是很穩靜的神氣，但我不知怎的就覺得提心吊膽，驚心動魄，有如萬丈懸崖將要失腳之感，又如笨漢下水，有氣急填胸之感，又如自己好似草紮人一樣，有隨時被其打穿打透之感，有自己的性命不能保障之感，但楊老師確是並未緊張，也並未用力，只是穩穩地一起一落，虛虛實實地跟隨而已，而我則東倒西歪不能自主，楊師的這種功夫，我一生未見任何人有過」。

他還介紹了親眼所見的其他幾位楊澄甫弟子和楊老師推手的情況，有一次，是在北京西京畿道楊老師的公館內，親見楊老師與崔立志推手，用了一招肘底捶，楊師陡然一去，崔則感覺如用木塞子插進肋部一樣，疼痛萬分。又有一次在上海募捐時，楊師與武匯川推手，用的是按勁，只見其略一抖手，武匯川則疼痛多日才好。還有一次是 1928 年在南京大戲院為賑災表演，楊老師與董英傑推手，用了一下擠勁，只見其身勢往下一沉，眼神一看，臂微一抖，董英傑一個跟斗就摔出去了。

李老師說，1929 年的夏天，暑期間在杭州省國術館院內，他與楊澄甫先生在院中乘涼，談論「掤」勁，他說：「楊師以右臂往我胸部一挨，我感覺心中有如火燒一樣難受」。這說明楊澄甫先生的推手造詣，的確是達到了爐火純青，神而化之的境界。

余功保：

你們體會到的李雅軒先生的推手功夫是怎樣的感覺？

陳龍驤：

我們跟隨雅軒老師學習太極拳許多年，在推手方面也有同樣感受，李老師得澄甫真傳，內功精湛，不僅拳架舒展雄偉、風格純正，而且推手技術變化莫測，靈妙無比，平時在教我們推手時，兩隻手輕輕地往我們身上一放，沾其皮毛，我們立刻就感到情況嚴重，毫無辦法，全身各部皆被控制，弄得滿頭大汗，氣喘吁吁，不知如何是好，李老師這種虛無輕妙的「問勁」，比那種沉重的剛猛勁難於應付若干倍，這種手法，哪怕你渾身力道很大，但英雄無用武之力，因為你摸不著實地，找不到重心。李老師發勁冷快絕倫，不著痕跡，我們常於不知不覺之中驚然跌出，不知所以。李老師曾總結說：「來無形、去無蹤，打人於不知不覺之中才是太極拳」。

不僅僅是我們體驗，也有一些武術界的名家、領導體驗後深有感觸。記得在五十年代有一次在北京開會，大家在房間聊天，很多太極拳名家都在，當時一位國家體委武術處的領導同志說：「聽說李老師推手很有特點，能不能讓我試一試？」，李老師推辭不過，讓這位領導同志試了一試，這位領導也是行家，他說：「李老師推手，隨手將人擊出、放倒，但不沉重，輕靈虛無，這才是真正的太極功夫」。

余功保：

在李先生的論述中，虛無的境界是很強調的。

陳龍驤：

是這樣的。他認為，找上下相隨，是初步之練法。找輕靈綿軟，是中乘之功夫。找虛無所有，才是最後的研究，虛無所有才是上乘的功夫。

余功保：

太極拳前輩們的精湛功夫是通過不斷地苦練得來的。但如何練也有關竅所在，李老師認為推手的關竅在哪裡？

陳龍驤：

關鍵在「鬆」、「軟」。雅軒老師曾說過：「鬆軟是太極拳的寶貝，懂得什麼是真正的鬆軟，推手才會進步。」他說。當年曾問楊澄甫老師：「未見您用多大勁，何以將人發出去那樣遠，打得那樣乾脆呢？」楊師回答說：「我是鬆著打勁的……」過去曾有人問少侯先生說，「您發勁時是鬆鬆軟軟的樣子，如這樣子還能有勁嗎？」少侯先生答說：「就是因為鬆鬆軟軟的，打出的勁才非常大呢」。二位先輩的話雖然回答得很簡單，但都強調了鬆軟沉著是練好太極拳，練好推手的關鍵點。

太極拳論中說太極拳的發勁是「極柔軟，然後極堅剛」。這種最終所要達到的無堅不摧的極其堅韌的「內勁」，是長時間的有意識的極鬆、極柔以後在身體內部積累轉化而成的，這樣是自然形成的本原狀態，必然形成軒昂暢達的氣勢，渾厚的內功，以及輕靈沉著的應手。如果開始練太極拳不知從鬆柔入手，練推手時又心存堅剛硬抗的念頭，心神意氣不能真正放鬆，而只是在外形上柔柔扭扭，矯揉造作的做些柔和的假姿態，追求弧形的外表，而不知太極拳的動作之所以會處處帶弧形，為什麼要有弧形的道理，這種練法和思想必以漂浮為輕靈，誤以呆滯為沉穩，誤人誤己，既練不好太極拳，更練不好推手。

四、談「太極大槍」

余功保：

太極拳的勁力功夫運用不僅體現在推手上，在器械上也是一個重要的表現形式，太極大槍是其中很獨特的一種，在體現勁力運用上尤其明顯。您的太極大槍演練是很著名的，在練習太極大槍上有什麼要領？怎樣才能練好太極大槍？

陳龍驤：

太極大槍是太極拳練功的重要器械。它主要包含十三種槍法，即太極四黏槍、太極四離槍、太極劈槍、崩搶、點槍、扔槍、纏槍，一共十三槍。

運用的時候，又以開、合、崩、劈、點、紮、撥、撩、纏、帶、滑、截、圈十三字訣變化而成槍法套路。練習太極槍以太極拳練法要領為本。槍法貴乎「四平」，四平就是「頂平、肩平、槍平、腳平」。

神貫於頂，虛靈頂勁，精神提起，勢雄壯謂之頂平。

以腰為軸，活潑於腰，含胸拔背，鬆肩垂肘謂之肩平。

持槍平穩，易攻易守，槍紮一條線謂之槍平。

勁起於腿，出步輕靈穩健謂之腳平。

持槍姿式多以中平之槍，所謂「中平槍槍中王」。持槍須穩固鬆活，持槍時以後手握其槍桿末端，以意握緊，不然練習和運用時將易脫把，勁力亦無法向前出發。握把時，末端不可露出一小段，術語稱為「露把」，「露把」為槍法所忌。《手臂錄》中說：「持槍必須盡根，余謂槍根當在掌心中，與臂骨對直，且靈活而長」。故「露把」既影響握槍手腕的靈活，而且攻擊長度亦相應縮短，不利運用，難收「一寸長，一寸強」之功。持槍之前手須鬆握大槍之中後段，以能靈活自如地來回滑動為要，所謂「前手如管，後手如鎖」，否則出槍不快、抽槍不靈、發力僵滯，成為「死手」。

太極大槍以練習抖槍為基本常功，持槍平正以後方可練習。抖槍時須以丹田內氣，周身之勁，力由脊發，向前紮出，使鬆沉之內勁貫於槍尖，要槍出一條線，槍紮如放箭，前手不可離把，使槍上下波動，左右搖晃，後手不可甩腕。出槍時，屈腕向前甩手則力浮而不沉，槍搖而不穩。槍紮出以後，即迅速收槍，後手握槍向後貼腰抽回，前手則握緊槍桿中段向下採劈，身勢隨後坐下沉以助劈勢。此時力達槍桿前段，使其顫動，此一紮一劈謂之大抖槍。練習日久則內勁日增，功力日進。

太極大槍練習和運用時要求槍不離腰，直來直出貼腰而去，不可左右搖晃，上下擺動，槍桿貼腰可使槍更為穩定，便於勁由腰出，出槍才不至於飄浮無力。

同時，練槍時還強調「三尖相照」，所謂「三尖相照」即是上照鼻尖，中照槍尖，下照腳尖，此三點成一直線則能使周身之勁力貫於槍尖，出槍不偏不倚，準確無誤。

太極大槍以四黏槍為主要槍法。四黏槍須二人對練，一般稱為黏杆。四黏槍是前進後退各四槍，即甲進步刺胸，乙則退步右後捋化，甲再進步刺腿，乙則退步左下捋化，甲再進步刺肩，乙再退步右捋化，甲再進步刺喉，乙則退步右捋化，然後再轉為乙攻甲守，周而復始，循環不斷，你進我退，你攻我守，二槍相黏，永不脫離，如膠似漆，如影隨形，沾黏綿隨，不丟不頂，如太極拳之推手，以養大腦虛靈之感應，求其聽勁而懂動之功夫。

太極大槍又以四離槍為重要槍法，離槍者，兩槍不需靠接也。此槍法亦須二人對練，四離槍是甲攻「怪蟒鑽心」刺胸，乙退後左格，甲再攻「仙鶴擺頭」刺膀肩，乙則退後右格，甲再攻「鷂子捕雀」刺腳背，乙再退後下格，甲再攻「飛燕投巢」刺面部，乙再退後左格，甲乙二人你攻我守，我守你攻，亦須周而復始，循環不斷。四離槍有如太極拳之大捋和散手練習，練時雖徐徐緩慢，用時則虛實變幻迅疾無比，所謂動急則急應，動緩則緩隨，我槍之出，遇敵槍來格，我即可以「仙鶴擺頭」之式將前槍變為虛著，使敵槍格空，我順勢換招進刺，使敵防不勝防，冷快絕倫，動人心魄。劈槍之用，常乘敵槍之來，我順勢向下採劈其前手或槍桿，運丹田內勁，可使敵槍脫手而前手受傷。

崩槍之用，常在我槍恰在敵槍之下時，乘敵槍之來，猛然向後坐身，以槍桿向上崩其腕部，常可使敵撒槍後跌。

點槍之用，常在崩槍之後，敵如後退，乘勢以槍尖向下點擊其頭部。扔槍之用，分為外扔和前摔二種槍法。外扔多用於向右下撈掛開刺我腿部之槍後，乘其抽槍上起之勢，運丹田內勁向左上扔之，得機得勢可使敵槍脫手飛出。前摔槍多用於向左下撥掛開刺我腿部之槍後，乘其退勢向右前上步摔之，得機得勢可使敵連人帶搶跌出。纏槍者，以槍纏繞對方之槍桿不使有變化之機也；亦可以纏槍之「圈」晃擾敵之眼神，我便可乘勢而取之。圈法是槍法根本，《手臂錄》所謂：「槍法之用，要工於一圈，槍法總用則為一圈」。所謂圈者，即指槍頭在運用中常作圓弧繞動。太極槍中的開合法，即所謂攔拿法，就含有圈法。開法即是攔槍法，是槍頭向左繞半圓。合法即是拿槍法，是槍頭向右繞半圓。纏槍則是繞整圓，所謂善用圈「以行著諸巧法，而後槍道大備。」纏槍以及攔拿槍法，所運之圈皆不宜大，以免防守空疏，出槍遲緩。

太極槍法不以花招取悅於人，而以樸實無華、氣魄雄偉見其真功。槍槍皆非虛設，來去都有實用，槍法雖總名為十三，而其中變化莫測，奧妙無窮，何止千百。學者只要能遵照以上技法要點，默識揣摩，認真領悟，精益求精，自然能槍法精進，學有所成。

余功保：

八十年代後，李雅軒太極拳第一次較有影響的宣傳亮相，是您在全國武術觀摩大會上獲獎，一些武術家還清晰地記得您當時練大槍的情景。您如何看待傳統太極拳的比賽問題？

陳龍驤：

在過去，單純練習傳統套路的人不能比賽，沒有比賽的機會。要比賽刀、槍、劍、棍等都要練，要全能。我為此曾經給國家有關部門的同志寫過信，呼籲太極拳應該單列出來比賽。現在太極拳是可以單獨比賽了，但也要研究如何比、比什麼的問題。

傳統的太極拳是應該在競技賽場上擁有一席之地的，因為競賽是一種推廣、交流的形式，傳統太極拳不應該放棄。

1976 年老師去世，那個時候文革還沒有結束，1978 年恢復成立了成都市武術協會，我和愛人是第一屆成都市武術協會委員。我那個時候就代表成都市參加四川省比賽。李敏弟是我老師最小的一個女兒，老師得她的時候都五十八歲了，所以我們年齡不大輩分高。我師兄弟當時都年齡很大，現在我的師兄還健在的也都是八、九十歲了，唯獨我最小。文革結束後就由我們兩個人來代表李雅軒這個流派在成都市比賽，當時成績都很好。那個時候國家對太極拳還沒有像現在這樣重視，太極拳的普及程度、影響力都達不到現在這樣的效果。

我是 1985 年代表四川參加哈爾濱首屆太極拳邀請賽，那個時候太極拳比賽還處於試驗階段，現在的很多太極拳名家那時我們都同場比賽。那次有很多人開始注意到，發現我們的風格不一樣，我之後也寫了一篇《四川楊氏太極拳的傳播者李雅軒》的文章，刊登在媒體上。

1986 年，我代表四川省到徐州參加全國武術觀摩交流大會。去之前，競賽處的領導是這樣跟我說，說這次徐州的觀摩比賽你去看看吧，你們這個流派很多人都不認識，你去可能也得不到什麼好成績，你也練了這麼多年的太極拳，就當觀摩吧。

以往的比賽經驗告訴我，一些年輕裁判的水準參差不齊，有很多人對傳統太極拳不是很精通，對太極拳的內涵看得不透徹，比賽成績會有很大的不確定性。到徐州後，我想既然自己可能得不到獎，乾脆也別說是誰的學生了，免得拿不到獎給老師抹黑。但這一次比賽情況卻不太一樣，評委都是國家級裁判，如何福生、溫敬銘等，這些武術大家也名列其中。

我演練太極槍，抽籤第一個上場。然後是太極拳，絲毫沒有心理負擔。

走出場地以後，立刻有評委找到我說我今天的拳很有特色，得分最高，問我這個太極拳是跟誰學的，說他們評委一致認為你跟四川的李雅軒老師是不是有什麼關係。我當時很高興，覺得多年的努力終於沒有白費，跟他們說：「李雅軒是我的老師。」

何福生後來見到我也說，你這個小夥子就是那天練大槍的，你就是當時李雅軒的風格。

那次比賽我獲得了比賽的「雄獅獎」。李雅軒楊氏太極拳也從此受到了社會的關注。從 1986 年以後，我陸續參加全國太極拳研討會之類的太極拳活動，在陳家溝國際太極拳年會上，也被聘為副秘書長。

余功保：

李雅軒的太極拳也走出蜀山，行向全國。

陳龍驤：

整個四川的太極拳是以李雅軒的楊氏太極拳佔據主導地位。

李雅軒老師的太極拳從 1986 年以後就逐漸得到了全社會上的承認，影響越來越廣。我也把老師一輩子的心血隨筆理論整理出來，對太極拳的真面貌很多人不瞭解，究竟應該怎樣練太極拳，怎樣才是正確的方法，這其中是有一整套理論體系的，四川科技出版社對這些內容進行了出版，在海內外產生了很大影響，重印了很多次。

（選自《中國太極拳名家對話錄·盈虛有象》）

香港「太極名家工作坊」講演錄

主辦單位：香港武術聯合會
主 講 人：陳龍驤老師
時　　間：2007 年 1 月
地　　點：中國香港

大家好！

很高興看到大家。我在講課以前跟下面交流了一下，我們是一家人，都是練楊氏太極拳的，昨天我在那邊那個工作坊講課，今天看了昨天來的今天就沒來了，你們幾位都是今天才來的，是嗎？（聽眾：因為買不到票）真的？所以我問了一下，這個有練傅鐘文的，我們叫師叔，這個流派的，也有練董英傑的，董茉莉老師，我們叫師姐，這個流派的，也有練這個府內派的，還有練國家規定套路的。那麼說來說去都叫楊式。所以我想，本身原來這個楊式是姓氏的氏，最早是姓氏的氏，實際就是說姓楊的師傅傳的拳，練的拳，就好像我們這個醫生一樣，比如說，他的骨科很厲害，他就叫什麼王氏骨科，吳氏骨科這樣。那麼後來解放以後，就把它改了，改成樣式的式，就成了楊式、吳式太極拳。以前的那個吳氏也就是楊氏，是楊式小架，他是跟著班侯（楊露禪兒子）系統下來的。所以後來就成了中國的流派，楊、吳、孫、武式大家都知道，後來，再往後發展，又出來個趙堡，現在國家也承認。但是現在還有一個，還有和式啊，你看邢臺的李健方老師來了，他是練的又有和式又有武式。所以這個流派很全啊，越來越多。

楊式太極拳溯本追源

咱們從這個楊式說起，這個楊式是楊露禪從陳家溝學拳過來，由於楊露禪武功卓絕，江湖上叫他「神拳楊無敵」，有了楊露禪，這個太極拳才在武林上獨樹一幟。由於有了楊露禪，最後才知道有個陳長興。因為楊露禪出名了，就要說他老師是誰啊，那麼後來陳式太極拳也發展起來了。楊露禪那個時候在北京教拳的時候，他有兩個兒子，大家都知道，一個楊健侯，一個楊班侯。這兩個兒子的功夫，那個時候是以武功來展示，兩個兒子的功夫也是非常了得的，所以當時他們在北京，楊露禪獲得了神拳楊無敵的稱號，那麼班侯、健侯，他原來還有個大兒子，叫鳳侯，鳳侯死得早。以前那個李香遠，最早的時候，就是跟著鳳侯學過。

那麼可以這樣說，由於有了楊露禪父子的傳播，所以，由於他又是在王府裡面教拳，接觸的都是社會上層人物。但是那個時候的武術，作為太極拳來說，它比較神秘的，因為它那個「引進落空」啊，跟武術界其他人交流，大家感到他很神奇，怎麼一到他們手上就好像站不穩，東倒西歪的。那個時候有交流，一接觸就出去了，而且可以傷人，可以不傷人。唉！所以這個就感覺很神奇，就給他一個稱號叫「神拳楊露禪」。但他們父子很淡，那個時候由於就在王宮裡面傳拳，而且那個時候對於這個技術是非常愛惜的，秘而不宣的，所以那個時候可以說是不傳外姓，或者是少傳外姓，所以那個時候說不上太極拳的發展，但是它對太極拳後來的發展奠定了堅實的基礎。

那麼後來，到了那個孫子輩楊澄甫的時候，楊澄甫生活的年代已經到了民國了，1928 年國民政府就轉到南京了，這個時候，南京就邀請這個楊澄甫、吳鑒泉去講學，所以他們就去了南京去傳拳。這個時候以前早年跟著楊澄甫學拳的弟子，包括我老師李雅軒先生，董茉莉的老師、父親董英傑、北京崔毅士、杭州的牛春明、田兆麟，現在這一批學生都跟著老師南下。這個時候有南京國術館，有杭州國術館，這個時候太極拳就向外發展了。而且那個時候太極拳在上層社會傳的時候，上層人物學太極拳很多都是以強身健體為目的。所以那個時候，陳微明在上海就成立致柔拳社，宗旨是什麼？就是強身健體了。而且根據張三豐的《太極拳論》「詳推用意終何在，益壽延年不老春」，太極拳健身效果已為越來越多人接受了。

所以這個時候太極拳就有一個發展。那個時候可以這樣說：還是以武術為主的。要在武術界立足，要想把太極拳發展起來，你沒有武功不行。不像我們現在哪個地方都可以教太極拳，是不是啊？只要有人去，你願意去教，男男女女，老老少少，都可以隨意組合，沒有人說你不行。來比比武再去教？沒有，現在沒有。所以那個時候還是以武功來決定你是否能生存。那個時候楊澄甫到南方以後就靠那些弟子幫助他，當時我的老師李雅軒也是楊澄甫傑出的弟子之一，董英傑、田兆麟，這些，那時他們都身強力壯的，功夫都很好啊。特別是 1929 年，杭州舉行全國武術遊藝大會，我在學拳的時候我老師就跟我說過，那個時候他代表太極拳上擂臺，……我的記憶裡就有這個話。前年，臺灣有一本武林雜誌，好像很厚的一本書，出版社就寄給我了。我一看，恰恰有一篇文章報導了 1929 年杭州武術遊藝大會的紀實。這篇報導非常詳細，我當時很感興趣。我就想，以前老師在世的時候說過，他打過擂臺，那麼這個上面應該有記載的。所以我就翻，那個時候就好像現在這個比賽的秩序冊一樣。全國很多隊，那個時候有很多隊。那個時候我老師用的名叫李椿年，字雅軒，所以現在叫李雅軒，實際上他的名字叫李椿年。所以當時我就翻到杭州浙江省國術館，帶隊的就是李椿年，哎呀，我心裡非常高興，確實老師帶隊了。那麼當時他的師兄弟，褚桂亭啊，陳微明啊，董英傑啊，他們在上面表演，沒有參加打擂臺。當時打擂臺的那個情況是什麼？不像現在一對一對上去打，打的過程中要穿插表演，所以各家各派都上去表演。打累了，打累了以後要休息，休息的間隙裡就穿插表演。我老師李雅軒當時分在那個是幾組幾號，我記不清了，但是那個號啊，我今天看了，比賽的運動員背這個號碼布，你是幾號幾號，他當時是第六號，李椿年對嵇家鈺。嵇家鈺不是練太極拳的，是練長拳的，很厲害。它是怎麼記載的？李椿年對嵇家鈺，交手數合，幾個回合下來，嵇君自感不敵而退。後來董英傑在上海參加打擂臺，他連勝九場，當時我就問老師，他跟那些外家拳打，長拳打，他用不用腿呢？他說董英傑身材高大，推手功夫好，不需要用腿。總之一上手，他一撥，那個人就倒了，所以連勝九場。那麼我說是什麼意思？由於有楊澄甫這些傑出的弟子取得的這些成績，所以太極拳在那個時候得到了一個很大的發展，後來由於陳微明又出了《楊式太極拳體用全書》，把太極拳品味提高了，使大家知道太極拳有十要，怎麼去練，給大家做了總結，那本書出來以後可以說是習拳的指南，學拳的人就更多了。

但是有個問題，就是楊澄甫，我們叫太老師，你們香港人叫師公，是不是？我們叫太老師，或者叫師爺，都是一樣的，都是爺爺輩嘛。楊澄甫 1936 年就去世了，他去世的時候，我老師那個筆記裡面都有記載。因為我老師，就是李雅軒，和楊澄甫年紀相差只有十一歲，楊澄甫三十一歲的時候，我老師二十歲，我老師跟他正式拜師的時候是 1914 年，1914 年他剛好二十歲，楊澄甫剛好三十一歲。所以他到 1928 年到南京國術館的時候，李雅軒老師已經學習十四年了。所以由於成績優秀，進入中央國術館教授班，是教授班，不是學員班，是教出來當老師的。所以後來我們中國這些武術家，大家都知道什麼沙國政啊，何福生啊，武漢體育學院的溫敬銘啊，劉玉華這些，在跟我老師當時比起來，他們都要叫他老師，因為他們都是學員，因為我老師現在在的話有一百一十二歲。

所以我的那些師兄弟呢，順便說一下，我的那些師兄弟很多都不在了，我跟老師學拳的時候是 1957 年十二月，大家看到我那個書上有個「拜師帖」，那個「拜師帖」是我父親給我寫的，因為我父親跟我老師是好朋友，所以大家可以看一看。那個時候我跟我老師學拳的時候是七、八歲，很小，我的那些師兄弟都是跟我父親一樣大，所以他們現在都是八、九十歲，很多都不在了。那麼我太太，這次沒有來，剛才那個是我的女兒陳驪珠。我老師得她媽媽的時候已經都五十九歲了，所以我就比較年輕了，那麼我現在那些師兄弟在成都的老師兄，還有兩個，有一個八十九，一個九十歲。下面我還要講。

開枝散葉的楊式太極拳

楊澄甫只比我老師大十一歲，所以後來應該在浙江省國術館，楊澄甫就當教務長，我老師到了，從南京國術館到浙江省杭州省國術館，見了老師，就協助老師教拳，他就當太極拳的主任教員。那個時候楊式太極拳沒有那麼多流派，那個時候在杭州國術館教拳架，教器械，都是我老師教的。現在他們杭州今年五月還要舉行一個會，還請我過去，他們還存了一些那個時候的資料，李雅軒老師當年在杭州省國術館教拳的教材都保存著。又把話說回來，楊澄甫離開我們 1936 年到現在多少年了？七十年了，楊澄甫是楊氏第三代，第三代太極拳發展了，但是如果沒有第四代的傳承，大家說這個太極拳還有人知道嗎？我們現在都還沒有七十歲，所以如果沒有楊澄甫、沒有李雅軒這第四代的傳播，那麼誰也不知道楊露禪。因為楊露禪雖然是神拳楊無敵，但是當時在北京，要說成名的武師多得很哪，但是你說現在有幾個你是知道的？還是因為後人不行，後人沒有去傳承。楊澄甫去世離現在是七十年了，我老師那一輩，李雅軒那一輩，你看他是 1976 年去世的，臺灣的鄭曼青，也是 1975 年去世的，董英傑也是六十年代去世的，六十年代到現在多少年？四十年了。在座的，像你們年輕的還沒出生呢。所以如果一個事物拖了四十年的，這個東西就不能傳承了。那麼李雅軒老師他們第四代所開創的太極拳事業，就靠第五代、第六代、第七代去傳承。我們就算第五代，我到新加坡去的時候，董茉莉那些學生叫我師叔，還有叫我師公的，年齡都有五、六十歲了，第六代、第七代的傳承。所以這個太極拳就是這樣一代一代傳承下來的。

所以我在那篇文章裡面我就寫過：這個好像一個大樹，楊露禪、楊班侯、楊健侯是這個大樹的根，楊澄甫那個時候發展了，他是一個主幹，後來的董英傑、李雅軒、鄭曼青就是大樹分了很多大丫枝，到了現在第五代、第六代、第七代就是這個丫枝上又分枝了。那麼結果是什麼？這個樹又在生長、發展。這就像我們經常說的一樣，發展了，這個樹的生命力就強了。如果說現在其他人都不正宗，就是我這個主幹正宗，其他丫枝砍掉了，這個樹就沒有生命力了，這個樹活不了多久。

所以實際上，我用大樹的比喻，就是說這個太極拳發展的眼光看，發展的千姿百態是好事。就好像以前只有一個楊澄甫傳的太極拳，最後傳了很多種。就像我們京劇藝術一樣，唱旦角的，有梅蘭芳的梅派，程硯秋的程派，唱花臉的有裘派，是不是啊？很多種。書法藝術都是學習王羲之的，最後有蘇字、有趙字，有歐字。這就是一個事物的發展。我說這句話意思是，有了發展以後就形成不同風格。而且這些老師，可以說李雅軒老師，1938 年進四川，因為當時是抗日戰爭期間，進四川以後就在國民黨那裡當教員，教拳，從事太極拳職位裡面，可能他是最高的，他的軍階是少將，算是接觸上層人物，那麼他在四川傳拳四十年。董英傑老師就在香港，在新加坡。臺灣的鄭曼青在東南亞、在臺灣，傅鐘文老師在上海，這些老師傳拳。還有我們楊師叔，楊振鐸老師來了，我們叫他師叔。實際上現在第四代就剩下他了。所以我說楊師叔很不容易，八十歲了，還來參加這樣的大會，而且在山西搞了那麼大一個場面，來宣傳太極拳，所以他對太極拳是有貢獻的，很大貢獻，應該這樣說。但是第四代就剩下他了。我在海外看了一下，可以說我的年齡不是很大，但是我的輩分還是高的，臺灣那些來見我的時候，鞠鴻賓八十多歲了，咱們都是師兄弟，這個輩分還是不能錯的。所以第五代人都是耄耋之年，年齡大了。上次我到邯鄲，大家交換名片的時候，大家一看，喲，這個傳人真傢伙——都是傳人。你看這也是第五代，那個也是第五代。實際上真正的第五代跟老師很久的不是很多，這些老師在各自區域裡面傳拳幾十年，根深蒂固，形成了各自風格。

所以我來的時候跟大家先聊一下，你們跟誰學的？你打的跟他打的一樣不一樣？他打的又不一樣，對不對？各有風格，各有體會，當然要遵循一個共同原則，這個各自的風格是誰也不能代替，誰也不可能抹殺的。你比如說，規定套路，國家的四十式，規定套路四十式，說白了，它用了一個國家兩個字，你就不知道是誰編的，但是還不是一個人打的嗎？如果都把他搞成一個面目，他就是一個人風格，再好也是一個人風格。所以實際上有些東西是不能規範的，不能規範化。你比如說他們打這個字，就是規範化，沒有個性，沒有藝術性，怎麼寫都必須這樣寫，這就是規定的，都成了規定的就沒有發展，可以說規定套路也是一種風格嘛，對不對？

太極一家　百花齊放

所以我說的意思，咱們太極拳從傳承上來說，現在已經很多楊式太極拳分出來了，去年在青島舉行國際楊式太極拳邀請賽，就很明確了，在我們國內比較有影響的，傳播面比較大的幾個流派，然後幾個流派分組比賽，分別取名次。這次我們香港沒有這樣搞，在青島是這樣搞的。他分哪幾個流派呢？一個是我師叔楊振鐸。因為比賽嘛，就不可能打那個傳統的，從頭打到尾就沒人看了，也沒有那麼多時間，一打就半個小時，那個不行，對不對？五～六分鐘，現在就四～五分鐘了，更短了，就必須縮減。所以代表他風格的他編了一個四十九式，第一個就是楊振鐸的四十九式。第二個就是咱們李雅軒老師的四十三式。剛才有個同學拿來了這本書。第三個就是傅鐘文老師，那麼這幾個在全國有影響，從老一輩發展有影響。其他楊式太極拳就不可能哪一個老師一個流派。有的傳人只有一個，就不可能代表一個流派，他一個人去比賽也不行，所以就形成不同的風格，那麼這些傳人都是本著楊式太極拳拳理拳法在傳拳。

習拳各有因緣

那麼我們學的人怎麼去學？那麼我說各有因緣。你們香港有好老師，有好的教楊式太極拳師父，你們在香港的，就跟著他們學，這就是你們的因緣。我在成都在四川，我跟李雅軒老師有緣，所以我就跟李雅軒老師學。在臺灣就學鄭曼青一派。所以這個不要說我的拳比他的拳好，大家都好。但是互相可以切磋，可以去研究，因為同是一個老師教出來的，他有程度的不同，學拳時間的長短。就是說在老師在世的時候，他有一個體會，他有一個尺度，咱們後人，互相見面以後，可以共同探討一下。總之怎樣更符合拳理、拳法。咱們在教拳、傳人，這個傳人不容易當。有些人很講究這個，我是哪個老師教的，你比我還晚一些，你就不行。我就說這個輩分不是很重要，主要看你練的怎麼樣。

以前李雅軒老師在的時候曾說：你練得不好，張三豐的徒弟都等於零，你不要說是我或哪一個的學生。張三豐是祖師了，你練得不好，張三豐的徒弟都等於零。而且這些老一輩的老師都不在了，他的拳，他的名字誰去傳？傳人去傳。你傳人練不好，人家說，唉，比如我們殷會長（注：殷會長是香港武術聯合會副會長），殷會長行，那你的老師肯定行。所以說你傳得好，打得好，老師跟著你沾光，你打得不好，老師跟著你受氣，你不但沒有起到傳播作用，人家還說，你老師就是這個樣子啊，所以說傳人不好當。第二個就是說咱們傳人怎樣去傳，傳什麼。所以我就說這個傳人的義務和責任是什麼？這個很重要。以前學功夫，哪個功夫好哪個就行，現在這個概念不一樣。

傳拳三要

所以我覺得，我們學太極拳，在傳拳的時候，我總結了三個繼承。第一個繼承，我們要繼承先輩的品德，武德是最重要的。你看所有的成名的老師，被別人傳頌的老師，他都不僅功夫高，品德一定很好。大家看過《水滸傳》，裡面一百單八將，那個宋江他的本事好不好？要說武功的話，他哪個都打不贏，但是為什麼他能當大哥啊？江湖上叫他「及時雨」，他會團結人哪，他行俠仗義。你看所有的有名的拳師都是忠義之士。李雅軒老師以前講過，打太極拳能夠培養人的正氣。大家看他的拳照——不知道你們看過沒有。臺灣出了我的那本書，把老師拳架照片登上以後，在書的後面有個評語，「觀李雅軒先師拳照，舒展大方，氣度雄偉，有神威不可逼視之感。」那個神威是怎麼來的？老師說：你在那一站，頭頂青天，腳踏黃泉，有一個凜凜正氣，神聖不可侵犯。那麼我們術語叫虛領頂勁，氣沉丹田，是不是？沉穩下去後，臉上氣質要變，非常莊嚴。所以可以這樣說，古之俠士都是忠義的。而且我們楊式太極拳有門規啊，不知道你們有沒有看過，收徒、教徒有八傳八不傳。總的來說，就要傳忠孝的。不忠不孝不仁不義寡廉鮮恥的人那些是不傳的。隨便他有多少錢，隨便他有多聰明，都是不傳的。所以首先人格、品德，是最重要的。所以我們繼承他，首先就是要繼承老師的武德。

第二個就是說我們太極拳發展到今天，可以說習練的人口在武術中是占第一位。前國家體委副主任徐才他也講過這個話。而且全世界可能上億的人在練太極拳。但是可以這樣說，百分之九十的人都在追求強身健體，延年益壽的效果。怎樣把太極拳練好？太極拳作為武術要不要繼承？當然要繼承，不繼承就斷層了。但是研究武術的畢竟是少數，大部分人可以說是從健身這個角度練的。剛才那個同學說：我身體不好嘛，我身體練好了以後才能說其他的。對不對？我身體都沒有還能練什麼武功？我身體好了，不斷要深化。我們太極拳人口最多，主要從強身健體方面去研究。

還有一個問題，怎樣才能強身健體？你的修養要上去，所以我們要把太極拳的品位提上去，要認識到太極拳是一種文化，是我們中華民族的文化遺產，而且是一種高深的文化。太極拳不僅是一種術，或是一種藝，它更是一種道。我們傳人在傳這個道的過程中，提高自己人格的昇華，要用太極拳的拳理去處理你周圍的人和事。現在講什麼？和諧社會，我們太極拳就是和諧的，陰不離陽，陽不離陰。我們家庭要和諧，這也是太極拳拳理。你看推手裡面，不丟不頂，練拳的時候要上下相隨，這可以應用到很多領域。你處上下級的關係，跟你單位領導，你就不能去頂撞他，你要不丟不頂，上下相隨，是不是？（笑聲）家庭也是這樣，他們學過太極拳的就說我現在脾氣變好了，我現在不吵架了，太太一發火我就給她化了（笑聲）。這個用太極拳道理啊，所以我們教太極拳的人要懂這個道理。

品味提高

第二個繼承就是要把它的品位提高，不提高它的品位，你的功夫再好又怎麼樣？一介武夫。而且要說能夠傷人，那傷人的東西多嘞，對不對？美國華人羅邦楨來見我的時候對我說，怎麼很多人一講就想打，想打在我們美國有錢機關炮都能買得到，對不對？你會打，人家手槍拿出來，你能打贏嗎？我們研究這個技術是繼承這個東西，不是去打架，鬥狠。你功夫再高，你沒有修養就是一介武夫，你的品味上不去的，人家再說白一點，你就是個打手，對不對？好像畫畫一樣，就說你是個畫匠，不是畫家，品味上不去。

傳承技藝

所以我們第三點要繼承這個技藝。這個技藝很重要，你拳打得不好，連你的老師都跟著倒楣。所以這個傳人不好當，教拳不好教。2003 年我在北京的時候，在中國楊式太極拳高級師資培訓班，我跟李敏弟，就是我太太，我老師的女兒，我們去教，當老師。我跟海內外學員就講，我說當老師不好當啊。我雖然說是教練培訓班，不好當啊。這個老師，韓愈說道：師者，傳道，解惑，授業。你自己練，隨便怎麼練都可以，你隨便怎麼舒服都可以，你練得亂七八糟，怪裡怪氣，沒有關係，沒有人去管你，最多就是自誤嘛。你教人就不一樣了，你不能用很正確的方法去教別人，你不僅是自誤，還是誤人哩。很多東西就是差之毫釐，失之千里。昨天我給學員做動作的時候，我就說：有些動作很細微，但是你差一點，你把它的原意全部弄完了。所以說老師不好當啊。你要說，怎麼不好當？我說往這一站，很多人跟我練，你看，我現在的人越來越多。但是你的方法不對，你誤人啊，如果你自己知道自己練得不好，還去哪裡教人，那你不是功德啊，你在耽誤別人啊！所以傳人也好，老師也好，首先把自己的技藝提上去，這才是繼承和發展，你沒有繼承怎麼發展？

李雅軒老師對楊式太極拳通過幾十年的鑽研，我給他整理出來《太極拳精論》，這個精論是我給他整理出來的，兩個字，精論，他以前就叫太極拳雜談，他是想到哪寫到哪。那個時候老師他想到什麼馬上起來就用毛筆記下來，想到哪裡寫到哪裡，最後我給他整理出來了。但這些東西都是他幾十年練拳的心得體會，而且沒有一點玄虛。李雅軒老師有一個最大特點，他就是不玄虛。他絕對不會把這個事寫得玄乎其玄。他跟我講：我在南京國術館的時候，全國的武術精英哪個流派都見過。他到四川以後，抗日戰爭時候他進了四川，四川那個時候排外，你是外地人，四川那時候很封閉，對不對？所以他到四川後，憑他的武功，憑他的武德，整個武術界尊重他。人家給他一個稱號：西南太極王。所以他是用正確的方法來傳楊式太極拳，而且幾十年心得體會，他把太極拳發展了。所以李雅軒自己說，他是根據以前他老師的傳授，根據太極拳武術的用法，對有些動作進行改進的。我隨便說一下，等會兒還要講。從太極拳動作名稱上，他就經過研究。我們現在打的摟膝拗步，他加了摟膝拗步掌。大家想一想，這個掌加得好不好？摟膝拗步，是幹什麼？拗步是不順嘛。摟膝，只使了一個摟膝一個手勢，拗步幹什麼？所以摟膝拗步掌——推掌。就好像我們還有一個名稱，進步搬攔錘，如果我們不要這個錘這個字，進步搬攔，就跟摟膝拗步一個樣。你們想啊，進步搬攔幹什麼？搬攔錘！那麼摟膝拗步他加了一個掌，大家覺得他加得好不好？很好啊。這說明他在用心地研究太極拳。當然是他的見解了。這是他一絲不苟的把這個太極拳傳承繼承了，而且發展了。所以我說，從繼承發展這個角度說，我們當老師的一定要把這個太極拳扎扎實實的練好，然後再去傳給別人。

太極拳鍛鍊法

那麼怎麼練太極拳？怎麼才能練得好？這也是大家都想知道的。以前我老師在省委、市委教那些高級幹部時候，在那個大學裡面教那些教授的時候，那些知識份子就有一個特點，就是愛問，愛看書。他看過書理解不了，就有很多疑問。而且還有一個共性，就是都想很快去掌握太極拳的要領。都想老師，哎，你給我說個訣竅吧，說一個捷徑，怎麼一下子就能掌握。而且問老師，我這一動應不應該先動哪，後動哪？怎麼去轉？老師聽了煩。

那麼老師怎麼教拳呢？在我跟他學拳的時候，老師在那個床邊上貼了一張紙。那個時候文化大革命中間，大家知不知道文化大革命？他以前在國民黨當過教官，那時日子也不好過。但是他還是政協委員，還有生活費，但是整個來說社會上沒有地位了，隨時都可以批鬥你，但是他練功沒有停止過。那個時候房子很小，很破爛，擺設也很簡陋，他的床邊有張寫字臺，寫字臺牆上貼著張紙。這張紙從我學拳的時候，到他去世一直都是掉下來又貼上，掉下來，又貼上。那時候沒有膠水，用漿糊啊，他用毛筆寫兩句話：要經常想楊老師——楊老師就是楊澄甫啊——打拳推手的樣子，功夫才能進步。他就寫這兩句話。那麼這時候就要問了，老師跟我說說訣竅，他說訣竅，兩句話，這兩句話現在我也奉獻給大家。我練拳五十多年了，我也是一直按照這兩句話在做。而且我覺得這兩句話對大家都有好處，很容易掌握。哪兩句話？他說：第一句話：放鬆放軟的打；第二句話，想著我的樣子。他就說這兩句話。後來2002年我在廣州跟蔣家駿、陳正雷他們一起開會的時候，《武林》雜誌的總編輯勞堅請我寫一點東西，我就把這兩句話寫在文章裡。世界上很多事都是最簡單就是最深奧的，最平凡就是最偉大的。為什麼這樣說？你看太極拳要領有多少？陳微明總結了「太極拳十要」，虛領頂勁，氣沉丹田，鬆肩垂肘，含胸拔背，內外相合，上下相隨，邁步如貓行，運勁如抽絲。李雅軒在四川傳拳，有個太極拳規則，書上都有，他總結了十六條。我著這書的時候，對這十六條進行了詮釋。後來我有兩個學生，在西南交大讀研究生，過來跟我學拳。有一個就很不對，毛病很多，彆彆扭扭的。我就問，讀研究生啊，你應該悟性挺高啊，你怎麼太極拳就打成這個樣子？他說：老師我跟你說，我看你這個書上以後，我就天天在背這個要領，但是我打太極拳的時候，我想起虛領頂勁，就忘了氣沉丹田（笑聲），我想了沉肩墜肘，就忘了含胸拔背，我想不過來這十六點。我說，所以你這個拳就打變了。太極拳要求非常的寧靜，你亂七八糟的那麼多要領在你腦子裡面過，你根本不清靜，你怎麼練？

我說，打拳就像臨帖寫字一樣，寫毛筆字，照著帖子寫。帖就是老師，一筆一劃跟著他寫，寫久了，你就有那個味兒。一個好的太極拳老師，他把太極拳的要領都融匯在他的形象裡了，沒有哪一點是孤立的，是可以分割的。

裁判觀點

好像我學裁判那樣，我七十年代就當裁判了，什麼裁判都當過，所以從競賽這個角度，從傳統這個角度，我還是有發言權的。我十二歲就參加四川省比賽，我就拿冠軍了。我 1986 年又拿了雄獅獎。怎麼去當裁判？當裁判時學習很多，有些很容易掌握，你出線了，器械觸地了，器械掉在地下了，器械歪了，扣0.1或0.2分。你打拳起收式不符，本來是向南起勢的，打忘了轉身，背後收勢，裁判長扣分，還不是你裁判扣分，這個很容易啊。但是說了，動作規格是簡單的，境界的順達這就多了。你能一條一條去扣嗎？這個運動員一站，一亮相，幾個姿勢一打，你就知道他的程度是多少，基本上八九不離十。給你打個八分吧，你再出界了，扣一點吧，絕對不可能你哪個地方跟哪個地方分別給你扣一點，看整體印象。精氣神是不可能隔離的。所以我們太極拳也是這樣，你注意這兒注意那兒，就像我們老師說的，挂一漏萬，顧此失彼。所以大家要注意，練過太極拳要注意，大腦裡面要想著老師的樣子，我現在當老師了，我不敢瞎帶的。我看我們那些師兄弟很多打變了，不要說跟了李雅軒老師學就怎麼樣。自己不努力，自己不激勵自己，照樣要變。

想著老師行拳模樣

我老師去世以後，很多我們那些師兄弟互相見面時候，我經常說這句話：我說老師在的時候，很難得表揚我們，我們都是這不對那不對，老師一去世，都對了，個個都是老師，根本不能說。你一說，「你才不對嘞」，他根本不接受。還有那個學生，學生敢說老師嗎？不敢說。老師怎麼做，他就怎麼做。大家還注意到一點沒有？學生學老師的時候，好多時候他的優點學不到，他的缺點倒學得很好。（笑聲）老師的屁股有點撅，他就撅得更厲害，是不是這樣？你們覺得是不是這樣？他把老師的缺點當成了特點，對不對？最後美其名曰：各有各的風格，各有各的體會。可他體會錯了！所以我們不敢瞎帶。那麼怎麼帶？你怎麼知道你打拳對不對？自己又放不下面子，說那個學生，你看我的拳怎麼樣，給我改一改？當老師的一般不會說叫學生給他改拳。那麼我們怎麼帶？那時候我們學拳的就不像現在，現在有影像，老師在練拳，離開老師有光碟，看看老師的光碟，又有書。以前我們那時候什麼也沒有啊。老師六四年留下的拳照，就是這位同學手上拿的，七十歲、1964 年攝的，非常的珍貴。我們那個時候老師有病，打拳帶我們的時候很少，他能在前面帶著你練一趟拳，那是福氣。你說老師，你正正規規表演給我們看一下，你的劍、刀，沒門，不練給你看。那個時代也受限制，武術本身受壓制，老師心情不好嘛。那麼你怎麼學啊？所以我們現在，就說我們，腦筋裡面，一站，就要想到老師的形象，老師的教誨，特別老師給你指出的地方。你要去看，然後……現在方便了，有錄影，對照一下，以前沒有錄影，有穿衣鏡啊，對著鏡子照一照。唉，怎麼自己打著打著身體有點斜了，怎麼前傾了？趕快糾正過來，就是這樣不斷校正。給學生改動作也是個學問，不是說別人打拳打得很好，你也知道看著好，但你就打不好。你的學生打不好，你說給他改，你就改不過來，你沒有經老師給你改，你不知道從什麼地方改。這個話怎麼說？我以前在工廠裡面當過工人，文化大革命時期，這個工廠有道工序叫校正工，專門有一道工序，要送到校正間，用這個衝床機器軋。這是一個特殊工作，而且是一個專門的人。你看那個地方間隙那麼大——用那個鋼塞尺去塞，看零件變形的間隙是多少，你去軋就軋壞了，越軋間隙越大。那個專門的校正工，他去一軋就正了，合乎標準了。所以你沒有經過名師指正的話，你去教別人，你就不知道怎麼改它，這個要很注意的。

記憶的老師形象

還有就是說要把老師的形象在你腦筋裡隱藏著。當然了，如果老師的形象，雖然他滿口的太極拳要領，都會說啊，書上都寫好了，虛領頂勁，氣沉丹田，都會背，但是他的形象不對，做出來硬梆梆的，他肯定打不好。那個學生以他這個為藍本，肯定就不行。為什麼有些拳要做成太極拳操啊？我們比賽時候還說過一句話：長拳慢練。你看有些人腰腿很好啊，舉個朝天腿，很高的腳；邁步步幅很大。但是你一看，他不是練太極拳的，他是練長拳的，他用長拳思想，長拳的意思、標準來練太極拳，所以那個學生跟他學，都跟著打成長拳那樣。

談套路編創

這就好像套路的創編一樣，這套路創編有沒有問題？有問題。我們祖先編這個楊式太極拳，我們四川叫一百一十五式，現在有打八十五式的，一百零三式的，實際上他的套路結構都一樣。只不過動作分得細一點，但是套路順序走向還是一樣的。我們祖先能編出這個博大精深的太極拳，那麼創編個套路還不容易嗎？我現在編套路，一天可以編好多套，翻過來覆過去嘛，對不對？所以我們以前傳統的太極拳，大家看到，有很多重複動作，對不對？你看攬雀尾有九個，雲手打了三次，他為什麼有那麼多攬雀尾？是不是多餘的？不是多餘的。我告訴你啊，它有它的道理。動作與動作之間的銜接，如果沒有這個動作去銜接它，你的勁道就不順，你練出來的內氣就要逆行，你不懂得當然沒感覺。特別是那些練拳有素的老師，他有功夫了，他練起來彆扭，感覺你這個不好，彆扭，不願意練。你說怎麼彆扭？我沒有感覺，你沒有功夫，他有功夫，他有感覺，但他又說不出來。很多老師他沒有文化，他只感覺不舒服就不練了。實際上就是編排的時候，哪個動作銜接哪個動作很有講究的。

古人是非常嚴謹的，一套太極拳打一輩子，他非常嚴謹，多餘的動作不是累贅，非要那樣不行。現在比賽不行了，辦訓練班不行了。你還說，比賽我就要打完，打完就沒人看了，咱們比賽都打傳統模式太極拳，打半個小時，我看武術聯會搞半月搞不完。怎麼辦？所以要簡化。簡化原則是什麼？你不能失掉傳統性。還有，是不是把所有不同的太極拳動作都串起來才行？也不行，還有些動作你不能串的。所以這個四十三勢，李雅軒四十三勢，我五十多年練拳，我為了適應這個需要而創編的，所以我就打一遍，也很舒服，是不是？所以我在講的時候，所有不同的動作沒有完全把它涵蓋進去，不能含的就不能含。很多其他地方練的那些套路就沒能注意到這個問題。他沒認識到這個，他以為那些是多餘的動作，是重複的，把它去掉了，把不同的動作串起來了，串起來就不順，這是一個；第二個，又加上他本身不是專門練太極拳的，或者說他可能去問了一下練太極拳的老師，有過一個很短的接觸，他本身的習慣就根深柢固，然後他把太極拳作為一個練長拳的套路，太極拳簡單啊，長拳多快啊，容易記，難度又不大，他練出來味是長拳的，達不到太極拳要求。

求師須求真正名師

所以我剛才說，李雅軒老師，在五十年代說，一定要真正的太極拳老師，這個教員很重要，套路是第二位的。我們傳播太極拳一定要真正的太極拳老師。就像我們普通話，一定要聽中央廣播電視台播音員的普通話才是過硬的。他們來傳播普通話字正腔圓，我這個南腔北調，普通話肯定不行。就像香港同胞普通話（笑聲），你去當教員肯定不行。是不是？你說我是香港同胞，我就不能教普通話了嗎？可以啊，我昨天看了一個，叫什麼？也是香港的，他普通話就說得好，我講怎麼你的普通話很標準呢？他說他在北京學了幾年。那麼你必須要長期在那個環境裡面，跟真正說普通話的人接觸，要把香港的土音、本地的音去掉，你再來說普通話，你就是最好了。就像學京劇一樣，全國京劇是國粹，你說沒有關係，我不去找那個傳人，我把中央音樂學院唱高音的教授請過來教京劇，他就唱成京歌了。他是有名啊，但他是唱歌的，不是唱戲的，行當不對。教長拳的老師能不能教太極拳啊？可以，但你必須經過真正的太極拳老師給你改動作，把你練長拳的習慣丟掉，你才能夠教。香港人說普通話有什麼不可以？只要聽懂就行，但是你不標準啊，我們這樣說話，要說我們這樣是標準的，肯定是不行的，這是一個問題。

第二個問題，咱們的太極拳，大家要認識到，它的內涵非常豐富。我們天天練，重複在練。可能在座是天天都要練，那麼為什麼百練不厭呢？特別是傳統太極拳？你說以前楊澄甫，一套拳，吳鑒泉一套拳，我們這套太極拳以我個人來說練了五十年了，百練不厭。昨天晚宴很豐富，你說菜好不好吃？好吃得很，天天吃，頓頓吃，你願不願意吃？其中有一道菜，非常好，你天天吃，從早晨吃到晚上，你肯定不願意吃，吃厭了。就想換個口味。那麼我們太極拳，為什麼在以前就是一套拳，現在這個套路越練越多啊？這個套路創編越來越多是現在的事啊？以前沒有啊？那麼我們以前練太極拳練的時候練的什麼？我們每天體會是什麼？是太極拳博大精深，他的文化內涵，他內裡練神練意練氣，怎樣去練？李雅軒當時提出來，大鬆大軟，怎樣大鬆大軟？這個不是一兩句話能說的清楚的。有些東西就叫做心領神會，只可意會不可言傳。這個不是老師保守，他說不出來怎麼說？以前叫言傳身教，學生心領神會，大家注意，文字寫不出來，有些人可能不同意，咱們寫個一二三，才學得會，學員就喜歡一二三，幾個說個一二三我就去做。但是很多東西一二三說不準的。

我舉個例子，看你們能不能說準。這個同學問我：老師，我們沒吃過白糖，糖什麼味兒？我說，糖是甜的，對不對？你說，甜的什麼味？我說甜的就是甜的。你能說出來嗎？你能用文字把甜這個味形容出來嗎？甜的就是甜的，你最多加個字，甜甜的。你怎樣去把甜的味寫出來？寫不出來。但你自己體會到了，你去教別人，你還是說不出來。你只能去自己去嚐嘛。這就叫心領神會。有時候不要怪老師保守，他說不出來怎麼辦？你偏要讓他說。而且咱們太極拳，你比如說鬆，大家都是鬆嗎？你是不是真正的鬆了？老師提出來：大鬆大軟，太極拳老論上說極柔軟，然後極堅剛，現在很多太極拳界的人很忌諱這個「軟」字，說太極拳不是軟，是柔。在這個「軟」、「柔」上面去費口舌。我說你不軟怎麼柔啊，你首先不軟怎麼柔啊？而且太極拳老論上面說極柔軟，然後極堅剛，它都不避諱軟字，你怎麼避諱它？它是怎樣柔啊？怎樣大鬆大軟，鬆得像一攤稀泥一樣，提都提不起來，這個要認真琢磨。還有鬆而不懈，怎樣才是鬆而不懈？老師要給你傳啊，十年前的鬆跟十年後的鬆不一樣啊。我現在看我年輕時候打拳，我三十多歲的時候照片跟我現在照片不一樣啊。什麼地方一不樣？神韻不一樣，味兒不一樣，厚了。現在練的厚了一些。可能現在腿沒有以前提得高了，這個倒是真的，年齡大了，但是那個氣度，韻味兒加深了。所以我們大家打太極拳，每天都是在不斷深化內涵的積累。所以你每天有每天的感悟，你就感到每天不一樣。練好以後什麼感覺？神清骨爽。不知道你們有沒有過，我練過以後心裡有一種說不出來的愉快，滿嘴口水，唾液在練的過程中不斷吞嚥，感覺非常舒服。所謂神恬氣靜，有那個境界。你說有這種境界，誰不願意去練？你練了以後面青氣喘，喉頭發乾，周身不舒服，誰也不願意去做。惱火的事誰也不願意去做，練得非常不舒服，你整夜每天不斷去深化那個東西？所以我教我的學生體會「鬆」，以前楊澄甫那個年代老師最多跟你說：鬆，鬆，鬆，不鬆，不鬆，不鬆。他就這個話，因為他還沒有其他更高的理論，他就是鬆，或者說不鬆不鬆不鬆。所以留給我們後人就是這兩個字，鬆，鬆，鬆。他又不在了，怎麼鬆？鬆到什麼程度？那不是真正的太極拳老師，他也講鬆鬆鬆，他做出來的姿勢是很硬的。我當裁判的時候，有些練長拳的老師上去打，練了很多年，他的腿舉得很高。我就給他打低分。他下來問我，陳老師，你打分怎麼搞的？人家打得高你怎麼搞的？我說我們以前沒見過面，你以前是練長拳的嗎？你練過很多年是不是？他對我望一下，很驚奇，他說，陳老師，你怎麼知道我是練長拳的？所以我就說，我知道你是打長拳的，你的太極拳就不標準了，就好像你跟我說普通話，我說這位同學，你是香港人嗎？你說我的普通話得一百分，不可能吧，我聽得出來你是香港人，你的普通話就不標準。你普通話說得好根本不知道他是哪個地方人，這就標準了。所以這個要真正的太極拳老師，是不是這樣的？

深化太極拳內涵

所以我們每天都是在不斷深化太極拳內涵。太極拳練神、練意、練氣，這個對身心的好處非常大。所以大家可以說表演的時候很多音樂，我不知道你們香港放不放音樂，我們內地太極扇、太極棍，放起來很好聽的音樂，哎呀，我們走在旁邊一聽，陶醉了，春江花月夜啊（笑聲），我聽了很舒服。那麼舒服是舒服，我是旁觀者，我是來參觀的，我是來學習的，我是來看表演的。表演如果是沒有音樂，確實沒有效果，但是自己練的時候放音樂，你怎麼去體會那個意境？怎麼去體會「其根在腳，發於腿，主宰於腰，形於手指」？你怎樣去體會那個用神用意用氣？你就暈暈忽忽的去聽春江花月夜了。那麼現在怎麼辦？為什麼套路越編越多？因為教的人他不是傳人，可以這樣說，他就是搞著玩兒，大家跟著學也是玩兒，玩兒唄。他沒有什麼責任，不像那個傳人把這個中華民族的東西傳下去，他要傳承那個道理，他就是玩，玩就是好玩嘛。所以套路不斷的編，因為他們編的裡面啊，不練意，不練勁啊，增加新鮮感，他不斷的花樣翻新，增加新鮮感；不斷的練套路，增加他的運動量，然後再用音樂一放起，我就說暈暈忽忽的，陶醉了，最後出一身汗回去了，他才安逸。好玩兒嘛。那麼，反過來說，他跟真正的太極拳健身效果不能比。我講的就這個意思。這個太極拳啊，你看這個《李雅軒太極拳精論》，我老師六十多年心得體會。由於他的練功方法是第一流的，所以成就了他成為一代武術名家。但是他大鬆大軟，練神練意練虛無的氣勢，神明的感應，這也是一種最好的健身。

太極乃最佳的健身與道法

現在從「健身」角度上，我教過很多學生，他們有時候談練的效果說出來，我都不相信。他們在身體上所起的變化，對他們身體的療效，可以說不可思議。那麼李老先生的這一套練功方法是最好的健身方法。我昨天也講了，我們的太極拳為什麼叫太極拳？為什麼不叫其他拳？而且其他拳練慢了，不能叫太極拳？其他器械慢慢練也不能叫太極劍？大家可能沒想過這個問題，為什麼祖先不把太極拳叫健康拳？他不叫健身拳？他起名叫太極拳？大家想過沒有？不要光是從陰不離陽，陽不離陰這個方面去考慮。我現在講課大家都能聽，我們人類，為萬物之靈，對不對？那麼為什麼人會是萬物之靈？誰賦予我們靈性，大家想過沒有？為什麼不跟其他動物，豬啊，狗啊，賦予這種人的靈性呢？我們人的這個靈性是誰給的？這就說到哲學裡面的東西了，形而上者謂之道，形而下者謂之器。看得見的摸得著的形而下的，看不見的摸不著的形而上的。所以老子講「道可道，非常道」。那麼我們祖先在四千多年前創造了易經，後來道教把它運用了，所以他們說太極是道教的。我說不對，他們說，太極是道教的，易經是道教的，我說道教是太極的，因為太極出現時，沒有道教。在中國，沒有神道的時候，沒有神啊，沒有佛啊，這時候，我們人對不可知的現象給起名字，叫太極。

所以南宋有個理學家叫邵雍，邵康節啊，他寫了一篇有名的文章叫《無名公傳》，他就講到了這個問題。他說「能造萬物者，天地也，能造天地者，太極也」，誰在創造這個宇宙？太極。「太極豈可名乎？」就是說太極能取這個名字嗎？他不能取，「強名之曰太極」。就是說所以我們太極拳論裡面就說「太極者，無極而生，動靜之機，陰陽之母也」，萬物的起源。我們現在說「機」，什麼叫「機」？機遇。要抓住機遇，抓住商機。抓住機遇靠什麼？靠靈性。人沒有靈性就什麼都不行，人怎麼會衰老？靈性少了。你看那個小孩，活蹦亂跳的，他靈性多；人老了，靈性少了，癡呆了，走不動了。我們練太極拳，大鬆大軟也好，虛領頂勁也好，氣沉丹田也好，這些東西都不是目的，這些都是手段，我們練拳這些統統都是手段，他的目的是什麼？目的就是培養你的靈性，所以我們祖先叫它太極拳啊，這是我想出來的，我感悟出來的。

你看我們打太極拳的人，那天我見到胡會長我也講過，我母親，現在健在，九十二歲了，我姑娘那個地方還有她和爺爺奶奶照的相，九十二歲，學拳五十多年，跟我一樣。每天早晨四點五十分起來，起來幹什麼？先做做按摩，七點鐘準時到我們成都市體育中心去教拳。她不是幫自己的，她幾十年教拳，義務教拳，她要練多少？一百一十五式的楊式太極拳要練一遍，四十三式太極拳練一遍，太極劍、太極刀，李雅軒老師還傳三才劍、武當劍，推手，早晨練武兩個小時要練完，練完了回去後還要做家務事，她是一天三件事，彈鋼琴，九十二歲彈鋼琴，寫毛筆字，她還左手寫，到現在臉上皮膚沒有老年斑，現在能打手機跟我通電話，思維非常清晰。我另外一個師兄，黃星橋年齡更大，九十四歲現在，他更厲害，現在每個禮拜打三次網球。他就跟我說，我現在他吊我短球我不能去跑，他打過來我給他打過去，每個禮拜三次，這就是咱們練太極拳的，練太極拳靈性沒有失啊，而且是周身輕靈。李雅軒老師講究大鬆大軟，這種大鬆大軟，是周身配合的大鬆大軟，他不是局部的，哪一部分，我的腳踢得比你高，它是一動無有不動，一靜無有不靜，一動百隨，周身配合一致的柔軟，所以通過這種鍛鍊，通過修養腦筋，養腦力、靜動合契，這樣把靈性培養起來，所以這樣產生。

我們太極拳練什麼？西方的體育是肢體動作，肌肉很發達，但他有很多病，你看到沒有？很多人體重、力量大得很，你一問，高血壓、心臟病，他內裡沒練嘛。太極拳能練內啊，這就是其他體育不能比擬的，大家可能都有體會。而且太極拳不花錢，隨便一個地方都可以練，不需要很大的投資。所以我們練太極拳，太極拳好，還是要練得好，練得得法，練得不得法你就是那個太極操。那麼我現在看體育中心練的那個二十四式，那些老太太，也不能叫老太太，五十多歲了，退休早了的，在練。我看她們在練，放音樂。我就想，如果沒有這個音樂，還不如做體操。因為體操還有那個強度，對不對？她那個手劃過去，不知道為什麼，所以很多效果不明顯。我本身單位是航空的，大家可能看過那個殲十啊，殲十飛機還有以前那個梟龍，都是我們公司造的。以前我教航空航天兩部那些廠長、書記、所長練太極拳，我教他們。那時候航天體協請我去，他們感覺就不一樣。所以後來他們談體會就說了，跟我們黨委書記就說這個話：他說，實在的，我們到成都來跟陳老師學太極拳，為什麼？他說我們就想把身體練好，但是要說學太極拳容易呀，我們北京大院有的是，你說北京大院裡面教太極拳的少了嗎？亞運會裡面當教練的多得很。但他練了以後有兩個感覺，他說以前練了以後手上沒什麼感覺，現在練了以後兩個手啊重砣砣的、沉甸甸的，感覺氣很厚，很舒服，練了以後腦筋很清醒。他們認為練得得法。所以練太極拳沒有這些認識，你可能就……怎麼說呢？也不能說沒有效果，但是你的效果就不是很明顯，不是很好。我跟大家說的意思是什麼？就是說，我們既然在練太極拳，就應該在花的時間裡面取得最好效果。

太極拳是一項有益人類健康的好事，所以我們每天教學生打太極拳就是做功德，是不是？但是在思想上要端正。現在的市場經濟，很多靠太極拳去斂財，要收別人很多錢，這不對的。練太極拳應該把它做功德來看，跟醫生一樣，治病救人。不要說我掌握醫術了，你到醫院裡面，找我開刀就跟你要紅包，要很多錢，那很不好。是不是？所以武德很重要的。還有就是我們現在在座的，我們大家在座注意這個太極拳，當然說有跟著傅鐘文老師學的，傅鐘文老師是我們長輩了，有跟其他老師學的。我們在練的過程中，可以檢查下，我們練的動作是不是符合太極拳要領。我的書出來以後，我在焦作參加國際太極拳年會，在陳家溝嘛。我是他們的副秘書長去的。馬虹的弟子，石家莊的，三十多個學生到我那個住的地方來，我說你們是練陳式太極拳，見我有什麼意思呢？他們說，陳老師，我們自從讀了你的書，書中的李雅軒老師精論，把我們多年困惑的問題解決了。這是我始料未及的，我感到很高興。最近不斷的有給我寫信的，練吳式太極拳的接受了李雅軒老師的拳論，大鬆大軟，他說我們現在是吳式的套路，楊式的練法。蘭州的也是，我是練陳式太極拳套路，大鬆大軟的練法。這次蔣家峻老師，他是我一個很好的朋友。他說，龍驤啊，你看我現在大鬆大軟這個味兒。蔣家峻很有名的，你們知道吧，技擊家，他是我很好的朋友。他說，你看我現在很鬆軟，這個大鬆大軟。所以堅信大鬆大軟的練法，不管從你技術上，從你身體上都可以起到很大好處。所以我就想現在書很多，我費了很多時間把老師這些東西整理出來，我沒有什麼功勞，這些東西大家覺得很寶貴，這些都是老師的，都是他講的拳理，我把這些東西奉獻給大家，讓大家共同受益。各人練的不一樣，我們就說這個太極拳，當時李雅軒先師在的時候，咱們太極拳，一舉手一投足每一個動作很細微，它都有它的作用，你們有沒有想過，你們懂不懂這個作用啊？所以老師說，沒有一手一式是丟掉了技擊作用的妄動。而且咱們練太極拳，四肢不自動，要用心意去率領。你看有些打得很花稍，打得很好看，但是這些東西經不起檢驗，這些東西沒有鬆沉的味，只不過你看不懂就是了，這個鑒定很重要。

我說個笑話，我姑娘小的時候，臉胖嘟嘟的，臉上紅彤彤的，像個蘋果一樣，這個氣色很好，她身體好嘛。身體壯她臉色就很好，你說紅就是身體好？你看現在街上擦胭脂的婦女，擦得更紅，更紅就是身體好？你要認識到它就是胭脂，是表面裝的，人家這個氣色是真的。所以這個太極拳是不是真正的太極拳要會鑒別。我女兒小的時候，人家就說，驪珠，妳臉色真好啊，她就說，爸爸說，我這是真正的太極拳。人家不知道什麼意思就笑了。你說太極拳要講什麼？講處處畫弧形？這個話不錯，但是大家想過吧？太極拳為什麼要畫弧形？太極拳為什麼要處處畫弧形？這個弧形有什麼好處？是不是有了弧形就是太極拳了？你說自行車鋼圈圓不圓？360 度圓，但是你說它是柔軟的嗎？它是鋼圈，質地是挺硬的。你看那個充了氣的外胎它也是三百六十度的圓，但充氣以後是柔軟的，所以不要看它圓就對了。還有咱們太極拳是個武術，你往那兒一站，以前老師說了，要像個把勢。把勢懂不懂？北方叫把勢。你那個味兒，就是練拳的，練武術的，你要有那個氣度。人家一看，根本都不注意你，你隨隨便便，就像在那摸魚的一樣，人家不注意。而且你練過以後沒有感覺。不知道你們練過以後口裡面是不是有許多口水啊？是不是很舒服啊？是不是神清骨爽的感覺啊？如果沒有這些感覺，你就應該找個老師去問一下。我在北京給他們講課的時候，輔導站的人站長來了，他說啊，哎呀，練太極拳口裡還有口水，我們練的那個（規定套路），我練了以後每天要喝很多水，是嗓子很乾，我怎麼就沒有口水。怎麼去用氣啊，用意啊。所以他們就玩兒，而且練了以後凡是練了傳統太極拳得法的，就有這些效果啊，確實，我剛才說了，咱們太極拳練的靈性，對神經的恢復，我舉個例子。在我那裡有個學拳的老師傅，七十多歲，他解放前是個開衝床的，軋鋼的那個衝床。他不小心手伸進去，把手指砸斷了，砸斷一截。當時沒有斷下來，後來就給他接上來，接起來以後他的手指幾十年不能動。他每天早晨四點多就起來，起來擦擦自行車。他起來太早了，他老婆有意見，又是冬天，你天天那麼早起來，我想多睡一會都不行。你天天練太極拳，你到底有什麼好處嗎？你手指動一下給我們看一看？ 這句話提醒了他，他動一動，哎，好了（笑聲）！什麼時候好的，不知道。哎呀，幸福得很哪！那個時候我老師還在。「哎呀，李老師你看，我這個手指能動了！」你說什麼原因？那就是神經的恢復，氣血接通了。所以我說大家練太極拳，一定要知道它的要領。我推薦這本書，據說香港有賣的。如果沒有賣的，可以跟我聯繫。

鬆軟的體會

我現在講課就講到這裡，然後跟大家說一下，怎麼去體會這個鬆軟，好不好？（掌聲）。因為大家練的跟我也不一樣，但我就說共性的。我昨天講的那個起勢，我看你們的那個起勢跟我講的有什麼不一樣？

大家都站起來。咱們這個起勢，在我那個書裡面我用了一個字，大家不知道注意到沒有。所有其他太極拳書裡面都用的是：兩腳開開以後，不是雙手舉起來，往前舉，就是兩手抬起來，是不是這樣說的？我那個書上用了一個「挑」字。「挑」起來。而且用腰脊之力挑起來。再打個比喻，我們釣魚的時候，你看那個魚杆是不是很柔軟？把那個魚吊起來時候，大家注意，魚有個重量，把魚杆吊彎了。但是你把魚吊起來的時候，用的力不是魚杆前面的力，是後面的力，是手臂抬起來，那個魚才能釣起來。咱們打太極拳，用「挑」字就是這個意思。

你看，站好以後，虛領頂勁，氣沉丹田，把心裡放鬆一下，兩肩下墜，把肩開開，開開以後按照我說的想：想著這個腰脊。用腰脊的力量，兩手挑起，在挑的過程中，肩往下塌，手指有那麼一點往前延伸。起，鬆鬆的起，往後，收回來，大家注意啊，心裡一鬆，讓它自己下墜。我們再來一遍，用腰脊之力。在挑的過程中，感到有個東西把你的手往下墜，在墜的過程中，挑起來，一，深長的呼吸，二，收回來，肩一鬆，心一鬆，往下墜，感覺這個手有沒有脹的感覺？鬆鬆的，脹脹的感覺有沒有？感覺這手心有氣，兩臂感覺很鬆，脹脹的，有沒有感覺？我練了幾十年以後，手上有什麼變化？我現在手上一練有很多白點，我的呼吸是自然的呼吸。這一去叫作運行如抽絲，以前李老師說，你這個手一按過來的時候，就像兩個手沾了糖稀，很粘的糖稀，很粘，不是有很長的金絲嗎？就像抽絲一樣，手的內氣一吸就跟著你進來了。我不說話，一說話氣就沒有了。我練給你們看。

（陳老師現場演示太極拳動作）

咱們太極拳武術，就是這樣練出來的。你看我們這個手是鬆的，發力是這樣的。如果說，他發勁，按長拳打，他是不抽手，不能打。剛才我講了，太極拳為什麼要含蓄？它的勁意就是含蓄，蓄而不發。他要發的時候，只有一沒有二，所以在時間上常常很快。人的本能你看，我按這個地方，他就要抵，順勢借力，不抽手，起著勁。滲進去，所以要用內勁。老師說了，如萬丈懸崖失腳。打到裡面，外面還不青不破。為什麼叫神拳楊露禪？打到你，你到醫院檢查不出來，又不青，又不紅，但你內裡受傷了，內傷，這就是大鬆大軟，練的虛無勁。不知道，出去自有益。要打人這樣衝，人家知道了，當然我們達不到老師那個程度。

因為人的本能，你去了勁後他就跟你抵觸，所以順勢借力，兩個勁，一個就是說，對方來力了，我順勢牽制，得就是抵制。我抵上一百斤，這一百斤還到你身上去了。越抵得住受傷越厲害。還有，現在很多練太極拳，很多後腳滑動。咱們練太極拳其根在腳，那麼他們為什麼滑動？他踩不穩。他那個勁沒有放鬆，他那個勁到不了腳跟。那些編書的怎麼辦？給你寫個根據，可以後腳調整，完了，這句話。比如說用勁你把這個東西推走，一二三，哎，一二三後腳一滑，你的勁沒有了，你說對不對？你後跟移動，這個勁瀉了。所以這個毛病是很多練長拳模式必須要犯。為什麼，他腰法不對。你看他們練的，這種外表上看，很柔軟很鬆，但是你注意這個腰沒有動態的，太極拳一動無有不動，從這裡（腰）到這裡（腿），這些關節都要在腰的引動之下，一動無有不動。手不自動，走的時候心裡一動，神也足，到擠的時候，用腰胯往前送。兩手分開的時候也是腰。腰像抽絲一樣。一含胸，勁起腳跟，腰脊之力往前推送，送手。然後，一掛，像粘糖稀一樣，不是這樣……（糾正學員的動作）

再說一下，為什麼要回頭？為什麼手不抽過來？太極拳是後發制人。你看，你的手按過來的時候，我這樣捋的時候，這個手在麻痹你，你以為我在這兒，但是我這個手去了，這個手一去，你看打倒了，這個是麻痹你的意思。你看，頭一回顧，左顧就右盼。一舉手一投足都有作用。兵不厭詐。

再說鈎手，單鞭掌。現在很多這樣。你抓什麼？他也不知道抓什麼。我剛才講了，太極拳原則，陰不離陽，陽不離陰，技術上是攻防結合，後發制人，守中有攻，哪一個動作都是配合來的。你看摟膝拗步掌，左手摟膝的時候，右手去打。我們單鞭掌也是這樣，你這樣去抓，抓什麼？他本身這個意思，對方來手了，這邊一掛，「啪」，這樣人就出去了。

我希望大家在學這個東西的時候，一招一式要搞清楚，為什麼要這樣做。

謝謝大家！

（掌聲）

（根據錄音整理　整理人：張立群）

大雅風規　蜀道天成
——陳龍驤談李雅軒太極拳

在楊澄甫的弟子中，李雅軒是獨具風範的一位。他不僅精於功技，在太極理法上也貢獻卓著。他在繼承傳統的基礎上，具有精妙的個性化體悟。拳勢宏大開展，鬆柔飄逸。傾心傳拳，開巴蜀太極一脈，並以川中為核心,輻射全國乃至世界。

陳龍驤為其女婿，李雅軒拳脈當代代表性人物。

楊門巨擘

李雅軒是河北交河縣人，生於 1894 年。當時，他的家鄉武風盛行，在這種環境中成長的他，從小練就了一身好武功。1914 年，在一次偶然的機會，他拜太極拳宗師楊澄甫為師。那時候，他剛好二十歲，楊澄甫當時比李雅軒大十一歲。

李雅軒老師當時練功非常刻苦，每個動作都要潛心琢磨，做到形神兼備，經過千錘百煉，直到楊澄浦滿意為止，所以得到楊澄浦的讚賞和器重。

1928 年，楊澄甫受南京中央國術館館長張之江之聘，赴南京國術館任教務長。這一年的冬天，李雅軒變賣家產，南下尋師。可是到了南京之後，才知道楊澄甫已經在一個月之前，就辭職去了杭州。這時候，李雅軒已經盤纏全都用光了，正在處於進退兩難的時候，他知道了一個消息，南京國術館招考教授班學員，全國武林高手雲集南京，在二百多名武林高手參賽競爭中，李雅軒老師以精湛的技藝，博得全場陣陣喝彩。中央國術館館長張之江親自下場和李雅軒老師握手，他以最好的成績被國術館錄取。李雅軒老師在中央國術館結識了不少天下豪傑。

後來他湊夠了盤纏，在 1929 年，李雅軒就到了杭州國術館，尋訪到楊澄甫，並擔任了杭州國術館太極拳主任教員，直到 1934 年。1933 年，楊澄甫師受廣東省府專程禮聘，到廣東傳播太極拳。1934 年，南京組織太極拳社，李雅軒赴南京就任社長。1935 年，南京國民體育學校成立武術社，李雅軒也擔任社長。

他和楊澄甫的關係非常親密，從 1914 年拜師開始到楊澄甫 1933 年離開杭州受廣東省政府受聘，這麼多年李雅軒始終沒有離開楊澄甫的左右，楊澄甫到廣東去了不到一年多就去世了。當時，杭州國術館「太極拳」的所有事宜，都是由李雅軒全權辦理。

蜀山開脈

抗日戰爭爆發之後，1938 年，他離開南京到了武漢，1939 年，李雅軒經沙市、宜昌，到重慶。同年秋天，到成都。

李雅軒入川以後，在成都北校場國民黨軍校任太極拳教官。同年十二月，四川省省長王纘緒聘李雅軒為四川省體育會設計員。1944 年，李雅軒被陸軍大學聘為將官班太極拳教授，官階少將級。1946 年，李雅軒任國民黨二十八軍軍官總隊同上校教官。當時，教授的對象，是國民黨將校一級的高級軍官，有原國民黨的高級將領黃維、衛立煌等。

進入四川之後，當時四川並沒有太極拳這個拳種，李雅軒開始在蜀地川中傳播太極，他以深厚的武德和高超的技藝，贏得了四川武術界的崇敬和讚賞，李雅軒是第一個把太極拳帶入四川，四川才有「太極拳」這個拳種。

李雅軒的楊式太極拳也是國家重要的支派，他傳的楊式太極拳已經成了四川省非文化物質遺產。國家審批的時候就定名為「李雅軒太極拳」。

李雅軒老師，身材魁梧，品格高尚，得到了楊澄甫老師的真傳，在拳、劍、散手、推手，可以說是無一不精。李雅軒打拳的風格近似楊澄甫，2003 年出版了《李雅軒太極拳》系列書，在臺灣逸文出版社出版後，臺灣武林同道讚歎：觀李雅軒老師的拳架，氣魄宏偉，舒展大方，有神威不可逼視之感，這是李雅軒老師大鬆大軟，練法之獨具的。

拳架的錘煉

李雅軒很重視拳架的錘煉，他要求學生，練太極要精，還要全面發展，不能淺嘗則止，浮在表面。就算是一個沒有練過武術的人，看過李雅軒老師的拳架，都會感受到一股油然而生的敬意，這是他內在氣度的體現，這是多年太極修煉以後，自然散發出的功夫氣象。

傳統太極拳論講述太極拳的高境界說：「一片幽閒之神，盡是大雅風規。」李雅軒的拳架正是這種境界的生動體現。2014 年的七月五號是李雅軒老師一百二十歲的誕辰，在紀念會上出了一本畫冊，當時臺灣時中拳社的社長，為大會紀念會冊題了一個詞，「武林翹楚，楊式正脈」，推崇雅軒先生拳功拳架的精妙。

在 1953 年的時候，全國第一屆民族形式體育大會，他代表西南區參加大會，榮獲優等獎。當時的報紙就評論說，他「氣魄雄偉，舒展大方」。1957 年，他應邀參加全國武術比賽，擔任裁判工作。李雅軒參加了這次比賽中後，當時國家體委有關方面有意將他留在北京，但他出於對四川的深厚感情和發展傳統太極拳的責任感，還是回到了四川，一直紮根蜀川大地幾十年。

他長期默默無聞地傳拳育人，不計名利。當時的社會青年根本就不知道李雅軒的太極拳，甚至都沒有聽說過。真正當李雅軒傳承的太極拳興盛起來，是在二十世紀八十年代，李雅軒老師已經去世了。

慶幸的是李雅軒當年的研究資料都保存了下來，經過整理，李雅軒老師的太極隨筆幾十萬字前些年終於出版了。這本《李雅軒太極拳精論》成了幾十萬太極拳老師習拳指南，各太極拳流派的習練者都在認真研究，不論是陳式的、楊式的、還是吳式的。

李雅軒老師非常的剛直，對任何事都是實事求是。在他的隨筆中，對上一代人的功夫評價，他都有客觀記錄，包括陳氏、楊氏、吳氏、孫氏的，也包括對同輩師兄弟的功夫程度，董英傑、鄭曼青、崔毅士、田兆麟等人。

李雅軒老師在教拳的時候，對基本功的要求是非常嚴格的，練武術必須練基本功。為什麼李雅軒老師在打拳的時候，氣魄那麼雄偉，是因為他的基本功好。有人評價李老師是：神威不可逼視。一站，滿臉的正氣。比如說，預備式的時候，李雅軒老師往那一站，頭頂藍天，腳踏黃泉，這種氣魄，通天徹地的感覺。

鬆軟大師

李雅軒具有過的學識，他十分注重太極拳的研究，他保存下來楊式太極拳的資料，可以說是全國絕無僅有的。

我們這個太極拳，講究練神、練意、練氣，該怎麼練？李雅軒老師總結了：要練虛無的氣勢，神明的感應，莫測的變化。然後就是太極拳的發勁，勁發四梢，打得驚心動魄，這些都是李雅軒老師獨特的東西。

李雅軒老師是一個非常務實的人。他的隨筆紀錄都是他自己親身實踐出來的，再記錄下來，有依據，不空談。

李雅軒在太極理論上一個重要貢獻，就是大力宣導太極拳的「鬆軟」練法，提出「大鬆大軟」。他說：「練功夫第一要緊是提起虛靈的神氣來，一身的神氣要充滿，但又要收藏在內心不使外露鋒芒，又要以靈機灌注，不能呆板，神氣極穩，渾身是意。一定要在大鬆大軟上，兩臂像在掉下來一樣沉甸甸、重砣砣的一手一勢去練，否則就練不出好的身勢來。在練時，氣宜鼓蕩，神宜內斂，舒舒暢暢的去用功，如長江大河之水滔滔的不絕之勢」。「無論練拳或推手，總要以腳下鬆沉穩固踏實為第一，否則一切全談不到。千要緊，萬要緊，是身勢鬆軟，腳下有根為最要緊」。「練功以鬆沉軟彈為對，每練時要細細的思悟這個味道」，「練拳要空空的摸。空空的摸，才容易捉著拳意，萬不可在手法上去找，蓋太極拳是個虛無的，是靈通的，是個玄妙的，須空空的去找，不可以手法去找也。其妙處全在虛無，如用實質手法去找，必致愈找離太極拳愈遠也。有形的功夫不是高手，無形無蹤的功夫才是上乘」。

李雅軒老師詳細解說了鬆軟練拳的功夫效果：「太極拳穩

靜鬆軟著練功，可以練成五種功夫。第一，穩靜鬆軟著練拳，可以長靈機，練到蠅蟲不能落，寸草不能粘。第二，鬆軟著練拳，可以練成一身柔軟，百折若無骨，無論對方如何來，我都能毫不抵抗的隨機應變的給走化過去，乾乾淨淨地將其化掉，絕不拖泥帶水。第三，鬆著勁練拳，可以使腳下鬆沈穩固，腰腿上有彈性的力量，無論對方用多大的勁沖來，我可以柔動之力給其化掉，我的兩腳是有根的，絕不會被衝動。第四，鬆軟著練拳，可以有丹田的沉著之勁，可以無論在任何形勢之下，我的氣意始終是沉著的，絕不會使氣意浮起。第五，鬆沉著勁練功，可以使膽力充實，無論在任何情形之下，我的心膽是堅強有力的，無論對方多麼兇惡，我總有辦法將其降伏的。我有沉著之心勁，有冷狠快準，入裡透內之心勁，一定可以將其打服，將其摧毀」。

每個階段都有鬆軟的具體練法，李雅軒都給出了系統的解析，如開始階段，「在初練功時，一定要按規矩，每練必須頂起頭來，拔起背來，塌下肩去，垂下肘去，周身佈滿意思，五指貫上意思，氣勢充滿布勻，日子久了，就可打下基礎」。再進一步的練法，他說：「注意周身關節的放鬆放軟，無論是腰膝或肩肘，甚至指節，腕節。脊骨的每一節部，都要以思想之力慢慢的將其鬆開了來，這步功夫不易作到，但如日子久了，以思想力慢慢灌輸，是絕對可以作到的」。再深一步，「練功務要以腰脊為軸，帶領著四肢而動，如感覺兩臂、兩手鬆軟軟沉甸甸的，才是練對了，在這個時候，兩腳兩腿是很柔彈的，很扎實的蹋在地面上。」「在練時要隨時體會腰脊上的源動力，它是如何的勁帶動，挑動著兩臂兩手而動轉的。是柔勁，還要有彈力」。最高級階段，「最上乘的練法，是練神，練意，練氣，練虛無，不能死死的練筋骨肌肉為主也」。

他還創造性地精闢解析了太極拳的力、勁、柔、軟的相互關係和練習方法，他說：「太極拳也要有些基本的力量，但這種力量是柔的力量，而不是僵的硬力。有了基本上的力量，再有柔軟，再有鬆沉，再有靈巧再有輕妙，這才夠完全，如是腳下浮漂的，那就練不出實用的功夫來。有了基本上的力量，然後注意練靈感，一步一步的把靈感充實起來，然後在推手時才能作到蠅蟲不落，寸草不粘的地步」，「太極拳的功夫，還不能死死的在沉勁上下功夫，因為有沈勁，只可是用於友誼的推手沾粘，如是用之於對付比鬥，是非有蠅蟲不落、寸草不粘，輕妙絕倫、變化神奇的功夫才行。所以說太極拳總要在輕靈變化，神氣靈感等方面下功夫才對」，「練柔是初步的功夫，然這種初步的功夫的練法很要緊，因為柔是練筋骨上的力量的，這是根本上的東西，有了這種東西，然後才能練大鬆大軟，以達到輕靈虛無等上層的功夫」。

「如是再深進一步的練法，是找緊要，不宜在大伸大展找了，因為緊湊才能含蓄，才有收藏，才長內勁。鬆是緊湊的鬆，不是以放大、放長、放伸、放遠叫鬆」。

我從小隨李雅軒老師學藝，至先師 1976 年逝世，二十年中，不曾離其左右，深知先師傳授的「大鬆大軟」練法所言不虛，且深信不疑。李雅軒老師氣宇軒昂，體格雄壯，但出手輕妙無比，兩臂鬆軟如綿，與其較技者都深服其技，沒有一個說其散手或推手是憑力大手硬而勝的。

有的人對他所強調的「軟」有誤解,其實他所說的「軟」是徹底的鬆，是完全鬆下來以後，沒有一點僵勁，實現太極拳的以柔克剛。他說「練太極拳，心裡要平靜舒適泰然，把氣息調得舒舒服服的去練，不要滿身帶勁，滿臉的神氣，只是身心放鬆放穩放靜就行了，如是滿身帶勁，滿臉的神氣，這是練外功拳的形態。練太極拳的人，看來只是平淡無奇，就是對的，如是滿臉神氣，滿身勁頭，這就錯了，如這樣就一輩子也找不著拳意，拳意不上手，是一輩子瞎糊鬧」，「練太極拳主要是找拳意，如找著拳意就算入了門了，拳意如何找？在鬆軟穩靜上去找，放清醒，放靈感，放舒適去找，穩穩的，靜靜的，日子久了，拳意自會到了手上，如滿身帶勁的去硬找，必致愈找離拳意愈遠，這句話很要緊，要好好相信，如不相信這句話，那就練不好拳了」。

可見他的「大鬆大軟」是要求以意練拳，從內心真正做到平和的行拳狀態，達到「神行」的地步。

承傳正脈

我是八歲跟李雅軒老師結緣的，他的家和我的家離得很近，小時候我的父親經常跟李雅軒老師在一起。我的身體不是很好，所以，我父親讓我跟李雅軒老師學拳，1960 年，十二歲，我就開始參加比賽，拿了冠軍。後來在文化大革命開始，我就進工廠了，當了工人。後來文化大革命開始，生產停頓了，我就有更多的時間接觸老師。所以，文化大革命可以說是中國的浩劫，但是對我來說，學武術全在這十年。

我真正對太極拳開悟以後，是在三十五歲，前面基本上都是練。隨著太極拳的研究，功夫是一個階段一個階段的增長、研究，是不一樣的。

我最近在檢查拳，檢查九十年代的光碟，我自己的錄影帶。我在成都飛機公司工作，那是在公司，我辦訓練班的時候錄的，那是四十多歲，比較年輕，體力好。當時覺得自己打得很好，後來五十多歲，再看以前的錄影，隨著時間的增長，感覺現在比那個時候更加好，又上了一個層次。後來六十多歲我退休，演練的時候，再一次錄影。我就給我的學生說，我現在的神態只是和你們太老師的神態已經很接近了，但是還是差了一截。為什麼說，藝無止境，其實都是一樣的。

在李雅軒老師的《精論》裡面，寫了很多重複的話。平時有一點感悟，都寫上去。過幾年之後，就會寫許多重複的話，而這些重複的話，都是經年歲月不斷反覆淬鍊之後的拳學精華，饒有深意，無一可刪。

裡面重複說太極拳要鬆，只不過一時間的體會，比另一個時間的體會，加深了。我在讀它的時候，今年讀的和明年讀的，又不一樣。理解不一樣，理解又加深了，就知道自己的功夫，知道自己的拳進步了。

比如說預備式一站，先是以虛無的氣勢，什麼是虛無的氣勢？看李雅軒的拳照，神威不可逼視，舒展大方，氣魄雄偉。現在以科學的角度都可以劃分出來。

說到太極拳的神，李雅軒老師傳下來的拳，有一百一十五式，要說簡單嗎？簡單。但是這套拳，要練一輩子。如果一輩子，你沒有得到好老師，你還在門外。

太極拳是一種精氣神的內在味道

為什麼打太極拳每一天要有每一天的體會？關鍵是從內心感受去求。自己要認真練拳的時候不要放音樂，現在比賽場上要放音樂，表演場上要放音樂。音樂是要放給誰聽的，觀眾。如果不放音樂，就覺得不好看。但是你自己修煉的時候，為什麼要放音樂？因為他自己沒有感悟的東西，他讓音樂充滿自己的大腦，這是練太極拳嗎？你沒法找太極拳內在的味道。

現在還有些人練拳頻繁換套路，一套膩了，學一套新的吧。這也是一個問題，不斷套路的變化，增加新鮮感。多個套路的同練，增加運動量。最後，「春江花月夜」一放，出身汗，什麼都沒有。練傳統太極拳的人，為什麼不讓外面有干擾？因為他在體會勁道，裡面的趣味是無窮的。以前的楊式太極拳就是一套，一練就要練一輩子，哪個書法家有說把字寫厭的？只有說沒學好。

我這輩子，不敢說是研究太極拳，我始終是在一個學習階段，不斷提高、不斷攀登向上的過程。李雅軒老師那麼好的功夫，還謙虛的說，自己只有楊澄浦老師的十分之一二，我們根本不能超越他，我們關鍵是要繼承好。

太極拳開始是我生活的一部分，現在是我生命的一部分。我和我夫人李敏弟幾十年來不懈地練拳、傳拳，我們從來沒有間斷過。像有一些人練拳，成名以後就不練了，我們是幾十年沒有一天落下。我覺得，成名是身外的東西，拳練好了是自己的事情，作為既是李雅軒老師的家人，又是他的學生，我們有責任將這一支的楊式正脈傳承好，發揚好。

本文取自世界太極拳網 2015 年 2 月 13 日

善哉，美哉，李雅軒太極拳！

今年 10 月 22 日，我應邀參加由成都市體育局、成都市武術管理中心在洛帶鎮舉辦的 2015 年太極蓉城「嘉年華」太極拳論壇，在論壇上作「李雅軒太極拳的歷史淵源及怎樣習練李雅軒太極拳」的專場講座。在講到最後時，我對李雅軒太極拳的功能作了三方面的總結，這也是我在講述過程中有感而發的體悟。回來後的第二個星期六，學生們在大井巷我母親處聚會，我對郭躍如、徐昆、董傑、唐國光、張正強、銀昌鴻、戚海軍等學生都講了那天會場當時的感想，第二天萬曉晶來時也告訴了他。現在我把這三方面的感想寫出來，與更多的學生和喜愛李雅軒太極拳的拳友們一同分享。

我說李雅軒太極拳精論洋洋數十萬言，我費了十數年的心血把它整理出來。這些精論是先師一輩子研究太極拳的心得體會，特別是先師提出的「大鬆大軟的練法」和「練功的方向是虛無的氣勢、神明的感應、莫測的變化……」等精闢論述，是我們習拳的指南，異常珍貴。若想在太極拳武術技擊方面有所造詣者，本此精論研修，假以時日，必將能達到神而明之的上乘境界，這在先師的武功造詣上已有明證，此其一也。

其二，先師提出的「大鬆大軟的練法」和「練功的方向是虛無的氣勢、神明的感應、莫測的變化……」又是最好的修身養性的健身方法。本著先師的精論研修，能夠開發靈慧，延年益壽，真正能達到老論所云：「詳推用意終何在，益壽延年不老春」和「欲使天下豪傑延年益壽，不徒作技藝之末也」的最佳效果。我母親尹俊文和師兄黃星橋二位老人就是明證。我母親今年已滿一百歲，思維敏捷，身體健康，至今每天尚能正常練拳，每天寫字、彈鋼琴，和朋友打麻將總是贏多輸少，臉上沒有老年斑，生活能自理。我師兄黃星橋活了一百零二歲，一百歲時每天除如常打拳外，每週尚能打三次網球。

其三，本著先師提出的「大鬆大軟的練法」和「練功的方向是虛無的氣勢、神明的感應、莫測的變化……」的教導練拳，其拳架必然中正安舒，舒展大方，動作優美，氣魄雄偉，這在先師的拳架中已充分的體現出來。觀先師的拳架，動作雄偉、優美，氣勢恢弘，有神威不可逼視之感，極具觀賞性，此李雅軒太極拳的魅力使然。練李雅軒太極拳時不僅練者自身身心愉悅，神清骨爽，是一種高級享受，而且旁人觀其演練也感到是一種難得的享受。

綜上所述，先師「大鬆大軟的練法」和「練功的方向是虛無的氣勢、神明的感應、莫測的變化……」等等太極拳精論是習練太極拳的金針指南，使得先師熔鑄錘煉的李雅軒太極拳在技擊性、健身性、觀賞性三個方面都有特出的表現。

因此，我不禁要擊節讚歎曰：善哉，李雅軒太極拳！美哉，李雅軒太極拳！

2015 年 12 月 30 日悟於峨眉交大

五

李雅軒楊氏太極拳精粹

李雅軒楊氏太極拳精粹

精粹輯要

1.簡單即寓深奧理
2.掤手上勢用意明
3.奧妙無窮攬雀尾
4.支撐八面單鞭掌
5.提手上勢虛實清
6.白鶴亮翅氣磅礴
7.拗步掌法威力猛
8.虛回蓄勁揮琵琶
9.步步向前無敵手
10.搬攔捶法手見紅
11.步隨身換如封似閉
12.豹虎歸山氣勢雄
13.斜單鞭接肘底捶，肘底捶法顯神威
14.以退為進倒攆猴
15.鳳凰展翅斜飛式
16.海底針法用採勁
17.收放自如扇通臂
18.烈馬發威撇身捶
19.左右雲手護胸腹
20.高探馬頭擊面門
21.左右分腳奏奇功
22.傷敵腳背用栽捶
23.氣韻不凡右蹬腳
24.頂天立地打虎式
25.發勁猛脆雙貫耳
26.披身踢腳顯奇能
27.野馬分鬃招式奇
28.野戰八方穿梭式
29.抽身下勢卸敵勢
30.金雞獨立站如松
31.白蛇吐信是險招
32.指襠一捶命歸陰
33.當胸一擊七星捶
34.氣魄雄偉跨虎式
35.出奇不意擺蓮腳
36.不怒而威射虎式
37.莊嚴沉厚十字手

李雅軒楊氏太極拳精粹

雅軒師拳照攝於 1964 年十月，照片上題的「河北李雅軒先生楊式太極拳架式」是我師兄付如海寫的，當時先師攝這套拳的時候，是剛從四川省人民醫院動了膀胱癌的手術，切除了右腎，出院後在療養院住了一個多月，大病初癒本該好好休養，由於當時癌病的困擾、社會的現狀，先師深感時不我待，所以急於要將他所學的技藝昭示後人。他不顧學生們的勸阻，不顧身體的勞累，選了一個星期天，在成都武侯祠旁邊的南郊公園內，由我師兄何其松攝下了這套完整而又非常寶貴的拳架照片。

先師生前十分強調要隨時保持太極拳的純正風格，強調學太極拳一定要找真正的太極拳老師，強調一定要真正的繼承後，在此基礎上又有新的領悟，新的進步，這才叫發展。所以先師在世時，他的床邊牆壁上，總是貼著一張紙條，上面是他親手用毛筆寫的字「要經常想楊老師打拳、推手的樣子，功夫才會進步」。這張紙條從我八九歲跟隨他起，直到他 1976 年去世，這近二十年中，紙條雖換了多次，但每次換上的新紙條總是上面所說的那兩句話。這兩句話除了說明先師尊師重道而外，這兩句話就是他學太極拳探賾索隱，登堂入室，達到爐火純青的上乘境界的成功之秘。

記得我們學拳時，很多人都想把太極拳一下子學到手，都想一下子就能掌握太極拳的要領，特別是有些文化較高的人，東看書，西看書，總想在其中找到捷徑，他們有一次就問老師：「李老師，學太極拳有沒有什麼訣竅，你能不能傳我們一些秘訣？」老師說：「我現在告訴你們兩句話，照這兩句話去做，拳就練得好，功夫就會進步，第一句話：打拳要放鬆放軟的打。第二句話：打拳要想著我的樣子。」老師的話真是言簡意賅。天下很多道理就是這樣，最平凡的就是最偉大的，最簡單的也就是最深奧的，老師所講的兩句話看似平淡，但卻使學者對如何練好太極拳，怎樣練有了一個具體形象的依準，太極拳的要領，諸如立身中正，安舒鬆靜，虛領頂勁，氣沉丹田，鬆肩垂肘，含胸拔背，內外相合，上下相隨，用意不用力，邁步如貓行，運勁如抽絲等一共十幾條，怎樣在行拳中具體的體現，怎樣做才合適，真正的太極拳老師的言傳身教示範演練，就會給學者把太極拳的眾多要領形象表現出來，使學者有章可循，不會偏離方向，不會變味，這是非常重要的。

先師生於1894年，比其師楊澄甫只小十一歲，他是1914年二十歲時拜楊澄甫為師，追隨其左右十數年，深得楊家拳神髓，技藝爐火純青，這套太極拳架照片先師雖然當時已七十高齡，但拳照仍然神采奕奕，氣魄雄偉，一望而知是武學大家。先師這套拳照可說是我輩的楷模，練拳的指南，彌足珍貴。我輩練拳時隨時觀想揣摩心中就有底勁，練拳就有「拳味」。

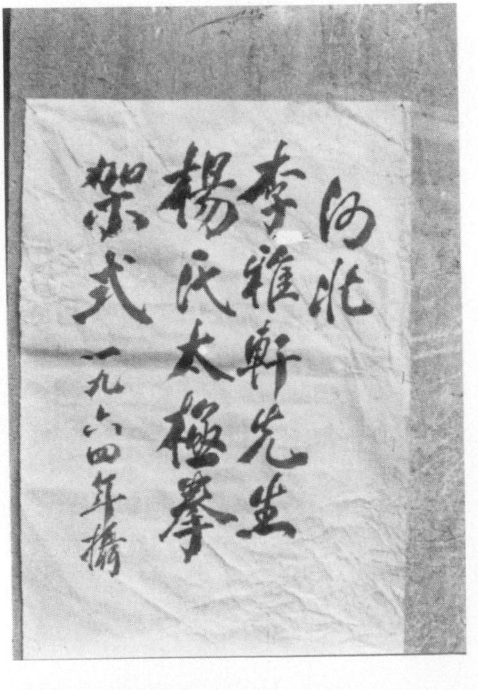

1.簡單即寓深奧理（圖1至圖4）

這是一組先師打太極拳的照片，第一張是預備式，第二、第三、第四張為起式的動作，預備式為全套開始前的準備動作，非常重要，如何作好預備式是全套行拳的關鍵。先師在他的隨筆中寫到「未從出勢，先將腦筋靜下來，摒除雜念，身心放鬆，去掉拘束，如這樣子，才能恢復人在未被事物纏繞之前的自然穩靜，及天生具有的靈感。又說將練時，先將全身放鬆，尤其是兩臂，要鬆得如繩兒拴在肩上一樣，不可稍有拘束之力，如此當稍待，以俟身心穩靜下來而後出動」。先師的預備式拳照體現了立身中正，安舒鬆淨，虛靈頂勁，氣沉丹田，鬆肩垂肘，含胸拔背等要領，拳照中有一種頭頂青天，腳踏黃泉，凜然不可侵犯的雄渾氣概，臉部上所表現出的那種穩重沉厚的氣度，使我們體會到老師說「打拳不光手腳四肢動，臉上要掛拳意，是如何體現」的道理。拳論上所說的「尾閭中正神貫頂，滿身輕利頂頭懸」這句話如何做到，學學雅軒師在預備式的拳照神態，就會有全新的感受。

下面再說說起式，當預備式作好以後，當兩臂由體側向前緩緩上起時，先師說「出動時，仍用一點點思想上的意思鬆鬆的將兩臂掤挑起來。以腰脊之力，牽動兩臂穩靜的出動」。先師拳照的起勢，看得出兩臂的鬆沉，看得出以意用腰脊之力掤挑兩臂上起，這個挑字用得太好了，太極拳命意源頭在腰隙，四肢絕不自動，如是說是兩臂上舉，兩臂上抬，而不是說以腰脊之力將兩臂掤挑起來，就成了兩臂自動，沒有一點拳味了，第二張拳照是接上式兩臂上起與肩同高後，隨即屈肘收回至胸前，第三張拳照是兩臂慢慢下按，落於兩胯前。起勢最後兩臂緩緩下沉是身心一鬆，讓兩臂自然鬆沉下墜，要使兩臂有沉甸甸、重砣砣的感覺，兩手有氣貫十指的感覺才對。先師常說起勢以安靜心神，養其虛靈之氣勢，以備對方不測之來手，周身各部都可相機而動，切勿輕視之。

▲圖 1

▲圖 2

▲圖 3

▲圖 4

2.掤手上勢用意明（圖 5 至圖 8）

掤手上勢這個名稱，其他的太極拳書上沒有，其他的太極拳書上是將此勢練法歸在攬雀尾一式中敘述的，此式名稱是先師取的，分得仔細，用意更為明確。

此式先師一共攝了四張照片，過渡動作十分清晰。第一幅是身勢右轉下沉，兩手在右胸前作抱球狀，先師作此勢右轉是身勢下沉時，右腳跟輾地沉轉，身體重心在右腿。第二幅圖照是左腳慢慢提起向左側西南方邁出成弓步，左臂向左側掤出，右手隨勢向右下側分沉。先師曾說左臂向左側掤出時要抱滿撐圓，左手手心對著自己的胸口，兩肩下塌，眼神意掛左臂，神情十分莊重，關於這一式向左掤時，眼神到底是看正前方，還是頭左顧，目前太極拳界一直在爭論，而先師的拳照這一式頭是左顧，眼神是掛在左臂的。

第三幅圖照是承上勢不停上身以腰為軸沉著向左轉體，重心移至左腿，右腳收回，以腳前掌觸地於左腳內側的丁字步，兩臂隨勢向左側作抱球狀，先師拳照蓄勢待發，含胸拔背，虛實分明。

第四幅拳照是「上勢」的定勢圖，右腳向前正西方邁出成右弓步，兩手向前伸出，兩手相距半尺許，右手高不過眉，左手高與胸平。先師拳照右弓步較大，膝關節不過腳尖，左腿伸直，但不硬挺，先師所傳拳架，步幅寬大，但邁步時要求又要很輕靈，因此這種要求很見功夫，如腰胯不能完全鬆開，則出步邁不大，否則也不會輕靈。

先師這張拳照，立身中正，神貫於頂，支撐八面，氣勢磅礡，全身體現出太極拳論中其根在腳，發於腿，主宰於腰，行於手指的要旨。觀看這張拳照使人心雄氣壯。

掤手上勢的用法是：

(1)假定對方從我右側以右拳或掌擊我胸部，我即向右側身掤掛其拳掌，使其勁落空，我隨上左腳一步，並以左臂抱圓，用橫勁向其胸肋處掤去。

(2)假定對方直接向我胸部按來，我也可用左臂抱圓，掤粘其來手，隨向左轉腰含化，然後再上右腳，出右手在前，以備接手之勢。

▲圖 5

▲圖 6

▲圖 7

▲圖 8

3.奧妙無窮攬雀尾（圖 9 至圖 13）

此處是先師一組攬雀尾拳照，掤式為一張，捋式為一張，擠式為一張，按式為二張，共五張拳照，彷彿看見先師行拳時連綿不斷，一氣呵成的畫面。

掤式：先師的左臂是外旋抱圓含掤意，眼神是意掛左臂，以前的太極拳書中在作攬雀尾掤式時，多以掤手上式中上勢圖 9 的右手在前為掤，先師在世時曾說，右手為掤欠妥，他說若以右手為掤，對方雙手必按在右臂上，在拳式中與捋的方向不同，即如以右手為掤，則不能變為向左側的捋式，只有左臂抱圓成掤像，才能變成向左側的捋式，勁道才順，而以往之書敘述及攬雀尾多是攦擠按，缺少掤式是其疏漏。掤式用法：先師說在推手中，假定對方以右手貼我左臂肘部，左手貼我左手腕部，欲向我胸部按來時，我即以左臂抱圓，以虛靈之氣勢掤粘對方雙手，右手隨扶其肘關節，以作捋化之準備。

捋式：先師作此式時是身體重心漸移左腿，屈膝半蹲，右腿伸直成半馬步，上身隨向左側含胸，以腰脊之力帶動兩臂向左後下方抽回捋之，切勿兩臂自動，上身呆板。右手止於右腹前，左手止於左腰旁，眼神隨動意掛左手。先師說及捋式用法是：接掤式用法後，如對方雙手按我左臂、弓步向我胸部按進時，我即左側含胸坐身，左臂外旋以掤化其力，右手管其肘部關節順勢向左後捋之，對方如按勁過猛，重心前失，必向前跌撲，中含有採挒手法的變化，切勿輕視之。先師捋式拳照很有氣勢，彷彿有對方按來被引進落空捋出丈外之感。

擠式：先師傳授擠式練法時是接捋式完後，深吸一口氣，左手掌心貼於右手腕部，右前臂平屈成擠式，以腰脊之力向前擠出，高與胸平，眼神意注擠手前方。先師傳其擠式用法是，接捋式用法，我將對方來力捋化後，對方如欲穩定重心，必要將手抽回，我即翻右掌以掌根制其左上臂，弓步向前向其胸脅部打擠勁，左手附於右手腕部以助擠勢。另一種用法是在推手練習中，我如以雙手按對方，對方以捋勁化除，我為不失重心，也可平屈右前臂擠其胸部，左手附於右臂內側以助擠勢，使對方捋化之勁失效。先師擠式身法中正，勁源腳跟，塌肩墜肘，虛靈之氣勢佈滿全身，神氣沉穩含蓄，不愧為武學大家。

按式：先師拳照，按式為二圖，第一圖為按勢之準備，第二圖為按式之定式，傳授按式的練法是：兩手以腰脊之力緩緩向後抽回，並向兩邊分開，至近胸部時含胸，坐胯蓄勢成半馬步，然後身勢下沉，勁起腳跟，以腰脊之力推送兩臂成弓步按出，眼神意注前方。按式用法是接擠式用法，如對方含胸空勁將我擠勢化除，並以兩手壓我兩臂向我胸部按進時，我即向後含胸坐身，同時以兩手抽回並向左右分開來手，對方此時胸部亮出，必欲回護，我即順勢進身成弓步，隨其回護之勢，以丹田內勁向其胸部按去。另在推手中，對方如用擠式，我即鬆其兩臂含胸後坐以空其勁，隨即以雙手按對方右前臂向其胸部推去。先師這兩張拳照中的雙手向後抽回後坐的這一張蓄勁的姿態非常好，真正做到了鬆肩垂肘，勁意含蓄，而按式的定式拳照可謂氣靜神凝，氣魄雄偉。現回憶平時與先師推手時，先師一擠一按，神氣一揚，雙手微微一動，我輩則如彈丸而出，驚心動魄，莫名所以的情景，真是神乎其技。

先師曾說，楊澄甫宗師發勁巧妙，入裡透內，打人於不知不覺之中，曾於民國十七年，在南京大戲院為賑災事。楊老師與董英傑推手時使用的擠勁，只見其身勢往下一沉，眼神一看，臂微一抖，董則如斷線風箏，一個跟斗翻出丈外倒地。又於民國十八年在浙江省國術館教務長辦公室，見楊老師與田兆麟推手時用的按勁，只見其輕輕兩手往田臂上一放，田則動亦不行，不動亦不行，不得已而奮力掙扎之，只見楊老師以兩臂輕輕鬆鬆地向他一送，眼神一看，田則一個大仰身翻出，砰的一聲，五體朝天摔在床上。又於上海募捐時，楊老師與武匯川推手使用的按勁，只見其略一抖手，武則疼痛多日始癒。又於民國十八年夏天，暑期間在杭州省國術館院內，先師與楊太老師在院中乘涼，談及掤勁，先師說：「楊老師以右臂往我胸部一挨，我感覺心中如火燒一樣難受。」所以先師經常教導我們，打攬雀尾或練推手時，一定要掤捋擠按須認真，練好了以後才能上下相隨人難進。

▲圖 9

▲圖 10

▲圖 11

▲圖 12

◀圖 13

4.支撐八面單鞭掌（圖 14 至圖 17）

這一組單鞭掌照片，先師一共攝了四張，第一張和第二張是帶式的動作，第三張是掛式的動作，第四張是撐掌的動作。

第一、二張拳照是帶式。先師傳授帶式的動作要領時說；上身向左轉體一定要以腰脊之力托著兩臂向左移動平帶，兩肩下塌，兩臂鬆墜，兩手像粘著糖稀，向左移動有抽絲樣的感覺，彷彿兩手兩臂在運動時感覺得出空氣的阻力，所以頭腦須保持高度的虛靈感應。

帶式的第二張照片，先師的右腳尖是向內扣轉的，就是說明一定重心移至左腿時，右腳尖才內扣，虛實一定要分清，而且兩臂平帶的高度與肩平，眼神隨動，意照兩手。帶式的用法，先師傳授時是說假如對方由下向上以兩手挑我兩臂，我即鬆其兩臂向左粘帶之，以空其力。

第三張拳照是掛式。當帶式的動作完成後，不停，身體重心移至右腿，左腳收回成丁字步，先師傳授掛式，右手屈腕成鈎手時，是右手掌指向內往右掛開變成鈎手的。左手隨動止於右腋旁，右臂須塌肩伸直不硬挺。眼神意注鈎手，先師曾說鈎手的用法是，如果對方以拳掌向我胸部擊來，我即以右手變鈎手，以冷脆之勁往右掛開來手。

第四張是撐掌。此圖為單鞭掌的定式。是接掛式後左腳向左側邁成弓步，左手臂隨以立掌向左側撐出，左肘微屈，垂肘有沉意。定式中之左側弓步，右腿伸直但不硬挺，右腳尖內扣與地面是成 45°角。此右腳尖扣轉成 45°夾角，先師說是他的改動，他說以往他早先學拳時，右腳尖內扣與地面是近 90°直角，現改向裡再扣轉一點成 45°夾角後，腳跟勁力更易向下沉穩，踩得更實在，先師曾說：太極拳創編的原則是根據太極的陰陽學說，即陰不離陽，陽不離陰，亦即剛柔相濟，以靜寓動，後發先至，攻中有守，守即寓攻，攻防結合，即如單鞭掌式的攻防含意，即體現這一原則，所以單鞭掌的用法是向右之鉤手一定是掛開對方之來手，其胸部亮出時，隨以左掌擊其胸部，才合太極剛柔相濟、攻防結合之理，近有一種練法是右手腕外旋後變為鉤手，殊失作用，所謂差之毫釐，失之千里也！曾記得在 1965 年春節，在成都市體育館內舉行的武術表演大會上，先師帶我表演推手（活步大捋）。當時我年輕力壯，步法身手也算靈活，待推手推至激烈處，我忽覺按去之手去勁落空，胸部被師單手輕輕一按，我則仰身跌出丈外，不明所以。此時只聽見體育館內響起一陣熱烈的掌聲。事後我的師兄才說老師當日用了一招單鞭掌的打法，我跌出時，先師的單鞭定式還是穩穩的，非常漂亮。我當時昏頭轉向，是如何挨的打卻不知道，也沒看清。老師單鞭掌拳照立身中正，而且氣勢雄壯，有支撐八面之感，動作穩健、優美，不同凡響。我輩學拳主要學習先師行拳的神氣，如臨帖寫字，慢慢琢磨，久之，自得真正之拳味也。

▲圖 14

▲圖 15

▲圖 16

▲圖 17

5.提手上勢虛實清（圖 18）

先師此式攝了一張定式照，先師傳授此式的練法是：左腳尖稍向裡扣轉，身體重心移至左腿，右腳收回不停即向前落步，以腳跟輕輕觸地，膝部微屈成為右虛步，身勢含蓄，同時右鉤手變掌，右手在前，左手在後，屈肘合提於胸前。眼神意注右手前方。先師傳授此勢的用法是，假定對方以右拳或掌向我胸部擊來，我即以左手回掛來手，隨以右手之腕背提擊其面部。另外，在散手比鬥中經常以提手之定勢作為散手之出勢動作，虛妙跟隨以空其勁，進退顧盼以蓄其勁，先師此式拳照立身中正，虛實分明，身勢含蓄，有支撐八面之感，全身佈滿了虛靈之氣勢，隨時可以應付不測之來手。

曾憶先師講及與一練通臂拳者切磋，先師以右手上揚，虛晃其面，彼忽掄臂下劈，其勢甚猛，先師隨勢以右手腕上提，啪的一聲，擊中對方左耳臉部，對方頭嗡嗡作響，暈了好久才清醒過來，最後，對方說太極拳真厲害。先師告訴我們此是用的提手上勢打法也。

◀圖 18

6.白鶴亮翅氣磅礴（圖 19 至圖 21）

先師此勢圖照共攝三張，第一張圖是向左轉身後，右腳收回於左腳內側成丁步，右手隨勢回掛，與左手相合成抱球狀，此時眼神隨動，意掛兩手。第二張圖是右腳向右前東南方弓步，兩臂隨勢向前交叉，有蓄勢待發之感。第三張圖是白鶴亮翅的定勢圖，此時身勢上起，胸部微含，左腳提起向前落步成左虛步，右臂隨勢上展於頭部右前上方，左手隨向左下分沉於左腿外側。

先師傳授此式的用法是我向左轉身，以右手掛其擊我胸腹部之拳掌，假定對方用力向下沉壓我右臂，我即以左手向外分開來手，冷然抽出右臂，以手背向上揮擊對方下顎面部。

先師此三張拳照，氣勢磅礴，特別是定勢拳照更是神采奕奕，有威然不可侵犯之感。先師曾示範此式用法時說，右臂抽出上提一定要鬆沉冷脆，配合腰脊之力，內勁才充足，他用手背向上在我下顎部輕輕一掛，我則感覺疼痛萬分，好像下顎骨要脫位一樣，心中發慌，有失魂落魄之感。

▲圖 19

▲圖 20

◀圖 21

7.拗步掌法威力猛（圖 22 至圖 23）

先師此式共攝二張拳照，第一張是右摟膝拗步掌的過度動作，練法是上身向右側含胸，右手前臂隨側身含轉之勢，向下經體側沉著抽帶繞上，置於身後，左手同時隨勢屈肘，向右撥掛止於右胸前，左腳尖同時向後移收。第二張是此勢的定式圖，練法是左腳向前邁步弓出，右手經右耳根向前平胸打掌，左手同時經左腿膝前摟出，止於左腿外側，兩眼神意注視右掌前方，先師傳授此式練法要領時強調，右手出掌前推時，不可手臂自動，須配合腰脊之力向下沉打；立身須中正，推掌時右肩不能前探，超過左肩，先師說：「此式發勁要配合身勢向下沉打，勁起陡然才能入裡透內，不是光是手臂前推，以為手臂伸得長，伸得遠才能把人打得出去，太極拳的發勁不是這樣的，又說兩肩最多平，右肩只能不足，不能有餘。」在傳授此式用法時說：假定對方以拳（掌）擊我胸部，我即以右手向下後沉掛以化來力，假設對方以拳擊我胸面部，我隨以左手向右側身掛開來手，假定對方再向我腹部以下以拳擊或腳踢，我即以左手經膝前摟開來犯之拳腳，同時進步以右掌擊其胸部。先師曾以此式示範，右手在我胸前貼著輕輕一按，身勢微一沉，眼神一送，外面看不出怎麼動，我則感覺心中五臟震動，心中恐慌難受，真正感受到什麼叫入裡透內的勁道。先師說當年楊太老師澄甫公打董英傑之拗步掌，只見其身勢一坐，掌指一動，眼神一看，人如觸電樣蹦出，當時在廣東大禮堂表演，報紙報導其發勁的情形云：北方太極拳泰斗與同道董某表演推手，掌指一動，人如彈丸而出……，可見此式威力無窮。

另外，關於摟膝拗步掌式名，以往的太極拳書上都稱之為摟膝拗步，沒有這個掌字，這個掌字是先師後來加上的，拗字的字意有不順的意思，亦即步型、手式打出時不是同側方向，打出的手勢是拳或掌不明確，此式名稱只說明了摟膝而忽略了攻擊性的打掌，加一掌字後使此勢之攻防含意就更清楚了。先師右摟膝拗步掌拳照立身中正，神貫於頂，氣勢偉岸，弓步寬大，後腿腳跟踩地，如釘釘木非常沉穩，兩肩下塌，看得出內勁貫通掌指的氣韻。

▲圖 22

▲圖 23

8.虛回蓄勁揮琵琶（圖 24 至圖 25）

此式動作，先師共攝兩張拳照，第一張是手揮琵琶式的過渡動作，第二張是手揮琵琶式的定勢，先師傳授此式的練法是身體重心漸移於左腿，右腳向前跟進半步不落即向後撤回。重心移至右腿屈膝半蹲，左腳稍提以腳跟觸地成為左虛步。同時兩臂回抽，左手在前，右手在後回護胸前，身勢含虛，如抱琵琶彈奏狀，眼神意注左手前方，先師傳授此式用法時說：此式在散手中為出手蓄勁之式，左手在前，右手在後，護面護胸，虛虛實實，跟隨進退，得機得勢一舉成功。

曾於 1929 年在杭州舉行全國大比武，先師與董英傑師叔代表太極拳上擂臺比武，先師共戰三場，前兩場一勝一和。第三場，先師登臺以手揮琵琶式開手，架式一亮，眼神威嚴朝對方一看，對方即被先師氣勢所攝，頓時心神慌亂拱手一揖，棄權認輸。先師曾在他寫的隨筆中寫到：有風虎雲龍之氣勢，又要有虛無之變化，精神如捕兔之鶻，氣勢如捕鼠之貓，這是老論中所說的，但我認為還不夠勁。簡直是如《三國演義》中所說的關雲長斬顏良之勢，瞪眼時人頭已落地，如這種氣勢情形才可。

先師「手揮琵琶」兩幅拳照立身中正，虛實分明，身勢沉穩含蓄，可見其氣勢不怒而威，有凜然不可侵犯之感。

▲圖 24

▲圖 25

9.步步向前無敵手（圖 26 至圖 31）

1. 右摟膝拗步掌

先師此式也是兩張拳照，第一張是右摟膝拗步掌的過渡動作，第二張是右摟膝拗步掌的定型，先師傳授此勢的練法是接上式手揮琵琶後，上身右稍側含蓄，右手前臂外旋，使手心朝上，隨勢由前經體側向後抽帶，左手隨屈肘置於右胸前。同時，左腳稍提，以腳前掌觸地如第一張拳照圖，然後左腳向前正東方邁步弓出，右手經右耳根側平胸向前隨勢推出沉打，左手向左下經左膝摟出，止於左腿外側，眼神意注右掌前方，其用法是假定對方以拳向我面部或胸部擊來，我即以左手向右側身掛開來手，如對方以拳或腳擊我腹部，我即以左手向左摟開來犯之拳腳，同時進步以右掌擊其胸部。

細心反復觀摩先師拳照，是一種享受，心裡自然會升起一種沉厚莊重的感覺，每當自已練拳之前，讀一段先師練拳精論，再看看先師拳照，就感覺拳練得特別有味道，想到先師生前教導的話：「你們不要一天東想西想，到處亂看書，以為這樣就會進步其實不然，練太極拳思想要越單純，越清靜，才會悟出拳理，思想複雜了反而影響進步，練時放鬆放軟的打，想著我的樣子就行了。」這些話真是言簡意賅，至理名言，我輩當本此教導練功才會不負師傳，否則徒勞無功也。

2. 左摟膝拗步掌

先師此式共攝兩幅拳照。第一幅為左摟膝拗步掌的過渡動作，第二幅為定型。

先師傳授此式的具體練法是將身體重心稍向後移，左腳以腳跟輾地，腳尖外撇，上身隨向左側，然後右腳向前邁出，同時左手前臂外旋使掌心朝上，隨勢向後向上繞至與左肩平時，屈肘使掌心朝前，右手隨向左側回掛止於左胸前，如第一幅圖。然後右腿邁出成為弓步，同時左手經左耳根部向前平胸隨勢推出，右手隨經右膝前摟出，止於右腿外側，此勢的用法與右摟膝拗步掌相同，也是假定對方以拳向我面部或胸部擊來，我即以右手向左側身掛開來手，如對方以拳或腳擊我腹部，我即以右手向右摟開來犯之拳腳，同時以左掌擊其胸部。

先師拳照立身中正，有一種頭頂青天，足踏黃泉，凜然不可侵犯之雄渾氣概，頂頭，拔背，垂肩，墜肘等諸多要點在先師拳照中充分體現出來，先師的拳照還體現出了一種沉穩，厚重的氣度，體現了太極拳周身的整勁。先師曾說：「練太極拳神要內斂，收藏入骨，虛靈之神氣佈滿全身要輕有輕，要重有重，輕者若百無所有，重者似泰山立崩，此言其虛靈之妙用也。但虛靈必先從實在處做起，輕快亦必在沉穩上著手，功夫日久，始能得到真正的輕快虛靈，若初學即講輕快，必致一身零亂不整，若初學即講虛靈，必致流於漂浮，毫無作用，所謂太極拳十年不出門，漫說十年，苟無真傳，則一生也出不了門。」吾輩當時時揣師摩像，銘記先師教誨，太極拳則可望有成也。

3. 右摟膝拗步掌

先師此式共攝了兩張拳照，第一張是此勢的過渡動作，第二張是右摟膝拗步掌的定式。此式是接上式左摟膝拗步掌後的動作。

先師傳授此勢的練法是將重心稍後移，右腳尖外擺上身隨向右側，然後左腳接向前上步，以腳尖觸地於右腳之前，同時，右手前臂外旋，使手心朝上隨勢向後抽帶，左手前臂隨屈肘向右掛出，止於右胸前，如第一圖，上動不停然後左腳向前邁步弓出，右手經右耳根側平胸隨勢向前沉打，左手隨經左膝前摟出，止於左腿外側，眼神意注右掌前方，此勢的用法也是在前進攻敵時，先以左手向右側身掛開來犯之手，如對方再以拳腳擊我腹部時，我即以左手向左摟開來犯之拳腳，同時進步以右掌打沉勁擊其胸部。此勢是接手揮琵琶式後連續進步的第三個摟膝拗步掌，練時連綿不斷，一氣呵成，「紀效新書」上所謂步步向前，天下無敵也。但在連續攻擊對方時，仍是始終貫徹了攻防結合，剛柔相濟的原則，不是一味的只攻無守也。先師演練此勢時後腳蹬地，異常沉穩，後腳跟如釘釘木，所謂與地面打通過電，融為一體，從來沒有邁步時後腳跟浮動後滑並美其名曰：「後腳跟可以向後滑動調整」的說法和練法。先師曾說，後跟一動，勁力全消，發勁時就不得勁了，學者當注意焉。

▲圖 26

▲圖 27

▲圖 28

▲圖 29

▲圖 30

▲圖 31

10.搬攔捶法手見紅（圖 32 至圖 34）

此式先師共攝三張拳照，第一張是搬式的拳照，練法是右腳收回不停即向前擺步，重心移於右腿，左腳跟掀起，右手握拳隨勢向外平胸外搬。第二張是攔式的拳照，練法是重心全移右腿，右手抽回於腰側，左手向左下沉攔。第三張是捶式的定式照，練法是左腳向前一步弓出，右拳同時平胸打出，左手隨回護於右臂肘關節旁以助其勢，眼神意注右拳前方。

先師在傳授此式練法時，強調在搬時一定要用心意去搬，而不能光是手動。在作攔時，強調左手前出是向左前下沉攔，而不是光手往前伸，他在講解此式的練法時說，整套拳中有進步搬攔捶、卸步搬攔捶、落步搬攔捶之分，進步搬攔捶是向前直接邁步打搬攔捶；卸步搬攔捶是先身勢後坐，右腿先收回卸勢後再邁出打搬攔捶；落步搬攔捶是右腿蹬出向下落地後打搬攔捶。他演示卸步搬攔捶用法時說，卸步者是先卸其對方的來力也，他叫我向他腹部來拳，見先師向左側身讓過，並以右拳向左掛開我的來拳隨以右拳繞搬我的腕部，我急抽身退回，誰知他忽以左手向左下攔開我的右臂，左腳向前一步撇住我的右腿，使我動彈不得，他只以右拳向我胸部一點，微微一坐身，一抖拳，我則一個趔趄仰面跌出，事後他說如果只是右掌前推就失去攔的效果了，並說當年楊班侯善用搬攔捶，用時出手就見紅。楊澄甫太老師也善用此式，如發短勁對方必受內傷無疑，並說太極拳用拳時也不握緊，如用力握緊則僵硬不快，同時只需一沉一點則可力透內臟，使人忘魂失魄。

▲圖 32

▲圖 33

▲圖 34

11.步隨身換如封似閉（圖 35 至圖 37）

此式先師共攝三張拳照，第一張和第二張是「如封」的動作，練法是接前勢（搬攔捶）右拳變掌，左手隨由右腋下穿出，身體重心漸後坐右腿，屈膝半蹲，然後坐成半馬步，胸部含蓄右手隨勢後抽，左手沿右臂外側向外分開，兩手分至靠近胸部與肩同寬時，翻兩手心朝前，垂肘於胸前如第一第二圖。第三張拳照是「似閉」的動作。

練法是接前勢身勢向下稍沉，進胯以腰脊之力推送，兩手前伸成弓步，兩手前推高與胸平，眼神意注兩手前方，先師曾說如封者回護開掛之意，似閉者追隨進逼之意，敵如其來，回護掛開來手，敵如其去以隨其去而進逼之，他在講授此勢用法時說，假設對方按我右臂，以橫勁逼我胸部，我即順勢鬆其右臂以卸其力，左手由右腋下穿出，向外掛開來手，對方重心不穩必失勢，我趁其不穩之時，進步以兩手擊其胸部，對方必跌出無疑。

先師如封似閉這三張拳照十分傳神，前兩張拳照向後虛含回掛的神韻非常好，有虛無的氣勢，第三張拳照立身中正，神態穩重體現了拳論中所謂「尾閭中正神貫頂，滿身輕利頂頭懸」的練拳要旨，並說此式在散手中常用。有一次他在教我散手時，他忽以右臂向我一揚，我急以雙手前推，先師以右手回收，左手穿出向外一掛，身形一閃，已到我身後左側，我急欲轉身，但整個身體已被他控制，先師忽沖步雙手一按一送，我則騰空跌出，倒於地上，當時年輕，跌倒也不覺得疼，先師說此如封似閉用法，所謂步隨身換，忽隱忽現也。

▲圖 35

▲圖 36

▲圖 37

12.豹虎歸山氣勢雄（圖 38 至圖 39）

這一組豹虎歸山的拳照先師一共攝了兩張。第一張是蓄勢待發之式；第二張是豹虎歸山的定勢。

先師在傳授此式的練法時說，身勢須先下沉，上身含蓄左轉，同時左手向左下抽出，向右轉身，右腿邁出成弓步，右手平腰掛出，左手由耳根同時向前推出。

先師在講解此式用法時強調，此勢如虎豹歸山之狀，其勢兇猛，對方在我右面以雙掌向我襲來，我即向右轉身，以右手掛其右臂，左手擊其肩或胸部，如形意拳之虎撲式連撐帶撲以截勁擊之，對方必應手而跌，先師曾說在以往的太極拳書上，此式寫成抱虎歸山。他認為懷抱的「抱」字應是虎豹的「豹」字才對。他說此式動作分明是右掌由胸間、左手平面部、扭頸回頭向右後方撲去，如虎豹躥山之狀，此式與形意拳中虎撲式略同。不過太極拳在練時徐徐緩慢，並不躥跳，只形容意思而已。又說：老虎豈可抱乎？太極拳尚巧妙，不尚拙力，即或將對方抱住，是否是與其角力？先師對此式的見解是有道理的。先師的這兩張掌照，氣勢沉厚，有蓄勢如開弓，發勁如放箭的氣概。

▲圖 38

▲圖 39

13.斜單鞭接肘底捶，肘底捶法顯神威（圖 40 至圖 43）

這是一組斜單鞭到肘底捶的照片，先師一共攝了四張，第一張是斜單鞭的定式，第二、第三張是到肘底捶的過渡動作，第四張是肘底捶的定式，斜單鞭的拳照氣勢雄偉，四平八穩，有支撐八面的氣概。第二第三張過渡照也神情凝重，氣宇不凡，肘底捶立身中正，體現了神貫於頂、氣沉丹田、塌肩垂肘的練拳要旨。

關於斜單鞭接肘底捶的練法，有些太極拳書上不是這樣練的，他們的練法沒有斜單鞭，只是轉身後，左掌自左而下向裡經右前臂內側，向前上圓轉穿出，右掌向左經左掌外側下蓋，隨蓋隨著握拳，置於左肘下，而先師所傳之練法是轉身後左手隨前臂外旋垂肘回掛於左胸前，而右鈎手變拳隨轉身成虛步之勢，由後經右腰側向前伸出，置於左肘下面。

先師在傳授此式的用法時說，假定對方在我左後方，向我胸部以右拳擊來，我即向左後轉身，以左掌在前掛開來拳，對方如抽拳再向我胸部擊來時，我即以左臂回掛，同時以右拳自腰間出，在左肘下向其胸脅部擊之，對方必被跌出。

先師強調此式的捶法使用，並說曾見楊澄甫老師打崔立志之肘下捶，左手掛開來手，右拳由肘下出陡然一去，崔則感覺如同木塞子插進脅部去一樣，疼痛難忍。又說曾經有一人想試楊太老師功夫，趁敬茶時突然以拳偷襲，只見楊師微一側身，用端著茶碗的左手臂微一掛，右拳自左肘下一點，此人則一跤跌出，而楊師端著茶的碗裡水一點都沒有灑出來，其功深神妙如此，所以先師說練此式不能丟掉捶法的作用。如只是左手穿出，右拳回護放於肘下就失掉意義了。

關於斜單鞭接肘底捶的練法，我曾問過我的師兄吳聲遠，他是 1929 年在杭州浙江省國術館從先師學的拳，當時楊澄甫太老師亦在那裡任杭州浙江省國術館教務長，先師當時任該館太極拳主任教員，專門負責傳授拳架、刀、劍，吳聲遠說當時他學拳時即是「斜攬雀尾」後面有一斜單鞭再接肘底捶，此練法不是雅軒師改動的。

◄圖 40
◄◄圖 41

►圖 42
►►圖 43

14.以退為進倒攆猴（圖 44 至圖 52）

1. 右倒攆猴

先師此勢共攝三張拳照，第一張拳照為左腳在前，上身右轉朝南，右手向後抽帶，左臂向前伸出，以備後退之圖，第二張，是左腳向後退步，右手置於右耳根側以備打掌之圖，第三張為右倒攆猴之定式圖，此圖身勢坐成半馬步，右臂前伸隨後坐之勢以立掌打出，左手隨向後平腰抽回沉於左腹旁。

先師傳授此式的要點是身樁一定要坐正，臀部後坐時不凸臀，肩須下塌，前手臂勿挺直，肘微屈有沉意，其用法是說：假定對方以拳或掌進步向我胸部擊來，其勢甚猛我即以左手在前粘其來手，順勢退步抽帶。同時以右掌自右耳根出，向其肩部或面部擊去，對方必受傷無疑，先師右倒攆猴這三張拳照氣勢騰挪，特別定勢更是神態莊嚴沉厚。

先師曾說在 1957 年參加全國武術比賽，當時他擔任大會裁判工作，湖南代表隊有一練吳氏太極拳的名手易某某，推手柔化功夫很好，極其靈巧，當時很多在京的太極拳名師與他推手時，將他發不出去，最後，易某某一定要向李師請教，李師和他搭上手後也感到用常法不易奏效，因此李師推手時，誘其前進以退步倒攆猴式，將易某某打出丈外，易某某非常佩服李師技藝，要求李師講一講這一手是如何用的，在場的太極同道也一致要求李師講一講。李師毫無保留地詳述了這一手的用法，在場的人都作了筆記，李師說：楊澄甫先生曾在南京旅館內用倒攆猴式打董英傑，右掌鬆沉一彈，人已彈出丈外，倒攆猴之用法真是其妙無窮。

2. 左倒攆猴

先師此式共攝三張拳照，第一張是承上式後，左手向後抽帶於身體左側，上身隨向左側朝北，眼神隨後注於左手。第二張拳照是身體重心移於左腿，右腳向後退一步，左手置於左耳側以備出掌之勢。第三張拳照是左倒攆猴式之定勢圖，身勢坐成半弓步，左手從左耳根打出，右手平腰抽回沉於右腰旁。

先師傳授此式的要點與右倒攆猴式的要點同。其用法是說假定對方進一步再向我胸部擊來，我此時右手正在前，即以右手臂粘其來手順式退步抽帶化解來力，同時，左掌自左耳根出向其肩部或面部擊去，對方必跌出無疑，先師此勢拳照面部因是正對著我們，神情的莊重沉厚顯得更為清楚，回憶先師示範此式的神態，真是高山仰止，景行行止。

3. 右倒攆猴

此式是接左倒攆猴動作，先師共攝三張拳照，其傳授此式練法是承上勢右手向後抽出，置於身體右側，上身隨右側朝南，眼神意掛右手，如第 50 圖，重心移於右腿，左腳接向後退一步，腳尖先落地再踏實，左腿屈膝半蹲，重心後移，右腳尖朝前擺正成為半馬步，上身隨右轉朝東，同時右手經右耳根側向前伸出高於肩平，左手隨前臂外旋翻手心朝上向後平腰抽帶，意注右手前方，如圖 51、52。

其用法是說：假定對方以拳或掌進步向我胸部擊來，我即以左手在前粘其來手，順勢退步抽帶，同時以右拳自右耳根出，向其肩部或面部擊去，對方必然受傷。

總之，倒攆猴式在太極拳技擊中是一種以退為進，敗中求勝的打法。體現了太極拳以靜禦動，後發先至，引進落空的技擊要旨，細心觀摩先師的拳照，再回憶先師生前言傳身教的神態，再加之自己的不斷用功，功夫是會不斷進步的。

▲圖 44

▲圖 45

▲圖 46A

▲圖 46B

▲圖 47

▲圖 48

▲圖 49

▲圖 50

▲圖 51

▲圖 52

15.鳳凰展翅斜飛式（圖 53 至圖 55）

此式先師共攝三張拳照。第一張是接上勢右倒攆猴定勢完後，左手後抽，上身向左稍側朝北，眼神回掛左手的圖照。第二張是身體重心移於左腿、右腳收回，身勢含蓄，右手回掛，左手上蓋於右臂之上，兩手交叉，眼神右顧，以備進取之勢的預備動作。第三張拳照是斜飛式的定勢圖，此圖是身體向右後轉身朝南，右手隨勢向前揮掌弓步的動作，兩臂展開如鳳凰展翅。

先師傳授此式的用法是說：假定對方以拳向我胸部擊來，我即身勢含蓄，以右手在前向左掛開來手，順勢以右手揮擊其面，所謂出其不意、冷快絕倫也。先師斜飛式拳照，立身中正，神氣飽滿莊嚴，有穩如泰山之感。

▲圖 53

▲圖 54

▲圖 55

16.海底針法用採勁（圖 56 至圖 58）

這一組海底針拳照，先師一共攝了三張，前兩張為此式的過渡動作，第三張為海底針的定式，動作連貫，分解動作十分清晰。

先師在傳授此式練法時是身體重心漸移於左腿，右腳向前跟進半步不停向後撤回，重心隨移於右腿左腳接向後撤回，以腳尖觸地於右腳之前。同時，右手前臂使手心朝左，隨勢向後抽回，右手隨上移，如第一、第二圖。

先師交待作此式過度動作時，要保持立身中正，腿部要有沉著柔彈之力，步法向後的移動要有抽絲掛線的味道才對，然後身勢下沉，兩腿屈膝下蹲，上身稍前傾。同時，右手隨下蹲之勢向前下沉，掌指朝下止於右腿膝下，左手隨附於右前臂，眼神意注前下方。

先師傳授此式的用法時說：「海底針是用的採勁，假定對方進步以拳擊我胸部，我即以右手採其腕部，左手採其肘部，隨勢撤步身勢下沉以採之，對方被採，重心必失，向前跌仆矣。

記得在 1974 年春節，我到老師家中拜年，談話中問及海底針用法，先師叫我伸手出拳，我剛伸手前去，忽覺先師右手掌像輕輕銜著我右腕，陡然間他往懷中一帶，我突覺手臂發麻，脖後大筋如觸電一樣震痛，身體站立不穩，往前栽出，撲倒在他的床上，先師說此謂之沉採勁，出手須輕妙，不可用力去抓，要勁起陡然，並說此勁以前楊太老師澄甫善用，如練拳不知鬆軟，推手時又抓又卡，則無效矣。

▲圖 56

▲圖 57

▲圖 58

17.收放自如扇通臂（圖 59 至圖 60）

此式先師一共攝了兩張拳照，第一張是接前式海底針後，身勢上起，右臂隨勢上挑于頭部前方的過渡動作，第二張是扇通臂的定式。

先師在傳授此式的練法是上身立起後向右側身，左腳向左側邁出弓步，右手屈肘上架於頭部上方，左掌向左側平胸推出。先師說，扇通臂的身形象單鞭掌身形，是側身打掌，練時不要把身轉向正面了，而且須立身中正，不可前俯。

在傳授此式用法時，先師作示範先將我的手向下採，如海底針式，我重心前失，為穩定重心急向後抽手，先師順勢向上拋開我右臂，以右手架護頭部，伸出左掌在我胸部略為一按，一抖，只見眼神一看，我則一個趔趄向後跌出，我急用手護胸，先師隨即用手一拉將我帶回，我才免跌倒之苦。先師發勁收放自如，在平時先師在教我們推手或照亮手法時，只要見先師的手向我們身上一來，則有心慌恐懼感，先師之技，我輩真是難望其項背矣。

▲圖 59

▲圖 60

18.烈馬發威撇身捶（圖 61 至圖 64）

此式先師一共是四張拳照，第一張拳照是接扇通臂後左腳內扣，兩腿屈膝成騎馬步，右手變拳由上而下平落於胸前，左手隨動屈肘於右臂之上，手心朝外。第二張拳照是身心重心移於左腿，蓄勢待發之象。此二張拳照，氣勢飽滿，莊重含蓄，有不怒而威的氣概。第三張拳照是翻身向右後以右手握拳掄臂下劈之勢。第四張拳照是右拳向後抽回，收提了右腰側，左手經左耳根側平胸向前方橫掌推出，眼視左掌前方。

先師在示範此式的練法時強調，左手橫掌前推時一定是配合右臂掄劈後右拳後抽之勢，要配合完整，一氣呵成，而且左手一定是貼著右臂的內側出掌。

先師在講解此式的用法時說，假定對方在我身後，欲偷襲我，我突然轉身掄臂以拳下劈擊其頭部，對方如用臂招架，我即以右臂順勢下沉回掛，同時出左掌貼著右臂推出，擊其面部。先師說我左掌推出時，如果不是貼著右臂順其後抽之勢出掌，而是與右臂隔著一段距離出掌，則對方可用另一手防範，則不易擊中對方，我左手如貼著右臂前出又隨其下沉後抽之勢，則對方不好躲也。先師翻身撇身掌拳照，動作交待非常清晰，氣勢騰挪。

先師曾說此式在散手中最為實用，在四面受敵之時，只要心性沉著，虛靈之氣勢佈滿全身，騰挪閃展如烈馬之發威，自可靈活運用，勁起陡然，收非常之功。又說：在太極拳體用全書中有一式叫「轉身白蛇吐信式」其實此式與翻身撇身捶練法相同，只是一個是右手握拳，一個是右手成掌，其它沒有區別，所以先師在傳拳時將此式改名為翻身撇身掌，又說凡拳式的取名非象形即象意，此式無白蛇吐信之形又無白蛇吐信之意，故不應名為白蛇吐信，而名為翻身撇身掌為妥。

▲圖 61

▲圖 62

▲圖 63

▲圖 64

19.左右雲手護胸腹（圖 65 至圖 67）

1. 右雲手

先師傳授此式的練法是先以左腳尖扣轉，身勢下沉成馬步，然後重心移於左腿，右腳向左側收回和左腳並步，並步時是先腳尖落地再踏實，右臂平屈抱圓，護其胸面部，左手在下護其腹襠部，上身隨以腰為軸，帶動兩臂向右含轉，兩臂決不可自動。

先師傳授此式用法是右手向右雲轉，以化對方向胸面部進犯之來手，以護己胸部，左手在下以護其腹部襠部，並可掛開對方向下部進犯之拳腳。

2. 左雲手

先師傳授此式的練法是：右雲手完後，重心移至右腿，左腳向左側橫開一步，亦是腳尖先落地再踏實，成馬步，此時左臂上起平屈抱圓以護胸面部，右手下落護其下部，上身以腰為軸帶動兩臂向左含轉，兩臂不可自動，此式用法與右雲手相同，只是方向相反，亦是左手護胸護面，右手在下護腹護襠，掛開對方來犯之拳腳。

3. 右雲手

此式練法是接左雲手後，身體重心移至左腿，右腳向左側收回和左腳並步，亦是先腳尖落地再踏實。右手上起，右臂平屈抱圓，以護胸面，左手下落護其腹襠部，上身以腰為軸，帶動兩臂向右含轉，兩臂不可自動，其用法亦是右手護胸護面，左手下護腹襠，向右雲轉，含化對方來犯之手。

先師雲手圖照一共攝了三張，在實際演練中一般是打五個雲手，先師拳照雲手看得出身勢含蓄的雲轉，神意內斂之氣勢，先師在打雲手時特別強調，雲轉時以腰為軸的作用，強調立身中正，以腰為軸，絕非是胯左右的擺動，而是以心意含虛的轉，整個腰脊關節都要在以腰為軸的領率下，一動百隨，此非身心四肢百骸一鬆百鬆不能作到。所謂一動無有不動，一靜無有不靜也。

▲圖 65

▲圖 66

▲圖 67

20.高探馬頭擊面門（圖 68 至圖 70）

此式先師一共攝了三張拳照，第一張、第二張是高探馬的過渡式，第三張是高探馬的定型式。

在傳授此式的練法時說，此式須重心先移於左腿，右腳向前跟步即撤回有虛含回護的意思，然後左腳隨向後稍回成左虛步，同時右鈎手變掌，經右耳根側向前橫掌推出，左手隨勢屈肘抽回，止於左腰側，眼神意注右掌前方。

在傳授此式的用法時強調，右手橫掌前出時，一定是貼著左臂內側，隨其後抽時順勢前伸的，這樣技擊作用才大，他說，假定對方以拳向我胸部擊來，我即以左手背粘其來手向後沉掛，同時右掌橫出，向其面部擊去。先師這三張拳照神采奕奕，立身中正，虛實分明，我輩當細觀其神氣，才能有所領悟。

▲圖 68

▲圖 69

▲圖 70

21.左右分腳奏奇功（圖 71 至圖 76）

此式先師共攝 6 張拳照，前 2 張是分腳前的過渡動作，第 3 張是右分腳的定型，第 4、第 5 張是左分腳的過渡動作，第 6 張是左分腳的定式。

先師在傳授此式的練法時強調在右（左）分腳前，左（右）腳向左（右）前弓出成弓步，兩手同時隨勢向左（右）捋出至左（右）胸前時兩手交叉，腕部相靠成十字形時，兩臂一定要塌肩、屈肘抱圓，不可聳肩、探身。作分腳時左（右）腿一定要伸直站立，右（左）腳提起時要慢慢分出，腳背要繃平，意在腳尖，同時兩臂由胸前向兩側撐開，高不過眉，兩臂不可挺直，眼神意注右（左）手前方，神情要穩重。

在傳授此式的用法時說，假定對方以右拳向我擊來，我即以右（左）手在前，側身掛之，如對方再以左手向我胸部擊來，我即以雙方交叉粘其臂而捋之，對方必欲抽手穩定重心，我順勢分開兩手，以右（左）掌擊其耳面部，並提起右（左）腿以腳尖向其腹襠、腰肋部踢之。

先師左右分腳這六張拳照把演練的過程交待得清清楚楚，神情凝重，看得出鬆沉的韻味佈滿全身，先師曾說太極拳中腿法雖不多，但很重要，練好腿法在實際的散手中才能威力無窮。他說練時是鬆鬆軟軟、徐徐緩慢，但用時卻要勁起陡然、冷快絕倫。鬆鬆軟軟、徐徐緩慢的練法主要是為了養靈機，是為了實際的快，有了靈機才能應付倉猝之變。他說他抗日戰爭流寓四川，剛到成都時，人地兩疏，他提著皮箱在車站遭一夥流氓的哄搶，真是說是遲那是快，他來不及多想，對於撲上來的為首兩名歹徒飛起左右腳，踢中歹徒小腹，兩名歹徒疼得在地上打滾，其餘嚇得一哄而逃，先師說這兩腿就是用的左右分腳，他說事後還真有點後怕，如果當時出了人命還不知如何了結。先師的武藝得到四川武術界的贊許，故能在四川立住腳並廣為傳播太極拳，受到四川武術界的尊崇。

圖 71 | 圖 72
圖 73A

▲圖 73B

▲圖 74

▲圖 75

▲圖 76

22.傷敵腳背用栽捶（圖 77 至圖 78）

此式先師共攝兩張拳照，第一張是栽捶的過渡動作，第二張是栽捶的定式。

先師在傳授此式的練法時說此式練法邁步時與摟膝拗步掌同，唯邁步後右手握拳由後上向前下栽擊。

先師在講解此式用法時說，一法是摟膝者掛開來犯之拳腳，同時順勢以右拳下栽擊其下腹。另一法是如對方突以腳向我腿部踢來，我以右拳擊其腳背太沖穴位，彼必受傷無疑。

先師曾說在南京國術館時，有一練北派拳的看不起練南派虎拳的同學，練北派拳者擅長腿法，兩人一言不合，練北拳者忽向他一腳踢來，練虎拳者一拳下擊正中腳背，當時則疼痛瘀腫不能行走，先師說此人用的栽捶法也。先師在平時教我們練此式時，左手摟膝止於左腿外側，而先師攝此照時是左手護於右前臂中節，顯得下擊之拳法更為有氣勢。

◀◀圖 77
◀圖 78

23.氣韻不凡右蹬腳（圖 79 至圖 80）

此式先師共是攝了二張拳張，第一張是轉身兩手交叉時的動作，第二張是右蹬腳的定式。

此式先師在傳授時特別強調在左轉身兩手交叉時要明瞭用意，不能如時下一些人練此式時，兩手劃圈交叉圖外表的所謂劃弧、劃圈，他說此式應該是轉身時，右手握拳向左裏掛，左手也握拳隨沉肘向右裏掛，兩手腕部才合抱交叉。

他在演示此式用法時叫我以右拳向他胸部擊來，只見先師向左側身讓過，同時以右臂腕部粘住我的腕部向後掛之，左手隨配合右手的掛勢，兩手交叉裏夾住我的右臂隨轉身之勢帶之，我則重心不穩，向前傾跌、我急欲抽拳穩住重心，先師忽兩臂分開，以右掌擊在我的面部，右腳前蹬擊中我腰腹部，先師只是形容意思，並未發勁，使我感覺恐慌而已，我並未受傷。先師說蹬腳的高度要平腰、要鬆鬆的提起來，腳尖要上翹，支撐腿要伸直，兩手從胸前分開，兩肩下塌，高不過眉，他教導說太極拳的腿法也很重要，不可忽略，要經常壓腿，走步，保持步法、腿法的輕快，在散手中才能發揮實戰作用。在他八十高齡時，每天還堅持壓腿，先師身材魁梧，體重九十多公斤，每天練完拳後他就要把腿放門方上，壓起來頭還能碰到腳尖。一次他在教我散手中，突然分開我的雙手，右腿提起，我心中一驚，先師的腳尖已點在我的胸口上，我急後退，先師一笑，身微一沉，腿微一伸，我則仰面倒於他的床上，先師說此式叫喜鵲登枝，身勢，腿法要有柔彈味才行，並說現在有些人徒有太極拳的名，一輩子不練腿，打出來的拳步子也邁不開，腿舉不起來，拳架沒有氣勢，沒有拳味，反而說你步子大了等，如此下去，太極拳恐怕就要失傳了。仔細觀摩先師的這兩張拳照的氣韻，再多思多想先師平時所講的話，練太極拳才會有進步也。

▲圖 79

▲圖 80

24.頂天立地打虎式（圖 81 至圖 84）

左打虎勢，先師攝了二張拳照，第一張是接右蹬腳後，右腳落下向左後倒插步，兩腿屈膝交叉的過渡動作。第二張是左打虎勢的定勢。

先師傳授此式的練法是倒叉步後，重心移於右腿，左腳隨向左側正西方弓步，同時左手握拳隨勢向右繞一立圓後，舉左拳止於頭部左額前上方，右手握拳隨動向下沉落於腹前，拳心朝下，眼神意注右拳下方。

先師在傳授此式的用法時說：假定對方忽然蹲身向下抱我左腿欲將我摔倒時，我即將右腳落下向後倒插步側身讓開，同時以左手握拳下繞掛開來犯之手，右手抓握其頭髮或後領順勢下按，使其不能抬頭，左拳上舉以備下擊也。

此式先師共攝了二張拳照，第一張是接左打虎式後，左腳以腳跟為軸腳尖內扣，右腳收回，以腳尖觸地於左腳內側成丁字步的圖照，第二張是右打虎勢的定式，此式是右腳向右側弓步，右拳繞起上舉於頭部右額前，左拳隨勢沉落於腹前，拳心朝下，眼神意注左拳下方。此式的用法，先師傳授時說，也是假定對方忽然下蹲抱我右腿，欲將我摔倒時，我即邁開右腳，以右拳掛開來手，左手抓握其頭髮或後領順勢下按，使其不能抬頭，右拳上舉以備下擊其頭部。

先師這四張拳照。神采奕奕，沉穩莊重，有頭頂青天，腳踏黃泉的氣概，拳論上所謂「尾閭中正神貫頂，滿身輕利頂頭懸也」。先師說打虎勢的練法以前他學拳時不是這樣練的，以前練時沒有倒叉步，而且如打左打虎勢時，右手握拳是拳眼向上，拳心朝裡的，握拳沒有抓握下按的意思，現在的練法是他根據楊澄甫太老師講此式的用法後改的，他說他曾問楊太老師打虎該怎樣打？楊太老師說：老虎兇猛力大，它向你猛撲上來時，你得先撤步閃身讓過撲勢，並順勢以右手抓住老虎的後頸頭皮向前下按之，使老虎前爪完全伸直撲地，老虎才無法用力撐起來，此時我才好舉拳下擊，老師說，楊太老師去世後，抗戰中他來到四川傳播太極拳，就把此勢根據老師講的用法，改成現在這種練法的，不是他憑空隨便改動的，並叫我們練拳是要多用思想，功夫才能進步。

▲圖 81

▲圖 82

▲圖 83

▲圖 84

25.發勁猛脆雙貫耳（圖 85 至圖 86）

此式先師共攝兩張拳照。第一張是雙峰貫耳的過渡動作，第二張是雙峰貫耳的定勢。

先師傳授此式的練法是接右蹬腳後左腿屈膝，右腳落下成虛步，上身微向右側含胸，同時，兩手臂一齊由前向下抽帶，然後，左右分開繞上，兩手握拳環形合於頭部前方，同時右腳邁出成弓步。

先師在傳授此式用法時說，假定對方以雙手向我胸部推來我即以兩手向下粘其兩腕，向下沉帶，並左右分開，隨即進步進身，兩手握拳貫擊對方耳部，先師說此式攻擊對方耳部或太陽穴，進步進身要快，發勁要猛、脆，所謂一發命歸陰，非遇歹人，不可用此重手。先師這兩張拳照莊重沉厚，氣靜神閑，不同凡響。

▲圖 85

▲圖 86

26.披身踢腳顯奇能（圖 87 至圖 88）

此式先師共攝兩張拳照，第一張是接雙峰貫耳後，上身向右側含胸，右腳尖外擺，兩手前臂裹抱交叉於胸前的拳照，第二張是披身右踢腳的定式圖。

先師在傳授此勢的練法時強調，左腳提起時身勢須向左披身（斜身）左腳以腳尖隨身勢踢出，腳背須繃直，腳尖斜前，兩手交叉向左右分開時高不過眉，眼神意注左手前方。

先師在傳授此式的用法時說，假定對方用右拳擊我胸部，我即以左手在前粘其腕部向右掛之，右手配合隨動，兩手交叉裹住其右前臂，使其來拳落定，重心前失，對方如抽拳向後欲穩其重心，我便順勢兩手分開以左掌擊其面部，同時以左腳尖踢其腰肋等部。

先師曾說他學拳時雙峰貫耳後是踢腳，不是蹬腳，他說此腿法在散手中最貫用，在與人交手時，須先虛晃對方面部，並向右前斜身闖步飛起一腳，勁貫腳尖，要冷彈脆快。

他說在 40 年代，在成都天仙橋街永興彈花廠中與牟祖綬打散手時，就用過披身踢腳的招式，當時先師先以右手虛晃其面部，牟則以右手向上迎架，其右肋部已亮出，他便經其右側往其右後闖進兩步，披身斜提右腳向其右肋踢去，其勁則竟透其左脅，牟蹲地疼痛不已，多日始癒。先師在時多次強調要多練腿，先師這兩張拳照，神氣非常好，踢腳舉腿都非常鬆，氣勢很飽滿，要反復琢磨才能有所進步。

▲圖 87

▲圖 88

27.野馬分鬃招式奇（圖 89 至圖 92）

1. 右野馬分鬃

此式先師一共是兩張拳照。第一張是此式的過渡動作，第二張是此式的定勢。

先師傳授此式的練法是接斜單鞭後身體重心移於左腿，右腳向前以腳尖點地於左腳內側成丁步，上身隨向左稍側兩腿屈膝，同時兩手隨勢向左側交叉成抱球狀，如第一圖。然後右腳接向右前弓步，兩手隨勢上下展開，如第二圖。

先師曾說打右野馬分鬃，兩手在上下展開時，不能用手去，不可自動，而必須配合腰脊轉動之勢，前手高不過眉，後手須沉於腰側，這樣才夠味，才有氣勢。

他在示範此式的用法時說：此式兩種用法，第一種用法是假定對方以腳向我腹膪部踢來，我即以右手回掛，抄其右腿，進步以腰脊之力向右前方轉身扔出，對方被抄右腿，站立不穩，必被扔跌出。第二種用法是假定對方以拳擊我胸部，我即以左手向下採其腕部，右手穿其腋下，進步轉身向其胸肋部掤擊。

2. 左野馬分鬃

此勢先師也是二張拳照。第一張是過渡動作，第二張是定式。

先師傳授此式的練法是接右野馬分鬃後，上身向右稍轉，左腳向前跟上，以腳尖觸地於右腳內側，兩腿屈膝成丁步，同時右手前臂內旋使手心朝下，屈肘收於右胸前，左手隨式移於右腹前，兩手交叉如抱球狀，如第一圖。然後左腳向左前弓步，兩臂隨轉腰之勢向上下分展，前手高不過眉，後手沉於右胯側。

此式用法與右野馬分鬃相同，只是方向相反，先師左右野馬分鬃拳照氣勢騰然，功架舒展優美，過渡動作氣韻涵蓄，定勢動作氣魄雄壯，毫無拘緊做作之態，使人越看越愛不釋手也。

▶圖 89
▶▶圖 90

▶圖 91
▶▶圖 92

28.野戰八方穿梭式（圖 93 至圖 96）

左右玉女穿梭，先師一共攝了四張拳照。第一張是左腳內扣，兩腿半蹲成馬步，同時右手屈肘收於胸前，手心朝下，左手隨勢屈肘沉於右臂之上，手心朝外，此圖是轉身前的準備動作。第二張是轉身左玉女穿梭的定式。

練法是上動不停，重心全移左腿，右腳先收回以腳尖觸地於左腳內側，然後，左腳以腳跟為軸輾地，上身隨勢向右轉身，右腳向前邁出成弓步。同時，右手隨轉體向上掤架橫掌止於頭部上方，左手隨勢經左耳根側平胸向前立掌伸出，眼神意注左手前方。第三張是右玉女穿梭的過渡動作。練法是接上勢左腳跟上，兩手在胸前回抱，以備進取之勢。第四張是右玉女穿梭的定式，左腿向前弓步，左手掌隨進步之勢上架護於頭部，右手經右耳根側同時向前打出，眼神意掛右手前方。

先師在傳授此式的用法的時說玉女穿梭者，形容如仙女穿梭織布時之快捷輕快也，此式在散手中經常運用，特別是在野外四面受敵之時，敵從後方偷襲以拳掌擊我頭部，我突然轉身以左（右）掌掤架護住頭部，掛開來手，同時進身弓步以右（左）掌擊其胸部，出掌之快如往來穿梭之急。

先師此四張拳照，因底片關係，黑白不很清晰，但仍體現出厚重的氣勢。他在五十年代攝有一張玉女穿梭的拳照，雖然是穿便裝攝的，但神采奕奕，氣度莊嚴有凜然不可侵犯之感，這張拳照亦附後，大家不妨很好地觀賞學習一下。確實是氣勢磅礴，乃拳照中的精品。

▲圖 93A

▲圖 93B

▲圖 94

▲圖 95

▲圖 96A

▲圖 96B

29.抽身下勢卸敵勢（圖 97）

先師此圖是接單鞭掌後，身體重心後移右腿，屈膝全蹲，左腿伸直鋪地成下勢仆步。右手仍成鈎手，左手抽回下沉於左腿內側，眼神意注左手前方。

先師傳授此式用法是：假如對方以右拳擊來，其勢猛銳，我便以左手粘掛，突然仆步，以卸其力，以備進取。先師圖照仆步下得很低，氣勢騰挪。以七十高齡，體重 90 公斤之軀，又是病後初愈，尚能作此難度動作，可見先師基本功之好，功力之深。

▲圖 97

30.金雞獨立站如松（圖 98 至圖 101）

此式先師共攝兩張圖照，第一張是身勢上起之式，第二張是定式。此式是左腿獨立，右腿屈膝上提，腳背繃平，腳尖朝下，右手變掌隨勢屈肘上托，左手掌心朝下向左下沉按，止於左腿外側，眼神意注右手前方。

先師傳授此式用法是接抽身下勢用法後，我將對方來勢卸載後，突然身勢上起，以左手掛開來手，向左下沉採，右掌隨勢插擊對方咽喉，並以右膝沖其腹襠部，定式圖照姿式中正，氣勢沉穩，真是站立如松，威武雄壯。

此式先師亦是攝了二張拳照，第一張是右腳落下，止於左腳內側，兩腿屈膝全蹲，身勢下沉，右手隨勢下沉。第二張是左金雞獨立的定式，此式是右腿伸直獨立，左腿屈膝提起，腳背繃平，腳尖朝下，左手屈肘上托左膝上，右手仍沉按於右胯外側，眼神意注左掌前方。其用法與右金雞獨立相同，亦是右手粘其來手向下採之，左手上插咽喉，左膝衝擊對方腹襠部。

▲圖 98

▲圖 99

▲圖 100

▲圖 101

31.白蛇吐信是險招（圖 102）

先師此式是一張拳照，在傳授此式練法時說，太極拳的掌形本是舒鬆自然的掌型，打掌時手掌指要自然分開，而此式在左手經右手背上穿出時，手掌指需閉攏向前插擊。不能分開掌指，閉攏插擊威力才大，並說此式在以往的其他太極書中叫高探馬帶穿掌，而不叫白蛇吐信。白蛇吐信這個勢名是先師根據象形象意的原則改的。此式從該形式和用法上都突出一個「吐」字，穿掌應叫「白蛇吐信」為宜，因為從象形象意上講此式動作，以左掌在右腕背上向前穿出，以掌指向敵咽喉部戳擊，右手掌在下形為蛇之下唇，左手從中間穿出，掌指向前插擊，形如毒蛇吐舌，其勢兇險，所以此式更名為白蛇吐信。

先師此式拳照由於年代久遠，清晰度已不夠，十分可惜，但仍看得出氣勢飽滿、勁力貫注。記得有一次我問及白蛇吐信的使用法，先師叫我以拳向他擊來，我剛一出拳，尚未挨到他，先師忽以右手輕輕一掛，我忽覺喉部一緊，只見先師的左手掌指已觸及在我的咽喉，我大吃一驚，嚇得連連後退，先師說白蛇吐信其勢甚險，非遇壞人，不可用也。

◀圖 102

32.指襠一捶命歸陰（圖 103 至圖 105）

此式先師一共攝了三張拳照，第一張、第二張是左右摟膝的動作，第三張是指襠捶的定勢，這三張的連貫性非常好，氣勢騰挪、沉厚雄偉。

先師在傳授此式的練法，強調左右摟膝後成弓步時，右拳鬆握，右拳一定由後經右腰側向前伸出，高與襠部平，而且拳背一定是朝前，右手臂一定要鬆彈。他說，原來的練法是右拳拳眼朝上，以拳面向前直臂伸向對方襠部，故名指襠捶，但這種練法在實際運用中，不可能擊中對方要害部，因為對方要害是襠下睪丸，睪丸在陰莖後面垂著，若伸拳下擊則不易命中，所以他在演練此式時改為以右拳背向前而上彈擊，則命中百無一爽。由此可見先師研究太極拳之精微細緻和嚴謹的治學態度，值得我輩好好學習。

▲圖 103

▲圖 104

▲圖 105

33.當胸一擊七星捶（圖 106）

先師這張上步七星捶拳照，由於膠片關係不很清晰，但行拳的架式氣度還是看得出來，立身很中正，虛步點地，虛實分明。

先師在傳授此式時強調，左手握拳須隨勢屈肘，回掛止於胸前，右手握拳經右腰側向前伸出，在胸前兩拳交叉如七字形。練此式時不可前俯後仰，立身須中正，右腳前虛進退才能靈活。

先師講授此式用法時說，假定對方以右拳向我胸部擊來，我即以左拳向右回掛，同時右拳自左拳下出，以擊其胸肋部，如一擊不中，即可以退步跨虎式揮擊其面部。

▲圖 106

34.氣魄雄偉跨虎式（圖 107）

先師演示的退步跨虎勢照片也不甚清晰，但正面照的這張卻是神采奕奕、不怒而威、氣魄雄偉，這張是 1956 年在成都人民公園教拳時穿便裝照的，確實是使人越看越愛不釋手。

退步跨虎練法是退步以成虛步，兩手右上左下兩側撐開，身勢含蓄。

其用法是接上步七星式用法後，假定對方以兩手下壓我之右拳，我即退步以空其勢，並將前勢變為虛招，以左手向下分採其右臂，以右手上揮擊其耳面部。

▲圖 107A

▲圖 107B

35.出奇不意擺蓮腳（圖 108 至 111）

此式先師共攝四張拳照，第一張、第二張是轉身擺蓮腳前的準備動作，第三張是將要擺腳前的提膝動作，第四張是擺蓮腿後腿尚在空中未曾落下的照片，此時兩手拍擊腳面後已經停於身體左側。

先師這四張拳照把擺蓮腿的動作過程分解得十分清晰，看得出先師非凡的腿部功夫，動作氣勢十分雄壯，先師曾說擺蓮腿的大轉身，右腳要以腳尖旋轉才靈活，擺蓮腿時，要左右手依次擊響腳面二響才對，要用腳去打手，不要手去打腳。這對腿上的功夫要求很高，當然如果年紀高了，基本功差，也不要勉強去作，只形容意思則可，但如果是想練成功夫，則腿上基本功的訓練不可缺少，他在傳授此式的用法時說，假定對方雙手推我左臂，我突然順勢向左後大轉身出其不意，順勢以雙手向外掛開來手，彼腰肋部亮出，我即提起右腳，外擺踢擊其腰肋部，對方必受傷無疑。

◀圖 109B

▲圖 108

▲圖 109A

▲圖 110

▲圖 111

36.不怒而威射虎式（圖 112 至圖 113）

此式先師共攝二張拳照。第一張是彎弓待發之勢，練法是接轉身擺蓮腳後右腳向右前東南方落步，同時二手握拳扣於胸前以蓄其勢。第二張拳照是彎弓射虎式的定式圖。

練法是右腿成右弓步，同時右拳向右上提掛止於右腮部，左拳即向左前伸出，虎口朝上，高度平肩，眼神意注左拳前方。先師說以前練彎弓射虎時是右拳舉於頭上，現將右拳放在右腮部，是他根據射箭的實際情況改動的。先師精於射箭，據早年跟隨先師在南京國術館學拳的楊紹西師兄說，先師的膂力很好，一般開弓都比別人大二個力，而且百發百中。先師還善打彈弓，在數十步開外，能將樹上的紅棗打下，又能先將一彈射向空中，接發第二彈將空中的彈子打得粉碎，這種打法，先師叫天鵝下蛋，數十米外一彈發出，能將裹著鐵皮的大門打爛，可見內勁之充足。一蚊在牆邊飛，先師用濕的黃泥彈子打之，黃泥彈飛貼於牆上，從牆上取下時，蚊蟲則粘在黃泥裡，其精確神妙如此。

彎弓射虎勢本是象形動作，如拉弓舉過頭頂則與實際不合，而且也用不上勁。先師這兩張拳照氣魄雄渾，不怒而威，只可惜由於底片關係，清晰度差，十分可惜。先師在傳授此式用法時說假定對方以右拳擊我面部，我即以右臂向右掛開，同時出左拳擊其胸部。

▲圖 112

▲圖 113

37.莊嚴沉厚十字手（圖 114 至圖 117）

此式先師共攝四張拳照，先師這四張拳照把十字手的練法過程交待得十分清楚。第一張是轉身朝正西，雙手挑起止于頭上方的圖照。第二照、第三張是兩臂左右分開隨身勢下沉的照片，第四張是兩手經膝前抄抱，身體直立，兩手在胸前交叉成十字手的圖照。先師在傳授此式要領時說，兩臂上挑轉身時要以腰脊為力，不可自動，兩臂分開下落時要先鬆心、鬆腰、兩臂隨身勢下沉之勢鬆沉下墜，定勢時，兩臂腕關節相靠搭，兩臂要抱圓，兩肩要下塌，不可聳起。他在講解十字手的用法時說，假定對方用雙手向我胸部推出來，我即以兩手腕部粘其兩手向上挑起，隨再向左右分開來手，此時對方兩手被我分開，胸部即必亮出，我即在胸前兩手交叉，以腕背鼓動之勁打之，拳照氣勢莊嚴沉厚。

▲圖 114

▲圖 115

▲圖 116

▲圖 117

桃李不言，下自成蹊

先師整套拳架體現了一位武術大家的氣質風範，體現了太極拳的武術內涵，體現了先師頂天立地的風格和凜凜正氣，不管是太極拳界或是整個武術界，不管是認識先師本人還是不認識先師本人，只要看到先師的拳照都會異口同聲的稱讚。高山仰止，景行行止，先師的拳照和他數十年研究太極拳的精論將激勵我們後人不斷攀登太極拳技藝的高峰。寫此以上文字，願與天下有志於太極拳的同道共勉吧！

桃李不言，下自成蹊，此先師之謂也。

後記
——再談對李雅軒先生太極拳的感悟

這是我六十多來第一次出版個人的太極拳文集，我考慮儘量將自己多年的點滴修煉心得體會和觀點認識作一個匯總，貢獻給大家。出版社將初稿清樣寄來，請我審閱、校對。我瀏覽、重讀這些傾注了我大半生心血的文字，不禁心潮湧動，難以平靜，感到還有話沒有說完，還有想法沒有充分表達出來。

我在序言中說：李雅軒太極拳充分地體現了楊氏太極拳「中正」、「虛無」、「舒展」、「大氣」、「自然」、「簡捷」的要旨，李雅軒先生所演示的太極拳、械、推手、散手等技藝，再現了其師楊澄甫當年的行拳風格和神韻，徹底地繼承了楊氏太極拳的精神，是真正的、地道的傳統楊氏太極拳的正脈承傳。這不是我對先師的私心褒揚和溢美之詞，而是我近六十年太極人生刻苦學修思悟、廣泛交流鑒別，不斷去偽存真、破迷開悟得出的結論。

先師按照楊澄甫太老師的教導，老老實實、一門深入地修煉了一輩子，其太極拳功夫達到了令人景仰的上層境界；我也追隨先師，按照先師的教導，老老實實、一門深入地修煉了大半輩子，在太極拳上也取得了一定的成就，雖離先師的功夫境界還相差甚遠，但也自感路子走對了，功夫自然就會不斷提高。「不畏浮雲遮望眼，自緣身在最高層」，要想功夫到，首先要認識到、方法對。幾十年的切身體會，我深感先師所言不虛。

先師 1914 年二十歲時拜師，追隨楊澄甫太老師近二十年（中間只有一年多的時間不在楊太老師身邊），朝夕相處，不離左右，這在楊太老師的著名弟子當中是很少見的。先師與楊太老師「情同父子，相知最深」（見先師日記）。楊太老師非常器重先師的人品，對先師自然是用心培養，加之先師聰明穎悟，勤奮刻苦，逾於常人，所以先師在當時即已比較全面地繼承了楊家太極的拳械推手散手等技藝，並達到很高的功夫水準，在眾弟子當中脫穎而出，成為楊太老師的助教、相手，並常常代師與人較技。先師在解放前即已享有大名，解放後更是被業內視為當今太極拳的頂尖人物，至今盛名不衰。先師的盛名不是靠我們後輩吹捧出來的，是靠先師實打實的真功夫和實戰表現贏得的。幾十年來，先師的軼聞舊事在武林口耳相傳，延續至今。

先師之所以能夠達到常人難以企及的太極功夫境界，很重要的一點就是因為：他練功的路子正確，方法高明。前面文章中講到的先師真傳的兩句話「放鬆放軟了打」和「想著老師的樣子」實在是修習太極拳「直指人心，見性成佛」的至高法門。

「放鬆放軟了打」和「想著老師的樣子」是先師追隨楊澄甫太老師得到的真傳，這首先是得益於楊澄甫太老師的言傳身教、耳提面命，同時也得益於先師個人的理解、領悟能力，得益於先師的善於總結。

先師這兩句話適合太極拳修煉的每個階段——從初學到入門，從著熟到懂勁，從低級到高級——每個階段、不同的學人，都能從這兩句話當中得到收穫和長進：初學者得肌肉放鬆，拳架正確；入門者由大鬆大軟而沉穩厚重，由拳架正確而勁路順暢；著熟者越練越有拳味，懂勁者功夫日益精進！

先師和鄭曼青師叔都曾講過，那時候，楊澄甫太老師教拳、改拳話不多，但每次總要反復念「鬆」、「鬆」，或者「不鬆，不鬆」好多次。但到底鬆到什麼程度，楊太老師沒有作更多的解釋，只是以肢體形態配合表達。先師根據自己多年的深入研究和體悟，照見了「鬆」的無限豐富深厚的內涵和境界，明確提出：太極拳的鬆是「大鬆」，是「大軟」。「大鬆大軟」絕不是我們一般理解的松和軟，也絕不是輕而易舉就可以做到的。「大鬆大軟」是特別的鬆、特別的軟，是徹底的鬆、徹底的軟；「大鬆大軟」需要用心、專注、投入，需要長時間的身心沉澱，需要老師的言傳身教，是一個日積月累、循序漸進，充滿無限豐富美妙感受體驗的、沒有止境的體驗過程。可以說，練太極拳的過程也是尋找、體會、追求「大鬆大軟」的過程。先師以「大鬆大軟」的形象語言概括、描述出修煉太極之「鬆」的用意方法和身心狀態，為後學者指明了太極修煉的正途，是他對太極拳事業的一大貢獻。現在，「大鬆大軟」的心法已被太極拳界普遍接受，並被廣泛運用於各自流派的修煉當中，甚至成為很多拳家談論太極拳的口頭禪。

「放鬆放軟了打」和「大鬆大軟」的目的，一是積累功夫，二是培養靈機。功夫是健康的高級體現，是技擊的本錢、實力和後盾，靈機是實戰應敵的法寶。因此，「放鬆放軟了打」和「大鬆大軟」必須認真對待、用心體悟。

楊澄甫太老師當年教拳，就是親身示範，讓先師等弟子照著做、照著比劃，動作架勢、甚至神態都務求做到和他的一樣。「想著老師的樣子」，就是先師在跟隨楊太老師多年修煉經歷的基礎上，根據楊太老師的耳提面命和言傳身教，歸納、總結出的太極修煉大法。先師在他幾十年來的隨筆當中多次寫到老師前輩以及同輩師兄弟練拳、推手、發勁的神態和樣子，並且反復強調要多想、多琢磨，從老師前輩和同門師兄弟的神態和樣子當中去探尋消息、揣摩玄機。這種獨特的修煉方法使得他對太極功夫境界的理解和認識進入了常人不易進入的深層，達到了常人不易達到的高度。「想著老師的樣子」，觀想老師的形，體會老師的神，得到老師的意——看似簡單，實則高級。這與佛法修行的「觀想」法暗合矣！太極拳本來就是修道之法，「觀想」自然是修煉的正途。

初學時想著老師的樣子，或許看到的只是老師動作的表面形態；入門者想著老師的樣子，應該看到的是老師內在的勁力走向，或許還有老師勁力的充實；而有一定程度者想著老師的樣子，看到的至少是老師拳架整體的勁路，同時還能感受到老師內勁的強大；有相當程度的學者想著老師的樣子，自然見到的是老師形神一體、內外一如，功夫、境界都在其中了！用心的人，有悟性的人，從老師的拳架當中能夠整體地體察到太極拳的全部要領。

「想著老師的樣子」也是一個日積月累、循序漸進，充滿豐富感受體驗的、沒有止境的體驗過程，就好比學書法臨摹字帖一樣，是一輩子不能丟的基本功。也可以說，練太極拳的過程也是不斷模仿老師的拳架，由形似到神似、由外表相像到內在如一的漸進過程——天長日久，功夫就在其中了！

因為先師數十年孜孜不倦地追求「放鬆放軟了打」、追求「大鬆大軟」，隨時練拳都「想著老師的樣子」，從形到神、由大而微都極力模仿、體味楊澄甫太老師的形態和神氣，使得先師的拳架自有一種不同凡俗的神韻和氣象，行拳走架龍行虎步、支撐八面，頂天立地、器宇軒昂，絕無躬身、貓腰、聳肩、縮身等跡象，真正全面得到了楊澄甫太老師傳承之楊家太極拳的精髓，正如前文所述，充分地體現了楊氏太極拳「中正」、「虛無」、「舒展」、「大氣」、「自然」、「簡捷」的要旨，堪稱楊澄甫太老師之後，楊氏太極拳最典型、最完美的形象代表。楊澄甫太老師於 1936 年五十多歲時便去世了，留給世人的影像資料只有兩套珍貴的拳照，一套是三十多歲時期所攝，一套是近五十歲接近老年時期所攝。因楊澄甫太老師功夫的不斷進步，他在 1931 年出版的《太極拳體用全書》的序言中這樣說道：「翻閱數十年前之功架，又複不及近日，於此見斯術之無止境也」。如果他老人家能夠更加高壽的話，隨著功夫境界的繼續提高，肯定後來的拳架動作會達到更高的境界。如果楊太老師再出書，肯定又會選用他後來的拳照。所幸先師活到了八十多歲的高齡，他在 1964 年七十歲時拍攝的這套拳照（見本書「精粹」部分）正是他功夫成熟以後比較全面真實的展現，堪稱太極拳的精品和楷模，充分體現出了其師楊澄甫傳授的純正太極拳的精髓和境界。所以我要這樣說：要想瞭解楊澄甫宗師的拳架和神韻，看李雅軒先生的拳架和神韻就會體會出來；李雅軒先生的太極拳是真正純正的楊氏太極拳。

行文至此，我想基本上已經表達了我想要表達的思想。太極拳是武藝，也是文化、是學術，是需要長時間全副身心投入其中才能有所收穫的實踐性、實證性極強的高級學術，講究的是用身體和心靈去獲得實證、得到實實在在的體驗。以上文字就是我用近六十年的研究得出的體悟。我此生能得遇先師，蒙先師垂愛、悉心栽培，能夠窺見楊氏太極的精奧，並承續先師的衣缽，這是我與先師的緣分、與李雅軒太極拳的緣分。「傳承太極、造福人類」是先師的遺訓，也早已融入我的血液和生命，成為我此生最大的責任和追求。先師的榜樣在前，我不敢懈怠、不敢敷衍，更不敢欺枉誤導世人。做老實人，說老實話，辦老實事。我看到了什麼，就說什麼，我修得了什麼，就告訴世人什麼。

「道者，不可須臾離也」，太極功夫沒有止境。我雖年近古稀，仍然每日勤練不輟，隨時思悟總結。我要像先師一樣，力求今日之我勝過昨日之我，不斷探索新的拳學奧妙，見證新的功夫境界。

由於本人才疏學淺，書中難免錯誤不當之處，請廣大讀者和太極同仁批評指正。

感謝臺灣金大鼎文化出版公司對出版本書所付出的辛勤勞動。

陳龍驤　2015 年 12 月 29 日於成都

~鄭子太極拳宗師 鄭曼青極力推崇~

楊氏太極拳・一代宗師

李雅軒珍貴遺著－太極拳學論

編著：陳龍驤・李敏弟・陳驪珠著　定價：590 元

第一篇 太極拳練習談
第二篇 立志
第三篇 談太極拳與修身養性
第四篇 修練架子功夫
第五篇 學推手規矩
第六篇 說散手與比手
第七篇 發勁
第八篇 拳學筆記
第九篇 太極拳書信論談
第十篇 太極拳歌訣
第十一篇 李雅軒楊氏太極拳 43 式珍貴拳照
第十二篇 李雅軒推手珍貴拳照

◎ **李雅軒嫡系傳人●中國武術八段●四川省武協陳龍驤委員：**
先師拳架是後人楷模，他的拳論是後人習拳的指南，這些資料是與他同時代的太極拳名師中唯一保存下來的最完整、最系統的太極拳系列精華，可謂絕無僅有。這是　筆寶貴民族文化遺產，這是先師對傳統太極文化的重大貢獻。

◎ **時中學社 徐憶中社長：**
造詣登絕、學術兼賅，是書乃太極拳之寶筏也。

暢銷新書！

◎ **中華民國鄭子太極拳研究會 傅崑鶴前理事長：**
李雅軒先生平時有寫筆記良好習慣，練拳每有所得，既以筆記方式記述保存，內容含括楊氏太極拳之拳、劍、刀、槍、推手等，幾乎巨細無遺將練習心得詳加記載保存……觀之實令後學感佩不已。

楊氏太極 刀槍劍修煉心法

作者：陳龍驤・李敏弟　定價：320 元

1. 太極劍法概論、要領與圖解
2. 太極劍 13 字訣
3. 太極刀 13 要領、練法與圖解
4. 刀法十三字
5. 太極槍法全套練法

太極拳 一代宗師 李雅軒修煉心法

編著：陳龍驤・李敏弟・陳驪珠著

定價：320 元

1. 大鬆大軟－太極技擊要訣
2. 感悟太極工夫
3. 推手感悟
4. 李雅軒先師傳授太極步法
5. 李雅軒先師太極拳精論

＊三本合購價 **1000 元** **(限時優惠 79 折，含運費)** ＊

~ 單本購買 10 本優惠 8 折，購買 20 本以上優惠 75 折 ~

◎ **洽購電話：02-2721-9527 ；傳真：02-2781-3202**
◎ **地址：台北市大安區忠孝東路四段 60 號 10 樓**
☆戶名：金大鼎文化出版有限公司　☆匯款銀行：**101-001-0014623-9**（永豐銀行 忠孝東路分行）
◎**更多相關書籍請上~網址：http://www.bigsun.com.tw**

潛能激發管理兵法 2016 新書出版

兩岸知名企管大師/楊望遠 著

企業競爭力十倍、百倍提升之關鍵

- 卓越的主管善用管理之手
- 尊重員工的自我選擇權；自主管理
- 有效管理一點通
- 教育訓練是一項投資
- 潛能無限勝過寶藏
- 由人性去激發潛能
- 成功管理煉金術秘訣大解析

定價 420 元

新書 8 折特優 336 元

熱門
暢銷書

8 折

魔鬼兵團推銷要訣

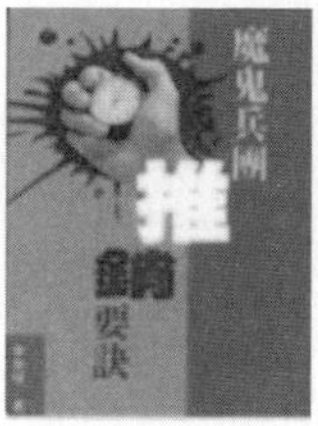

推銷無所不能 向不可能挑戰

◆不斷充實自我專業知識

◆推銷員的心路歷程 ★定價 250 元 特價 200 元

◆面對挫折永不放棄、永不妥協

◆有計畫有策略，旺盛企圖心經營業務版圖

◆自律與紀律的自我管理與明確清晰之目標設定

◆敢於築構一個更遠大的夢想

陽宅致勝寶典

不動產界知名風水大師/盧尚 著

定價 250 元

新年特價 200 元

2016 年新春風生水起迎好運

命運風水、積德讀書，古人視為影響個人成就的重要因素。

善用好風水聚財氣、創造財富

◎選購吉屋旺宅

◎開店選旺門 財不求自來

◎教您如何 納財集福氣

◎掌握風水 開創機運

26 位知識名人的成功秘笈

建構台灣風景的知識名人智慧傳承

●26 位傑出人士智慧的勵志書籍

●書中座右銘，爲你提供人生指引

●追求卓越成功人士的腳步

●如何創造人類的生活價值

●學習將潛能轉化爲實力

★定價 350 元

特價 280 元

大日出版有限公司・金大鼎文化出版公司

購買方式：▼戶名：大日出版有限公司 帳號：101-001-0050329-5（永豐銀行 忠孝東路分行）

▼網址：http://www.bigsun.com.tw ▼訂購電話：(02) 2721-9527 ▼ 訂購傳真：(02) 2781-3202

★訂購 1,000 元以下者另加郵資 65 元，1,000 元~2,000 元者另加郵資 80 元，2,000 元以上免運費。

★匯款完成後，請傳真收據，並附上收件人/地址/聯絡電話/購買書名及數量，以便寄書 。

熱門暢銷書

26位知識名人成功祕笈

石滋宜 董事長・盛治仁 主任委員・林榮泰 院長・盧希鵬 院長　聯合推薦

向不凡人物學習，才能成就不平凡　　定價350元

管理學泰斗・許士軍
會計界泰斗・王景益
併購大王・盧明光
光碟大王・張昭焚
台鹽生技・洪璽曜
憶聲電子・彭君平
太平洋自行車・林正義
久年營造・許銘燦
岳豐科技・林森福
邏輯電子・莊國欽
傑出企業家・石賜亮
樂活知識大師・洪明洲
大眾傳播學者・賴國洲
管理大師・陳定國
知識管理大師・曲立全
中國知識管理人物・陳永隆
法律禪者・李永然
陸委會副主委・高長
財團法人高等教育評鑑中心・劉維琪
企管學者兼社團苦行僧・陳明璋
經濟部中小企業處處長・賴杉桂
考試院委員・黃俊英
企管顧問大師・徐丕洲
勤業眾信會計師・杜啟堯
台灣房地產教父・曾文龍
華人企管領域寫作王・伍忠賢

探索地價漲落之謎

◎ 洪寶川　博士　著

定價250元

◆影響地價一般因素分析
◆影響地價特殊因素分析
◆地價變動有關課題及對策
◆房地產價格變動指標之探討

孫中山與國泰人壽的衝突

《台灣土地炒作內幕與療方》

◎ 馮先勉　博士　著

定價300元

◆財團投機的謬思
◆土地政策出軌六十年
◆肥了投機客、瘦了無宅者
◆抑制「土地投機」的正途
◆國土出賣的謬思

教導孩子正確理財觀念

◎理財專家　唐潔如 著

定價270元

◆給孩子十億的理財課程—給孩子十億，他可能坐吃山空；但是給孩子十億的理財課程，他這一生都受用不盡。
◆本書引進了日本社會廣為受用的理材教育觀念。

☆四冊合購，歡喜特惠價 888 元！☆(原價1120元)

◎ 洽購電話：02-2721-9527；傳真：02-2781-3202
◎ 地址：台北市忠孝東路四段60號10樓
☆戶名：大日出版有限公司　☆匯款銀行：101-001-0050329-5（永豐銀行 忠孝東路分行）
◎更多不動產相關訊息請上~　※大日網址：http://www.bigsun.com.tw

★訂購1000元以下者另加郵資65元，1000元~2000元者另加郵資80元。2000元以上免運費。
★匯款完成後，請傳真收據！（附上 寄件地址/收件人/聯絡電話/購買書名）以便寄書 ★

大日系列叢書

＜房地產系列＞

書號	書　名	作　者	定　價
1	房地產過去、現在、未來	曾文龍/著	350 元
2	誰來征服房地產	曾文龍/著	250 元
6	探索地價漲落之謎	洪寶川/編著	250 元
8	房地法律防身術	楊金順律師/著	200 元
9	公平交易法 vs.房地產	陳怡成律師/編著	200 元
10	陽宅致勝寶典	盧　尚/著	250 元
11	台灣土地炒作內幕與療方	馮先勉/著	300 元
12	房地產經營致富寶典	馮先勉/著	300 元
13	中外不動產投資理財	楊肇鋒/著	290 元
15	掌握台灣房地產系列(一)	住商不動產/編著	250 元
17	掌握台灣房地產系列(三)	住商不動產/編著	250 元
20	台灣省房地產市場分析（上）	住商不動產/編著	250 元
21	台灣省房地產市場分析（下）	住商不動產編著	250 元
22	突破房地產交易陷阱	陳國雄律師/編著	250 元
23	宏觀海峽兩岸房地產	許慶修/編著	150 元
24	30 天輕鬆購屋	陳義豐/著	250 元
25	掌握大陸不動產投資決策	謝潮儀/著	250 元
26	人與房地產的戰爭	吳家昌/著	290 元
30	掌握地政脈動	趙達文/著	250 元
31	房地產復活手冊	汪儒毅/著	280 元
32	大陸房地產解釋名詞	田懷親/著	300 元
33	建築經營實務	程添旺/著	390 元
34	掌握全方位不動產	王應傑/著	250 元
35	節稅致富妙方	曾文龍/編著	250 元
36	房屋買賣實務寶典	周茂春/著	270 元
37	預售屋疑難信箱	張義權・田懷親/合著	230 元
43	房地法律保護傘	楊金順/編著	300 元
57	房地產與建築產業網路行銷策略	曾定祁/編著	250 元

＜房地致富系列＞

1	46 位房屋金仲獎得主推銷秘訣	曾文龍/編著	300 元
2	頂尖房仲業務高手創富祕訣	曾文龍/編著	300 元

＜中華知識經濟協會系列＞

1	知識名人的成功祕笈	陳啓明・王穎珍/編著	350 元

＜高普考系列＞

46	不動產經紀人重要法規	曾文龍/主編	800 元

53	不動產估價概要	黃國保/編著	500 元
54	民法概要突破	大日出版社/編著	550 元
56	不動產估價理論與實務考古題解析	游適銘/編著	320 元
58	不動產投資&不動產經濟學考古題解析	游適銘・陳柏廷/合著	280 元
59	不動產經紀人選擇題 100 分	曾文龍/編著	500 元
60	不動產經紀人歷屆考題解析	曾文龍/編著	500 元
61	不動產經紀法規要論	曾文龍/編著	500 元
62	土地法規與稅法	曾文龍/編著	500 元
63	不動產稅法 VS.節稅實務	黃志偉/編著	550 元
64	如何考上地政士?重要法規 VS.考古題	曾文龍/編著	700 元
65	土地登記實務突破	大日出版社/編著	400 元
66	不動產估價學	游適銘/編著	500 元
67	土地登記理論及實務寶典	曾秋木/編著	450 元
68	地政士歷屆考題解析	曾文龍/編著	500 元

＜突破系列＞

2	房地風水致富	盧　尙/著	250 元
3	透視公平交易法	周德旺/著	300 元
4	公平法對房地產的衝擊	陳國雄/著	200 元
5	大陸房地產展望暨重要法令	曾文龍/著	260 元
6	房地產營業實戰與策略	住商不動產/編著	250 元
7	房地產開發與銷售訣竅	許旭明/著	270 元
8	住家、風水、搖錢樹	陳勝雄/編著	250 元
9	前進上海教戰守策	吳璨煌/編著	250 元
10	人間天堂	曾文龍/著	180 元
11	購屋、消保法、建商	陳國雄律師/著	250 元

＜五術天地＞

2	輕輕鬆鬆學算命	錢思吾/著	250 元
3	輕輕鬆鬆學易卦	錢思吾/著	250 元
5	接待中心風水致富指南	汪儒毅/著	280 元
6	八字真學一柱論命訣竅	鍾一鳴/著	350 元
7	測字知錢途	申子玄人/著	250 元
9	輕鬆學算命	錢思吾/著	320 元

大日出版有限公司

臺北市大安區忠孝東路四段 60 號 10 樓

◎電話：(02) 2721-9527　　◎傳真：(02) 2781-3202

◎銀行匯款：永豐銀行 忠孝東路分行（代碼：807）

戶　名：大日出版有限公司　帳　號：101-001-0050329-5

◎網址： http://www.bigsun.com.tw

★ 訂購 1000 元以下者另加郵資 65 元，1000 元~2000 元者另加郵資 80 元。2000 元以上免運

★ 匯款完成後，請傳真收據！(附上 寄件地址/收件人/聯絡電話/購買書名，以便寄書)

金大鼎系列叢書

＜健康管理＞

1	中國健康養生要訣	申子玄人/著	190 元
2	心靈藝術治病強身	申子玄人/著	190 元
3	規劃一輩子的健康	林若水/著	180 元
5	創造天使的臉孔	楊志賢/著	180 元
7	漂亮不求人	余秋慧/著	200 元
8	太極拳一代宗師李雅軒修煉心法	陳龍驤．李敏弟．陳驪珠/著	320 元
9	楊氏太極刀槍劍修煉心法	陳龍驤．李敏弟/著	320 元
10	太極拳一代宗師李雅軒珍貴遺著	陳龍驤．李敏弟．陳驪珠/著	590 元
11	陳龍驤太極拳悟真	陳龍驤/著	500 元

＜允軒文集＞

1	允軒習拳札記	洪允和/允軒教練群/合著	390 元

＜允軒拳話＞

1	陳氏太極拳【基礎 24 式】	洪允和/著	450 元

＜投資理財＞

1	大陸投資祕笈	陳豐明/著	360 元
2	魔鬼兵團推銷要訣	李幸模/著	250 元
3	企業再造(新世紀觀教育訓練)	劉俊宏/編著	200 元
4	上海．買房聖經	吳燦煌/編著	250 元
5	年輕人如何完成購屋大夢	林鳳英/編著	250 元
7	20 年房屋代銷戰爭與法律	曾文龍/著	450 元
8	台商接班問題之突破	陳明璋/著	250 元
9	台股投資暴富密碼	黃賢明/著	300 元
10	教導孩子正確理財觀念	唐潔如/著	270 元
11	中國房地產常用法規	曾文龍/編著	450 元
12	全球投資大師創富金鑰	黃賢明/編著	300 元
13	金融投資技術關鍵密碼	黃賢明/著	300 元
14	掌握大陸房地產兼習簡體字	曾文龍博士/編著	300 元
15	奢侈稅實務判例研析	曾文龍博士/編著	350 元

＜全面成長＞

1	讀書會創造命運	曾文龍/著	200 元
2	新兵入伍自救手冊	楊明智/著	200 元
3	Game 到耶魯	蔡靜馨/著	380 元

＜經營管理＞

1	潛能激發管理兵法	楊望遠/著	420 元

＜人相統御學＞

2	看手相規劃人生	洪躍通博士/著	200 元
3	看面相透視人心	洪躍通博士/著	200 元
8	商店風水致富	盧　尙/著	250 元
9	八字與九星命理要訣	陳育群/著	390 元
10	看姓名論一生	洪躍通博士/著	250 元
11	揭開面相之生命密碼	洪躍通博士/著	250 元
12	快樂學紫微	江青川/著	250 元

＜高普考系列＞

A8	土地稅法規及實務解析表解	黃志偉/編著	350 元
A9	如何考上估價師？重要法規 V.S 考古題	曾文龍/編著	700 元

金大鼎文化出版有限公司

住　址：台北市忠孝東路四段 60 號 10 樓　　網　址：http://www.bigsun.com.tw

電　話：(02) 2721-9527　　傳　真：(02) 2781-3202

劃撥帳號：18856448　　戶　名：金大鼎文化出版有限公司

★訂購 1,000 元以下者另加郵資 65 元，1,000 元~2,000 元者另加郵資 80 元， 2,000 元以上免運費。

★匯款完成後，請傳真收據，並附上收件人/地址/聯絡電話/購買書名及數量，以便寄書。

國家圖書館出版品預行編目資料

陳龍驤太極拳悟真 / 陳龍驤著. − − 第 1 版. − −
臺北市：金大鼎文化, 2016.05
面； 公分. − −（健康管理；11）

ISBN 978-986-92310-1-5（平裝）

1. 太極拳

528.972　　105003365

健康管理 11

陳龍驤太極拳悟真

作　　者／陳龍驤
社　　長／曾文龍
編　　輯／黃　萱
出 版 者／金大鼎文化出版有限公司
台北市 106 大安區忠孝東路 4 段 60 號 10 樓
網　址：http://www.bigsun.com.tw
出版登記：行政院新聞局局版北市業字第 200 號
郵政劃撥：18856448 號／金大鼎文化出版有限公司
電　話：(02)2721-9527　傳　真：(02)2781-3202
排　　版／龍虎電腦排版股份有限公司
製版印刷／松霖彩色印刷有限公司
總 經 銷／旭昇圖書有限公司
地址：新北市中和區中山路 2 段 352 號 2 樓
電話：(02)2245-1480

定　　價／平裝 500 元

2016 年 5 月第 1 版

版權所有　翻印必究